漢文文法 基本常識 64

漢文文法 基本常識 64

李鍾虎 譯註

역자 머리말

　이 책자는 진필상(陳必祥) 주편(主編)으로 1993년 상해고적출판사(上海古籍出版社)에서 간행된 《고대한어삼백제(古代漢語三百題)》에서 〈어법(語法)〉 부분을 따로 떼어내어 번역한 것이다. 《주역》에서 변화하는 인간사를 64괘의 형상을 빌어 벌려 놓은 것처럼, 원서에서 한문문법의 세계를 여순 네 가지로 나누어 그려 놓은 것이 인상적이다. 역자는 이 64가지를 '한문문법 기본상식'이라 이름 붙여 우리말로 옮겨보았다. 모든 문법사항들을 64가지로 완벽하게 포괄할 수 있다고 생각하지는 않지만, 문법이해를 위한 필수적인 내용=상식을 그런대로 효과적으로 담아젹고 있다고 보기 때문이다.
　한국에서 한문에 입문하는 초학자를 고려하여 되도록 평이하게 옮기려 노력했으나, 읽는 이에 따라서는 다소 난해하게 느끼는 대목도 있을 것이다. 우선 기존의 영문법이나 국문법 체계에 익숙한 독자들을 위해, 문법용어를 다음과 같이 바꾸었다.

　　사류(詞類)→품사(品詞), 고대한어(古代漢語)→한문(漢文), 현대한어(現代漢語)→현대중국어, 정어(定語)→관형어(冠形語), 상어(狀語)→부사어(副詞語), 대사(代詞)→대명사(代名詞), 개사(介詞)→전치사(前置詞), 연사(連詞)→접속사(接續詞), 위어(謂語)→술어(述語), 빈어(賓語)→목적어(目的語), 편정관계(扁正關係)→수식관계(修飾關係)

　번역과정에서 원의에 손상을 주지 않는 범위에서 의역했다. 경우에 따라서는 본문내용을 일부 생략하기도 하고, 독자의 이해를 돕기 위해 역자가 손을 대어 설명을 덧붙이기도 했다. 따라서 원서와 다른 말들이 나타날 때, 당황하지 말기 바란다. 또한 번역 과정에서 각주가 필요한 인물이나 사건 혹은 기타

용어에 대해서는, 네이버, 구글 및 바이두 등에서 관련정보를 가져와 내용을 구성했음을 밝혀둔다.

역자는 30여년 가까이 한문의 조리도 잘 모르면서, 용감하게 학생들에게 문법을 강의해 왔다. 학생들은 문법과목이 중요하다고 생각했는가 보다. 매년 2학년에 올라오면 거의 모든 한문학 전공 학생들은 필수과목처럼 문법을 수강했다. 매주 3시간 씩 13주~15주를 강의하면 문법수업은 끝났다. 필답고사를 치루고 학점을 부여하는 것으로 역자의 역할 역시 끝났다. 그러면서 늘 과연 학생들이 문법을 제대로 알고 학점을 받고 졸업을 하고 있는지 회의감이 들었다.

요즈음 들어 역자의 생각에 작은 변화가 찾아왔다. 한문에 문법이 있는가? 하는 의문이 들기 시작한 것이다. 한문은 생활의 필요에 따라 관습적으로 구사되어 온 고대(고전) 중국어이다. 그 관습적 언어구사가 언제부터인가 문법이라는 옷을 입고 세상에 돌아다녔다. 일단 문법이라는 틀을 갖고 나니 또 언제부터인가 그 틀에 얽매이게 되었다. 아마도 현재의 문법체계는 서구의 근대로부터 영향을 받아 마련된 것이 분명하다. 적어도 전통시대에는 지금과 같은 문법체계에 큰 관심이 없었다. 언어관습이 문법체계보다 쉽게 다가갈 수 있었기 때문이다. 유아기부터 한자의 음과 훈을 익히고 나서 다시 여러 한자의 조합인 짧은 구절을 익히며, 또 한 단계 더 나가 긴 문장과 여러 형식의 글들을 섭렵하다 보면 자연스럽게 말이 입에 붙고 글이 붓에 따라 내려가는 경지에 이르게 된다. 이른바 문리(文理)를 터득하는 첩경이 늘 그러했다.

한문학을 전공하는 학생들은 대다수가 이런 언어관습을 체득하지 못한 채 대학에 들어와서 그 어려운 한문 고전어를 익히려 한다. 즉 문리도 터득하지 못하고 멍하니 문법 강의를 듣고 있는 것이다. 참으로 어려운 형국이다. 그래서 역자는 첫 수업시간에 학생들에게 쓸데없는 환상에 젖지 말라고 공언한다. 쓸데없는 환상이란 문법 수업을 잘 들으면 문리가 터득될 것이라는 그것이다. 이런 역발상적인 환상이 현실화되기 어렵다고 거듭거듭 타이르고 수업에 들어간다. 다만 문법 수업 자체는 들어서 나쁠 게 없다. 논리적으로 한문을 해부해 보는 재미가 있고, 언젠가 문득 그 시퍼런 '문리'란 놈을 잡아챌 기회가 올 것이라는 가능성도 점쳐 볼 수 있기 때문이다.

"인내는 쓰고 열매는 달다"는 말이 있다. 한문고전을 의미 있게 읽어내는 일은 그리 쉽지 않다. '점수(漸修)' 곧 오랜 인고의 세월이 요구된다. 그렇지만 어느 날 문득 '돈오(頓悟)'의 경지에 이르게 되면, 그 인고의 세월이 얼마나 고마운지 알게 될 것이다. 그 달콤한 유혹을 뿌리치지 못하고 역자는 오늘도 그 고전을 만지작거린다. 샘물은 마셔본 자만이 그 맛을 안다. 아무쪼록 고전의 샘물을 실컷 마시고 그 맛을 감칠맛 나게 이야기 해 줄, 여러분의 그날을 기다려 본다.

2017년 1월 15일
대한(大寒)을 앞두고 죽산 상백헌(尙白軒) 지락재(至樂齋)에서
역자 이종호가 삼가 씀.

차 례

▌역자 머리말   5

1. 품사활용이란 무엇이며 어떠한 활용현상이 있는가? / 15
2. 명사의 동사 활용 판별법은? / 22
3. 명사의 부사어 활용과 주술구조를 어떻게 구별하는가? / 31
4. 부사어로 활용되는 시간명사의 용법이 현대중국어와 다른 점은? / 48
5. 어떠한 실사가 사동(使動)과 의동(意動)을 가능하게 하는가? / 51
6. 사동용법과 의동용법을 어떻게 구별하는가? / 56
7. 사동 의동 이외의 특수한 술목관계는? / 64
8. 동량(動量)과 물량(物量)을 어떻게 나타내는가? / 70
9. 허수(虛數)란 무엇이며 기수(基數) 3 9 등을 왜 허수로 보는가? / 75
10. 기수 일(一)은 수사기능 이외에 또 어떤 용법이 있는가? / 78
11. 양(兩)과 이(二)의 용법은 어떻게 다른가? / 81
12. 어떻게 배수(倍數) 분수(分數) 약수(約數)를 나타내는가? / 83
13. 대명사는 어떤 특징을 갖고 있는가? / 89
14. 겸류사(兼類詞) 지(之)와 기(其)의 용법을 어떻게 구별하는가? / 92
15. 자(自)와 기(己)는 용법상 어떤 차이가 있는가? / 96
16. 인칭대명사의 복수를 표시하는 방법은? / 98
17. 2인칭대명사 여(汝;女) 이(爾) 약(若) 이(而) 내(乃)의 차이점은? / 101
18. 경칭(敬稱)과 겸칭(謙稱)을 구별하여 이해하는 방법은? / 103
19. 방지(旁指)대명사의 유형과 용법은? / 107
20. 특수 지시대명사 언(焉)을 이해하는 방법은? / 110
21. '혹(或)'과 '막(莫)'을 왜 무정형 대명사라고 하는가? / 113
22. '자(者)'의 사어 성질과 용법은? / 116

23. 보조성 대명사 소(所)의 용법은? / 121
24. '소이(所以)'가 '그래서'로 해석되는 이유는? / 127
25. 자(者)자 구조와 소(所)자 구조의 차이점은? / 129
26. 부사는 어떤 특징이 있는가? / 133
27. 정도부사 '소(少)', '초(稍)', '파(頗)', '익(益)'의 차이점은? / 137
28. 어떤 범위부사를 특히 주의해야 하나? / 140
29. 부사 '증(曾)'과 '상(嘗)'은 기능상 어떤 차이가 있나? / 143
30. '재(再)'와 '부(復)'는 어떤 점에서 구별되는가? / 145
31. 부정부사 '불(不)'와 '불(弗)', '무(毋)'와 '물(勿)'은 서로 어떻게 다른가? / 147
32. 공경과 겸손을 나타내는 부사를 바르게 이해하는 방법은? / 149
33. 동사 '청(請)'이 어떤 경우 표경(表敬)부사로 쓰이는가? / 153
34. '개(蓋)'의 문법적 특징과 용법은 무엇인가? / 156
35. '상(相)'과 '견(見)'을 왜 특수부사라고 하는가? / 159
36. 전치사는 어떤 특징이 있나? / 164
37. '우(于)'의 용법이 '호(乎)'와 다른 점은 무엇인가? / 168
38. '이(以)'의 전치사용법과 접속사용법을 구별하는 방법은? / 172
39. 겸류사 '위(爲)'의 용법을 판별하고 분석하는 방법은? / 178
40. '이(以)'의 고정구조를 이해하는 방법은? / 182
41. 접속사 '而'의 특징은 무엇인가? / 186
42. 접속사 '則'의 용법은 무엇인가? / 191
43. 접속사 '여(與)'와 전치사 '여(與)'를 어떻게 구별하는가? / 195
44. 접속사 '수(雖)'·'수연(雖然)'·'연(然)'·'연이(然而)'·'연즉(然則)'의 차이점은? / 199
45. 문미 어기사 '야(也)'와 '의(矣)'는 어떻게 다른가? / 203
46. 문미 어기사 '호(乎)', '야(邪;耶)', '여(與;歟)'는 어떻게 다른가? / 207
47. '부(夫)'는 문두, 문중, 문미에서 어떻게 사용되는가? / 212
48. 문미 어기사가 잇달아 사용되는 현상을 어떻게 이해할까? / 216
49. 겸사(兼辭) '저(諸)', '언(焉)', '합(盍)', '파(回)'의 용법은 무엇인가? / 220
50. 판단사 '是'의 용법과 의미는? / 224
51. 판단구란 무엇이며 그 용법은 어떠한가? / 228
52. 무엇을 의미상의 피동이라고 하는가? / 231

53. 구조적으로 특징이 있는 피동문에는 어떤 유형이 있는가? / 234
54. 목적어가 어떠한 경우에 전치하는가? / 238
55. 목적어가 '지(之)', '시(是)'를 사용하여 복지(複指)하는 이유는? / 243
56. 어떤 상황에서 위어가 주어 앞에 놓이는가? / 247
57. 쌍목적어란 무엇인가? / 249
58. 동사 '위(爲)'를 따르는 쌍목적어를 식별하는 방법은? / 254
59. 어떤 경우에 문장 성분이 생략되는가? / 257
60. 중심사 생략이 주어, 목적어 생략과 다른 점은? / 261
61. 어떠한 유형의 관용 구문이 있는가? / 264
62. '孰與'의 의미와 용법은? / 269
63. '以~爲~'형의 구문으로 어떠한 것이 있는가? / 272
64. 복문을 나타내는 관련사에는 어떤 것이 있는가? / 275

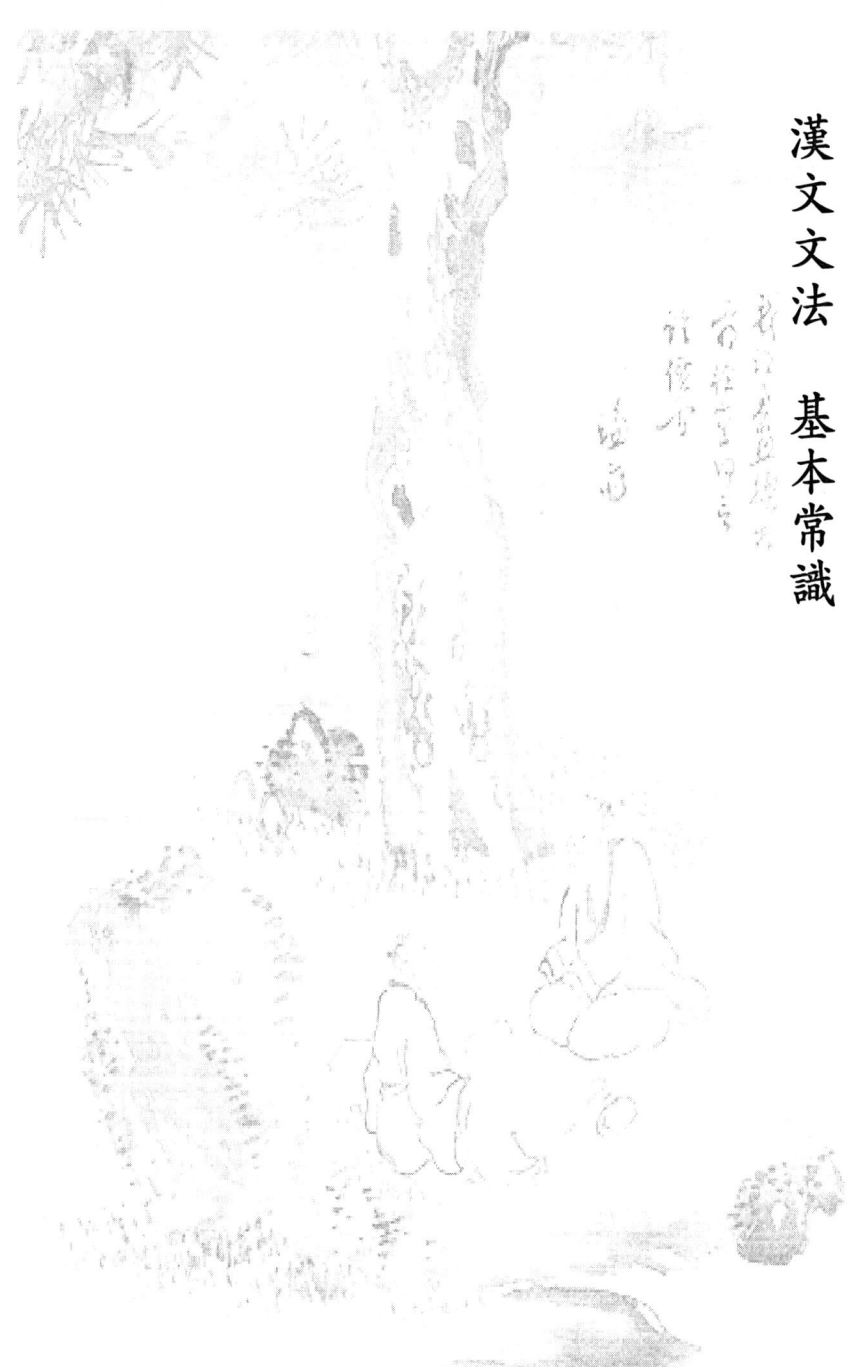

漢文文法 基本常識

謙齋 鄭敾(1676~1759) 〈詩畫相看圖〉(《京郊名勝帖》)
槎川 李秉淵(1671~1751): "我詩君畫換相看 輕重何言論價間 詩出肝腸畫揮手 不知難易更誰難."

1. 품사활용이란 무엇이며 어떠한 활용현상이 있는가?

한문을 읽을 때, 매우 간단하고 일상적으로 쓰는 글자이지만 습관(규정)에 따라 해석해 가면 오히려 의미가 통하지 않는 경우가 있다.

예를 들면, "范增數目項王(《史記 項羽本紀》)"이라는 구에서 새기기 곤란한 글자는 아무 것도 없다. 그러나 만약 "目"자를 습관에 따라 '눈'으로 해석하면 외려 의미가 통하지 않는다. 이는 곧 품사(品詞; 詞類, parts of speech)[1]의 활용문제와 관련된다.

품사의 활용은 또 사성(詞性, grammatical properties)[2]의 활용이라고도 한다. 이 개념은 먼저 무엇이 품사 혹은 사성인지를 알아야 해석할 수 있다. 어떠한 언어라도 어휘를 그들 언어의 어법 기능에 따라 몇 개로 나눌 수 있는데, 한문도 예외가 아니다.

예를 들어, 명사, 동사, 형용사, 대명사, 수사는 실사(實詞, notional word)[3]이고 그 나머지는 허사(虛詞, function word; empty word; form word)[4]이다. 바로 품사의 구분은 그것의 어법기능, 문장 안에서 어떤 성분을 담당하는지, 주어(主語, subject), 술어(述語, predicate), 목적어(目的語, object)인지 관형어(冠形語, adnominal phrase)[5], 부사어(副詞語, adverbial phrase)[6], 보어(補語,

---

1) 현재 중국에서는 일반적으로 어법기능에 따라서 품사를 나누는데, 名詞, 動詞, 形容詞, 數詞, 量詞, 대명사, 副詞, 전치사, 連詞, 助詞, 歎詞, 擬聲詞, 區別詞, 語氣詞, 狀態詞 등 모두 열다섯 가지가 있다. 이를 대별하면 實詞와 虛詞인데, 名詞, 動詞, 形容詞, 數詞, 量詞, 대명사, 副詞, 區別詞, 狀態詞 등 총 아홉 가지는 實詞이고, 전치사, 連詞, 助詞, 語氣詞 등 네 가지는 虛詞이다. 그밖에 또한 두 가지 特殊한 詞가 있으니, 擬聲詞와 歎詞가 그것이다. 영어에서는 전통적으로 名詞(Nouns), 動詞(Verbs), 形容詞(Adjectives), 副詞(Adverbs), 前置詞(Prepositions), 冠詞(Article), 連接詞(接續詞; Conjunction), 그리고 感歎詞(Interjection) 등 여덟 가지로 나눈다.
2) 詞性이란 詞의 特點으로써 詞類를 나누는 근거이다. 詞類는 언어 속 낱말의 語法 分類인데, 문법 기능과 형태 변화를 포함한 어법의 특징, 즉 詞性을 주요 근거로 한다.
3) 實詞는 실제적인 의미를 지닌 낱말로, 단독적으로 문장의 성분이 될 수 있다. 곧 어휘 의미와 어법 의미를 동시에 지닌 낱말이다. 여기에는 名詞, 動詞, 形容詞, 數詞, 量詞 및 대명사가 속한다.
4) 虛詞는 실사의 상대어인데, 어휘로서 실제적인 의미가 없기에 독립해서 문장을 이루지 못한다. 즉 부사 이외, 일반적으로 구절(phrases)이나 문장(sentence)의 성분이 되지 못한다. 다만 어법 의미나 기능 의미를 지닌 낱말이다. 副詞, 전치사, 連詞, 助詞, 語氣詞 등이 허사에 속한다.

complement)7)인지에 따르기 때문에 품사와 문장성분(文章成分, constituent of sentence)8) 사이에는 일정한 대응관계가 있다.

한문에서는 명사가 주로 주어, 목적어 그리고 관형어를 맡고, 동사는 주로 술어를 맡고, 형용사는 주로 술어, 관형어, 보어를 맡고, 부사는 주로 부사어를 맡고, 수사는 주로 부사어, 관형어를 맡는다. 일반적으로 말하면 이러한 대응관계는 비교적 고정적이다. 이것이 바로 우리가 흔히 말하는 낱말에 "일정한 특성(常性)"이 있다는 것이다.

예를 들어 "衣"는 명사이고, "解"는 동사이며, "我"는 대명사이다. 이는 현대중국어에서 뿐만 아니라 한문에서도 마찬가지이다. 그러나 실제로는 이런 단순한 틀에 얽매이지는 않는다. 어떤 때는 "틀을 벗어나는(出格)" 어법 현상이 나타날 수도 있다. 분명히 명사인데도 동사로 사용되어 문장에서 술어를 담당하는데, 이와 같이 임시로 품사의 용법을 뛰어넘는 것을 '품사활용'이라 부른다.

예를 들어,《史記 淮陰候列傳》중 "解衣衣我"라는 구에서 앞의 "衣"는 명사로써 "衣服(옷)"을 표시하고 "解"의 목적어로 사용되었다. 그리고 뒤의 "衣"는 동사로 사용되어 "(옷을) 입다"로 새기며, 또 "我"라는 목적어를 가진다. 앞의 술목(述+目)구조 "解衣"와 하나의 연동식(連動式, sentence with consecutive predicates)9)을 구성하여 "옷을 벗어, 나에게 입혀 주다"를 표시하는데 뒤의 "衣"자의 용법은 품사활용에 속한다.

---

5) '관형어'는 체언(명사・대명사・수사) 앞에 놓여 체언을 수식하는 기능을 하는 문장성분으로 주어, 목적어, 서술어 등 과는 달리 문장을 구성하는 데 필수적인 요소는 아니므로 부속성분에 속한다.
6) '부사어'는 용언(동사와 형용사)을 수식하는 기능을 하는 문장성분으로 대개 문장을 구성하는 데 필수적인 요소는 아니므로 관형어와 함께 부속성분에 속한다.
7) '보어'는 문장에서 주어와 서술어만으로는 뜻이 불완전한 경우, 서술이 완결되도록 보충하는 성분이다.
8) '문장성분'이란 한 문장을 구성하는 요소들을 말한다. 문장의 성분에는 주성분과 부속성분, 그리고 독립성분이 있다. 주성분은 문장의 골격을 이루는 성분으로 주어, 서술어, 목적어, 보어가 있다. 부속성분은 주로 주성분의 내용을 수식하는 성분으로, 관형어와 부사어가 있다. 독립성분은 주성분이나 부속성분과 직접적인 관계가 없이 문장에서 따로 독립해 있는 성분으로, 독립어가 해당된다.
9) '연동식'이란 동사가 한 문장에 두 개 이상 나오는 형식을 말한다. 동작의 선후관계, 동작의 목적이나, 수단과 방법 등을 나타내기 위해서, 그에 상응한 동사를 배열하는데, 간혹 한 문장에 두 개 이상 동사가 나오게 된다. 이를 '연동식'이라고 한다. 위 예문에서는 동작의 선후관계를 표시하기 위해 두 개의 동사가 연달아 나왔다.

품사활용은 다만 언어에서 일어나는 임시적인 어법현상이다. 대다수 낱말은 모두 단지 어느 한 종류에 속하고, 소수의 낱말만 겸류사(兼類詞)10)에 속한다. 일반적으로 말해 품사가 활용되기 때문에 낱말로 하여금 두 종류 혹은 더 많은 사성을 갖게 하는 것은 아니다. 예를 들어 위 문장에서 "衣"는 본래 명사이고 동사로 활용될 수 있다. 그러나 결코 이 때문에 "衣"는 명사이면서 또한 동사로 간주되지는 않는다. 왜냐하면 "衣"가 명사로 기능하는 것은 상성(常性)이나 동사로 되는 것은 다만 품사활용이라는 임시 어법현상이기 때문이다.

한문에 나오는 모든 낱말이 전부 품사의 활용현상을 보이는 것은 아니다. 사실 자주 나타나는 것은 언제나 몇 가지에 불과하다. 그래서 어떤 자전(字典)이나 사전(辭典)에서는 이같은 품사의 활용현상을 주석에서 하나의 뜻으로 간주해 처리한다. 예를 들어 "衣"는, 《사해 辭海》에서 첫 번째 뜻은 "衣服(옷)"이고 yī로 읽는다. 두 번째 뜻은 "穿(chuān, 입다)"이고 yì로 읽는다. 그러나 우리는 이 때문에 "衣"가 두 가지 사성을 가진다고 말하지 않는다.

일반적으로 활용되는 것은 언제나 약간의 낱말과 품사이기 때문에, 그것들의 법칙을 파악만 한다면 한문 고전을 읽는 것 또한 어렵지 않게 된다. 한문에서 품사활용은 대부분 실사에서 일어난다. 그렇다면 품사활용에는 어떤 현상들이 있는가?

가. 동사가 아닌 것이 동사로 쓰인다.

명사, 형용사, 수사는 그들이 문장에서 술어를 담당할 때 품사활용에 속한다.

(1) 명사가 동사로 쓰인다.

▶ 驢不勝怒, 蹄之.11)
▷ 나귀가 화를 이기지 못하고 발길질을 했다.
☞ "蹄"는 본래 명사인데 동사로 활용되어 술어를 담당하며 "발굽을 이용하여 차다"란

---

10) '겸류사'란 하나의 낱말이 두 가지 이상의 사성을 가지고 있는 것을 말한다. 영어에서 매우 많은 낱말이 두 가지 이상의 다른 사성으로 쓰일 수 있는데, 예를 들면, "about"은 부사(약)와 전치사(~대하여)로 쓰일 수 있고, "hard"는 형용사(단단한)와 부사(열심히, 힘들게)로 쓰일 수 있다.

11) 柳宗元(773~819),《黔之驢》, "又近出前后, 終不敢搏, 稍近益狎, 蕩倚衝冒, 驢不勝怒, 蹄之. 虎因喜計之曰, '技止此耳.'"

뜻을 나타낸다.

▶ 范增數目項王.[12]
▷ 범증이 자주 항왕에게 눈짓을 하여 의사를 표시하다.
☞ "目"은 본래 명사이나 동사로 활용되어 술어를 담당하며 "눈을 이용하여 의사를 표시하다"라는 뜻을 나타낸다.

(2) 형용사가 동사로 쓰인다.

▶ 江黃遠齊而近楚.[13]
▷ 강, 황은 제와 멀게 지내고, 초와 가깝게 지낸다.
☞ "遠", "近"은 본래 형용사인데 동사로 활용되어 술어를 담당하며 "멀리하다", "가깝게 지내다"로 새긴다.

▶ 素善留侯張良.[14]
▷ 평소에 유 땅의 제후 장량과 친하였다.
☞ "善"은 본래 형용사이나 동사로 활용되어 술어를 담당하며 "다른 사람과 사이가 좋다"로 새긴다.

(3) 수사가 동사로 쓰인다.

▶ 不嗜殺人者, 能一之.[15]
▷ 사람 죽이기를 좋아하지 않은 자가 능히 통일 할 수 있다.
☞ "一"은 본래 수사인데 동사로 활용되어 술어를 담당하며 "통일하다"는 뜻을 나타낸다.

▶ 士也罔極, 二三其德.[16]
▷ 남자란 헤아릴 수 없으니, 그 마음을 이랬다저랬다 하는구나.
☞ 罔wǎng極 : 反復無常해서 準則이 없다. 罔은 "無", 極은 "準則".

---

[12] 司馬遷(BC145~?),《史記 項羽本紀》, "亞父者, 范增也. 沛公北向坐, 張良西向侍. 范增數目項王, 擧所佩玉玦以示之者三, 項王黙然不應."
[13] 劉向(BC77~BC6),《新書 善謀》, "管仲曰: '江 黃遠齊而近楚, 楚爲利之國也, 若伐而不能救, 無以宗諸侯, 不可受也.' 桓公不聽, 遂與之盟." 여기서 江, 黃, 齊, 楚는 모두 國名이다.
[14] 司馬遷,《史記 項習本紀》, "楚左尹項伯者, 項羽季父也. 素善留侯張良. 張良是時從沛公, 項伯乃夜馳之沛公軍, 私見張良, 具告以事."
[15] 孟軻(BC372~BC289),《孟子 梁惠王上》, "孟子見梁襄王. 出, 語人曰, 望之不似人君, 就之而不見所畏焉. 卒然問曰, 天下惡乎定? 吾對曰, 定于一. 孰能一之? 對曰, 不嗜殺人者能一之."
[16]《詩經 衛風 氓》, "桑之落矣, 其黃而隕. 自我徂爾, 三歲食貧. 淇水湯湯, 漸車帷裳. 女也不爽, 士貳其行. 士也罔極, 二三其德."

☞ "二三"은 본래 수사인데 동사로 활용되어 술어를 담당하며 "망설이다", "변덕스럽다"로 새긴다.

나. 명사가 아닌 것이 명사로 쓰인다.

동사, 형용사, 수사는 그들이 명사로 쓰여 문장에서 주어 혹은 목적어를 담당할 때 품사활용에 속한다.

(1) 동사가 명사로 쓰인다.

▶ 殫其地之出, 竭其廬之入.17)
▷ 땅의 소출을 다 바치고, 집의 수입마저 고갈하였다.
☞ "出", "入"은 본래 동사이나 명사로 활용되어 목적어를 담당하며 "產品", "수입"으로 새긴다.

▶ 趙王之子孫侯者, 其繼有在者乎?18)
▷ 역대 조왕의 자손으로 侯에 봉해진 자, 그들의 後嗣로 封爵을 계승한 자가 아직 남아 있는가?
☞ "侯"는 명사가 동사로 활용되어 "후에 봉해지다"로 새기고, "繼"는 동사가 명사로 활용되어 주어를 담당하며, "계승자"로 새긴다.

(2) 형용사가 명사로 쓰인다.

▶ 小學而大遺, 吾未見其明也.19)
▷ 작은 것은 배우고 큰 것은 버리니 나는 그 현명함을 보지(알지) 못하겠다.
☞ 小, 大 : 형용사가 명사로 활용되어 주어를 담당하여, "작은 문제", "큰 문제"를 나타낸다.

▶ 將軍身披堅執銳.20)
▷ 장군이 몸소 단단한 투구와 갑옷을 입고 창을 잡았다.

---

17) 柳宗元,《捕蛇者說》, "自吾氏三世居是鄉, 積於今六十歲矣. 而鄉鄰之生日蹙, 殫其地之出, 竭其廬之入. 號呼而轉徙, 飢渴而頓踣."
18)《戰國策 趙策》, "左師公曰, '今三世以前, 至于趙之爲趙, 趙主之子孫侯者, 其繼有在者乎? 曰, '無有' 曰, '微獨趙, 諸侯有在者乎? 曰, '老婦不聞也.'"
19) 韓愈(768~824),《師說》, "愛其子, 擇師而敎之, 於其身也, 則恥師焉, 惑矣. 彼童子之師, 授之書而習其句讀者, 非吾所謂傳其道 解其惑者也. 句讀之不知, 惑之不解, 或師焉, 或不焉, 小學而大遺, 吾未見其明也."
20) 司馬遷,《史記 陳涉世家》, "三老·豪皆曰, '將軍身被堅執銳, 伐無道, 誅暴秦, 復立楚國之社稷, 功宜爲王.' 陳涉乃立爲王, 號爲張楚."

☞ 堅, 銳: 형용사가 명사로 활용되어 목적어를 담당하며, "단단한 투구와 갑옷", "날카로운 무기"로 새긴다.

(3) 수사가 명사로 쓰인다.

▶ 一厝朔東, 一厝雍南.21)
▷ 산 하나는 삭동에 놓고, 또 산 하나는 옹남에 놓았다.
☞ 一 : 수사가 명사로 활용되어 주어를 담당하며, "하나의 산"으로 새긴다.
☞ 厝 : 두다(조=措).

▶ 與吾父居者, 今其室十無二三焉.22)
▷ 우리 아버지와 더불어 거주하던 자들은 지금 그 집이 열 중에 두셋도 없다.
☞ 十, 二三 : 수사가 명사로 활용되어 각각 주어와 목적어가 되며 "10가구의 집(가정)", "2, 3가구의 집(가정)"으로 새긴다.

다. 부사가 아닌 것이 부사로 쓰인다.

명사가 부사로 쓰이는데 현대중국어의 전치사구조에 상당하고, 문장에서 부사어 혹은 보어를 담당할 때 품사활용에 속한다.

▶ 豕人立而啼.23)
▷ 돼지가 사람같이 서서 울었다.
☞ 人 : 명사가 부사로 활용되어 부사어를 담당하며 "사람과 같이"로 새긴다.

▶ 齊將田忌善而客待之.24)

---

21) 列御寇,《列子 湯問》, "帝感其誠, 命夸蛾氏二子負二山, 一厝朔東, 一厝雍南. 自此冀之南, 漢之陰, 無隴斷焉. 夸父不量力, 欲追日影, 逐之於隅谷之際. 渴欲得飮, 赴飮河渭. 河謂不足, 將走北飮大澤."
22) 柳宗元,《捕蛇者說》, "今其室十無一焉. 與吾父居者, 今其室十無二三焉. 與吾居十二年者, 今其室十無四五焉. 非死卽徙爾, 而吾以捕蛇獨存. 悍吏之來吾鄕, 叫囂乎東西, 墮突乎南北, 譁然而駭者, 雖雞狗不得寧焉."
23)《左傳 莊公八年》, "冬十二月, 齊侯游于姑棼, 遂田于貝丘, 見大豕. 從者曰, 公子彭生也. 公怒曰, 彭生敢見, 射之, 豕人立而啼. 公懼, 墜于車, 傷足, 喪屨. 反誅屨於徒人費, 弗得, 鞭之, 見血."(겨울 12월에 제나라 양공은 고분으로 나들이 갔다가 그 길로 패구로 가서 사냥을 했다. 그때에 큰 돼지가 나타났다. 양공의 종자가 그것을 보고 말하기를 '공자 팽생이다.'고 했다 양공은 노하여 말하기를 '팽생이 감히 나타났는가.'하고, 활로 쏘니 그 돼지는 사람같이 서서 울었다. 양공은 두려워 수레에서 떨어져 다리를 다치고 신발을 잃었다. 관소로 돌아와서 하인 비를 꾸짖어 신발을 찾았으나 찾지 못했다. 그래서 비를 채찍으로 때려 피를 흘리게 했다.)
24) 司馬遷,《史記 孫子吳起列傳》, "齊使者如梁, 孫臏以刑徒陰見, 說齊使, 齊使以爲奇, 竊載與之齊, 齊將田忌善而客待之. 忌數與齊諸公子馳逐重射."

▷ 제나라 장군 전기는 그의 재능을 인정하여 빈객으로 예우해 주었다.
☞ 客 : 명사가 부사로 활용되어 부사어를 담당하며 "손님처럼 여기다"로 새긴다.

▶ 等死, 死國可乎.25)
▷ 똑같이 죽을 바에는 나라를 위해서 죽는 것이 좋지 않겠는가?
☞ 國 : 명사가 부사로 활용되어 보어를 담당하며 "국가를 위해서"로 새긴다.

라. 타동사가 아닌데 타동사로 쓰인다.

타동사가 아닌 즉 자동사는 일반적으로 목적어를 가질 수 없는데, 만약 타동사로 쓰이면 또한 품사활용에 속한다.

▶ 項伯殺人, 臣活之.26)
▷ 항백이 사람을 죽여 신이 그를 살려 준 일이 있습니다.
☞ 活 : 자동사가 타동사로 활용 되어 "~로 하여금 살아나게 하다."를 나타낸다.

▶ 君三泣臣矣.27)
▷ 임금께서 신하 앞에서 세 번 울었다.
☞ 泣 : 자동사가 타동사로 활용되어 "~앞에서 ~에 대해 흐느끼다"로 새긴다.

한문의 품사활용 현상은 대략 이상 몇 가지 종류로 나눌 수 있다.

---

25) 司馬遷,《史記 陳涉世家》, "陳勝·吳廣乃謀曰 '今亡亦死, 擧大計亦死, 等死, 死國可乎?'
26) 司馬遷,《史記 項羽本紀》, "沛公曰, '君安與項伯有故?' 張良曰, '秦時與臣游, 項伯殺人, 臣活之. 今事有急, 故幸來告良.' 沛公曰, '孰與君少長?'"
27) 左丘明,《左傳 襄公二十二年》, "子南之子棄疾爲王御士, 王每見之, 必泣. 棄疾曰, '君三泣臣矣, 敢問誰之罪也?' 王曰, '令尹之不能, 爾所知也. 國將討焉, 爾其居乎?'"

2. 명사의 동사 활용 판별법은?

한문에서 명사가 동사로 활용되는 경우가 많다. 때문에 한문공부가 어렵게 느껴질 수 있다. 그러나 만약 그 규칙을 알아낸다면 식별이 또한 그렇게 어렵지만은 않다. 낱말과 낱말 사이의 관계를 잘 분석하면 된다.

낱말과 낱말 사이에는 문장에서 일반적으로 아래와 같은 몇 가지 종류의 구조를 보인다. 즉, ①주술(주어+술어)구조, ②술목(술어+목적어)구조, ③수식(수식+피수식, 수식어+중심어; 偏正)구조1), ④병렬(A+A)구조이다.

②술목구조에는 반드시 동사가 있다. ①주술구조의 술어부분은 형용사일 수도 있고 동사일 수도 있다.

③수식구조는 세 종류가 있는데 첫째는 관형어와 피수식어(中心語)이고, 둘째는 부사어와 피수식어(중심어)이고, 셋째는 피수식어(중심어)와 보어(述+補구조라고도 부른다)이다.2) 그중 부사어나 보어와 관계를 맺는 피수식어(중심어)는 형용사가 아니면 반드시 동사이다.

④병렬구조의 각 구성부분은 대등한 것이고 모두 명사이거나 모두 형용사이거나 혹은 모두 동사이다. 그래서 각종 구조 중에 관형어와 피수식어가 구성

---

1) '편정구조'는 두 개의 성분이 수식(修飾)과 피수식(被修飾)의 관계로 이루어진 구조를 말한다. 이를 편정(偏正) 구문이라고 하는데, 관형어 속의 구문과 부사어 속의 구문으로 나눌 수 있다. 편정구문은 '偏'(수식성분)과 '正'(피수식성분)으로 이루어진다. 그 중 피수식성분을 '중심어(中心語)'라고 한다. 중심어 앞의 수식성분은 중심어에 대해 묘사(描寫)와 한정(限定) 작용을 한다. 편정구문의 주된 작용은 나오는 중심어에 있지 앞의 수식성분에 있지 않다. 이 때문에 앞의 성분이 '偏'에 속하고, 뒤의 성분이 '正'에 속한다. 예를 들면, "요원(遙遠)한 동방(東方)"에서, 가리키는 것은 "동방"이지 "요원"이 아니다. "요원"은 단지 "동방"의 거리를 형용할 뿐이다. "즐겁게 뛰다"는 예에서 "뛰다"가 중심의미이지 "즐겁다"는 상태묘사에 불과하다. "매우 좋다"에서 "좋다"는 주된 의미이고 "매우"는 그 정도를 나타낼 뿐이다.

2) 편정구조는 두 가지가 있다. 하나는 〈관형어+중심어〉구조이다. 관+중구조의 수식어를 관형어라 부르고 피수식어를 중심어라고 부른다. 이 경우 문장에서 주어나 목적어가 될 수 있다. 예를 들어, "내 책", "아름다운 캠퍼스", "위대한 조국" 등과 같은 경우이다. 하나는 〈부사어+중심어〉구조이다. 부+중구조의 수식어를 부사어라 하고 피수식어를 중심어라고 한다. 이 경우 문장에서 술어가 될 수 있다. 예를 들어, "막연히 추측하다", "기뻐하지 않다", "빨리 먹다", "천천히 걷다", "빨리 뛰다", "잔인하게 구타하다", "행복하게 웃다", "매우 감동시키다" 등과 같은 경우이다. 하나의 글자가 중심이 되고 다른 하나의 글자가 이 글자를 수식하는 것이다. 따라서 두 글자는 지위가 다르다. 불평등한 것이다. 주(主)와 차(次), 혹은 정(正)과 편(偏)의 관계에 놓인다. 그래서 이를 편정관계라고 한다.

하는 수식구조 및 형용사와 형용사가 구성하는 병렬구조 외에 나머지 구조는 대부분 동사가 사용된다. 따라서 아래 몇 가지 상황이 나타날 때는 이러한 규칙에 근거하여 동사로 활용된 명사를 찾을 수 있다.

가. 명사+명사

몇 개의 명사가 함께 배열되었으나 병렬구조가 아닐 때, 그 중 한 명사가 동사로 활용되고, 또한 대부분 주술구조, 술목구조 혹은 수식구조 중의 술보구조를 구성한다.

▶ 許子衣褐.3)
▷ 허자4)가 갈옷을 입다.
☞ 許子+衣+褐 : 세 개 명사가 잇달아 사용되었다.

먼저 '許子'와 '衣'의 관계를 보기로 하자.
첫째, 둘은 같은 종류의 물체가 아니다. 때문에 병렬 관계를 구성하지 못한다.
둘째, 만약 수식관계라면 "許子의 옷"으로 새겨야 한다. 그렇다면 한문 습관에 따라 기운데에 반드시 "之"가 들이가 있어야 한다.
셋째, "許子"는 인명이어서 동사로 사용될 수 없다. 또한 "衣"와 술목관계를 구성할 수도 없다.
넷째, 둘은 다만 주술관계만 가능하다. "衣"가 형용사가 아닌 이상, 동사로 활용되어 "(옷을) 입다."로 새겨야 한다.

다시 '衣'와 '褐'의 관계를 보자.
첫째, 둘의 개념은 포용하는 것이어서 병렬관계일 수 없다.
둘째, 두 명사의 개념 중 외연(外延)이 큰 것이 앞에 있고, 작은 것이 뒤에

---

3) 《孟子 滕文公》, "孟子曰, '許子必種粟而後食乎.' 曰, '然.' '許子必織布而後衣乎.' 曰, '否, 許子衣褐.' '許子冠乎.' 曰, '冠.' 曰, '奚冠.' 曰, '冠素.' 曰, '自織之與.' 曰, '否, 以粟易之.'"

4) 許子는 許行(대략 BC372~289)을 말한다. 허행은 전국 시대 楚나라 사람으로 農家의 대표적인 인물로, 맹자와 동시대인이다. 맹자는, 허행이 神農氏의 말대로 몸소 경작하며 밥을 지어 먹었다고 말했다. 제자와 함께 등(滕)나라에 와서 칡옷을 입은 채 신발을 삼고 자리를 만들면서 살았다. 儒者 陳相이 동생 陳辛과 함께 송나라에서 등나라로 와서 보고는 크게 기뻐하며 지금까지 배운 것을 모두 버리고 따랐다.

있으니, 일반적으로 수식관계를 구성하지 못한다.

셋째, 만약 주술관계라면, "褐"자는 반드시 형용사 혹은 동사로 활용된다. 그러나 모두 뜻이 통하지 않는다.

넷째, 양자는 단지 술목관계만 가능하고, "衣"는 동사로 활용되어 "(옷을) 입다."로 새겨야 한다.

▶ 沛公軍霸上.[5]
▷ 패공(유방)은 패상에 군대를 주둔시켰다.
☞ 沛公+軍+霸上 : 세 개 명사가 잇달아 사용되었다.

먼저 '沛公'과 '軍'을 보기로 하자.

첫째, 둘이 만약 병렬관계라면 전체 문장은 술어가 없어서 문장이 이루어지지 않는다. 지명은 일반적으로 단독으로 술어가 되지 못하기 때문이다.

둘째, 둘은 술목구조가 될 수 없다. 인명은 일반적으로 동사가 되지 못하기 때문이다.

셋째, 둘이 만약 수식관계라면 "沛公의 軍隊"라고 새겨야 한다. 그렇다면 전 문장에 또한 술어가 부족하다. 이유는 첫째와 같다.

넷째, 단지 주술구조만 가능하다. "軍"이 형용사가 될 수 없는 이상 동사로 활용되어 "軍隊를 주둔하다"로 새겨야 한다.

다시 '軍'과 '霸上'을 보기로 하자.

첫째, 둘은 같은 종류가 아니어서 병렬관계가 아니다.

둘째, 둘은 술목구조가 아니다. 왜냐하면 지명 霸上은 동작의 대상이 아니기 때문이다.

셋째, 주술구조가 아니다. 왜냐하면 지명은 일반적으로 형용사가 될 수도 없고 동사를 담당할 수도 없어서, 단독으로 술어가 되지 못하기 때문이다.

넷째, 오직 수식관계만 가능하다. 그러나 관형어와 피수식어의 관계는 아니다. 왜냐하면, "軍隊"를 사용해 "霸上"을 수식하는 것은 논리에 맞지도 않고, 전 문장에 또한 술어가 없어지게 되기 때문이다. 또한 부사어와 피수식어의

---

5) 司馬遷,《史記 項羽本紀》, "又聞沛公已破咸陽, 項羽大怒, 使當陽君等擊關. 項羽遂入, 至於戲西. 沛公軍霸上, 未得與項羽相見."

관계도 아니다. "軍"은 부사가 아니고, "霸上" 또한 형용사 또는 동사가 아니기 때문이다. 그래서 둘은 오직 피수식어와 보어(즉, 술+보 구조)의 수식구조만 가능하다. "霸上"은 동작의 지점을 나타내고, "軍"은 동사로 활용된다.

나. 명사+대명사

명사와 대명사(일반적으로 "之"와 "我"이다)가 잇달아 사용될 때 명사는 동사로 활용될 수 있고, 일반적으로 술목구조를 구성한다.

▶ 父曰, "履我!"6)
▷ 노인이 말하길, "나에게 신을 신겨라."라고 했다.
☞ 履+我 : 첫째, 둘은 병렬관계가 아니다. 인칭대명사는 인명과 같이 있을 때에만 동류일 수 있다. 둘째, 둘은 결코 서로 수식하지 않는다. 그러므로 수식관계가 아니다. 셋째, 대명사는 일반적으로 술어가 되지 않는다. 그래서 주술관계도 아니다. 넷째, 다만 술목관계만 가능하다. "履"는 동사로 활용되어 "~에게 신을 신게 하다"를 나타낸다.

다. 부사+명사

부사, 예를 들어 "皆", "共", "已", "又", "且", "不" 등이 명사와 잇달아 사용될 때, 명사는 일반적으로 동사로 활용된다. 왜냐하면 부사는 동사와 형용사를 수식하고, 명사는 일반적으로 형용사로 활용될 수 없는 이상, 동사로 활용되어 함께 수식구조 중 부사어와 피수식어의 관계를 구성하기 때문이다.

▶ 小信未孚, 神弗福也7).

---

6) 司馬遷,《史記 留侯世家》, "良嘗閒從容步游下邳圯上. 有一老父, 衣褐, 至良所, 直墮其履圯下. 顧謂良曰, '孺子下取履!' 良愕然, 欲毆之. 爲其老, 彊忍, 下取履. 父曰, '履我!' 良業爲取履, 因長跪履之. 父足以受, 笑而去."

7) 左丘明,《左傳 莊公十年》, "十年春, 齊師伐我. 公將戰. 曹劌請見. 其鄕人曰, '肉食者謀之, 又何間焉?' 曰, '肉食者鄙, 未能遠謀.' 乃入見, 問何以戰. 公曰, '衣食所安, 弗敢專也, 必以分人.' 對曰, '小惠未徧, 民弗從也.' 公曰, '犧牲玉帛, 弗敢加也. 必以信.' 對曰, '小信未孚, 神弗福也.'"《古文觀止·曹劌論戰》에 보인다.)
齊나라 桓公은 기원전 684년, 즉 즉위한 이듬해에 또다시 군대를 풀어, 포숙아(관중의 친구)를 대장으로 삼아 노나라를 공격했다. 제나라의 행패를 더 이상 참을 수 없던 魯나라 莊公은 이를 악물고 결전을 벌이기로 했다. 제나라의 침공은 노나라 국민들의 분노를 자아냈다. 이때 평민인 조귀(曹劌)

▷ (조귀가 대답하기를) "(그것은) 작은 믿음이라 신령이 믿지 않을 것이니, 신령이 복을 내리지 않을 것입니다."라고 하였다.

☞ 弗+福 : "弗"은 否定부사이다. 그러므로 "福"자는 동사로 활용되어 "복을 내리다."를 나타낸다.

▶ 江水又東.8)

▷ 강물은 또한 동쪽을 향해간다.

☞ 又+東: "又"는 빈도부사이다. 그러므로 "東"자는 동사로 활용되어 "동쪽을 향해 가다"를 나타낸다.

가 장공을 찾아와 제나라의 침공을 막는 싸움에 넣어 달라고 간청했다. 장공은 기꺼이 그의 요구를 들어주고 제나라를 막을 방책을 물어보았다. 그러자 조귀가 되물었다. "뭘 믿고 싸울 겁니까?" "나는 그동안 먹고 입는 것을 독차지하지 않고 백성들에게 나누어 주었소." "그건 작은 은혜이며, 모든 백성들에게 두루 미친 것이 아닙니다." "나는 제사를 지낼 때 거짓으로 고하지 않고 성심을 다해 지냈소." "그건 작은 믿음이며, 큰 믿음이 아니니 사직이 승리를 돕지 않을 것입니다." 이에 장공은 잠깐 무슨 궁리를 하더니 이렇게 말을 보탰다. "백성들의 소송을, 소송마다 정확하게 처리해 준다고는 장담하지 못하겠지만 합리적으로 처리하도록 최선을 다 하려고 하네." 그러자 조귀는 고개를 끄덕였다. "그런 일만으로도 민심을 얻게 되는 것입니다. 이제 보니 제나라와 싸울 수 있겠습니다." 그러면서 조귀는 자기도 장공을 따라서 전장에 나가겠다고 했다. 장공은 조귀의 자신만만한 표정을 보고 그를 데리고 전차에 올랐다. 그러고는 군대를 거느리고 싸움터로 출발했다. 두 나라 군대는 장작(長勺, 산동 내무현)에 진을 치고 대치하고 있었다. 제나라군은 군사가 많은 것을 믿고 먼저 북을 울리며 진격했다. 장공은 즉시 군사를 지휘하여 반격하려고 했다. 그러자 조귀가 "서두르지 말고 좀더 기다려야 합니다." 하고 장공을 말렸다. 그러자 제나라군의 두 번째 북소리가 울렸다. 그래도 조귀는 아직 때가 안 되었으니 군사를 출동시키지 말라고 했다. 제나라군이 진격해 오는 것을 본 노나라 병사들은 주먹을 불끈 쥐고 왕의 출동 명령이 한시바삐 떨어지기를 초조히 기다렸다. 노나라군이 움직이지 않는 것을 본 제나라군에서는 세 번째로 북을 쳤다. 그래도 노나라군은 움직이지 않았다. 제나라군은 적이 겁을 집어먹고 얼어붙은 모양이라며 기뻐하면서 진격해 왔다. 이때 조귀가 장공에게 말했다. "반격할 때가 되었습니다." 노나라 진영에서 반격의 북소리가 울렸다. 군사들은 사기충천하여 맹호와 같이 산 아래로 반격해 내려갔다. 노나라군이 용맹하게 반격할 줄은 꿈에도 생각지 못했던 제나라군은 불시의 반격을 막아낼 수가 없었다. 제나라군은 뿔뿔이 흩어져 도망쳤다. 노나라군은 큰 승리를 거두었다. 장공은 조귀의 침착한 군사 지휘에 탄복은 하면서도 어떻게 그런 승리를 거둘 수 있었는지 영문을 알 수 없었다. 궁으로 돌아오자 장공은 먼저 조귀를 칭찬하고 나서 이렇게 물었다. "제나라군이 처음 북을 울리며 진격할 때 왜 반격하지 못하게 했는지 난 아직도 그 까닭을 모르겠네." "전쟁이란 군사들의 사기로 싸우는 것입니다. 상대방이 첫 번째로 북을 울릴 때가 가장 사기가 높을 때이지요. 그리고 두 번째로 북을 울릴 때는 사기가 좀 낮아지고 세 번째로 북을 울릴 때는 이미 사기가 해이해졌을 때입니다. 이때 우리 군사들은 오히려 사기가 부쩍 올라 싸우지 못해 안달이지요. 이때 진격의 북을 울리면 승리하지 못할 까닭이 있겠습니까." 그제야 까닭을 알게 된 장공은 조귀의 지혜에 탄복해 마지않았다. 조귀의 지휘 하에 노나라는 제나라의 침공을 물리치고 안정을 되찾았다.

8) 酈道元(?472~527),《水經注 江水》, "江水又東, 逕巫峽, 杜宇(人名. 相傳古代蜀帝名杜宇, 號望帝, 死後魂化為杜鵑.)所鑿以通江水也."

라. 능원(能願)동사9)+명사

능원동사, "能", "可", "欲" 등이 명사와 잇달아 사용될 때, 명사는 일반적으로 동사로 활용된다. 왜냐하면 능원동사는 조동사에 속하고 일반적으로 독립적으로 사용될 수 없고 뒤에 반드시 하나의 동사가 있어 함께 複合 술어를 구성하기 때문이다.

▶ 左右欲刃相如, 相如張目叱之, 左右皆靡.10)
▷ (秦 昭襄王) 좌우의 시종들이 상여11)를 죽이려고 하자, 상여는 눈을 크게 뜨고 큰 소리로 질책하니 시종들은 겁을 먹고 모두 뒤로 후퇴하고 말았다.
☞ 欲+刃 : "欲"은 능원동사이다. 그러므로 "刃"은 명사 '칼날'인데, 동사로 활용되어 "죽이다"로 새긴다.
☞ 靡 : 쓰러지다(쓰러뜨리다. 미). 뒤로 물러나다. 뒷걸음치다. 후퇴하다.

▶ 循道而不貳, 則天不能禍.12)
▷ 도를 쫓으면서 두마음을 품지 않는다면 하늘이 재앙을 내리지 않는다.
☞ 能+禍 : "能"은 능원동사이다. 그러므로 "禍"는 동사로 활용되어 "재앙을 내리다"로 새긴다.

---

9) '능원동사'란 "~ 할 수 있다" "~하고 싶다" "~해야 한다" 등을 나타내는 조동사이다. 현대 중국어에서는 능력·허가(會huì, 能néng, 可以kěyǐ)의 의미로 "~할 수 있다", 욕망·의지(想xiǎng, 要yào)의 의미로 "~하고 싶다" "~ 할 생각이다", 당연히·의무(应该yīnggāi, 得děi)의 의미로 "~해야 한다"가 있다.
10) 司馬遷,《史記 廉頗藺相如列傳》, "相如曰, '五步之內, 相如請得以頸濺血大王矣!' 左右欲刃相如, 相如張目叱之,左右皆靡. 於是秦王不懌, 爲一擊缻. 相如顧召趙御史書曰, '某年月日, 秦王爲趙王擊缻'. 秦之群臣曰, '請以趙十五城爲秦王壽.' 藺相如亦曰, '請以秦之咸陽爲趙王壽.' 秦王竟酒, 終不能加勝於趙. 趙亦盛設兵以待秦, 秦不敢動."
11) 藺相如는 전국시대의 趙 惠文王의 명신. 秦의 昭襄王이 趙의 '和氏璧'을 탐내어 15개 城과 바꾸기를 청하였을 때 사신으로 가서 진왕의 간계임을 간파하고, 이 보옥을 온전하게 가지고 돌아왔다. 그후 上卿이 되어 염파(廉頗)와 더불어 조나라의 융흥에 힘썼다. 조왕이 진왕과 민지(澠池)에서 주연을 베풀 때 진왕의 강요로 조왕이 비파를 타니, 인상여가 격분하여 진왕에게 장구 치기를 청한 바, 진왕이 즐겨 치지 않으므로 상여가 왕이 장구를 치지 않으면 신이 5걸음 안에서 목을 찔러 피를 왕에게 뿌리겠다고 하여, 진왕이 할 수 없이 장구를 쳤다. 민지에서 돌아온 조왕은 상여에게 염파(廉頗) 장군보다 높은 벼슬을 주니, 염파가 불평하다가 후에 상여의 도량에 감복했다.
12) 荀況(BC313~BC238),《荀子 天論》, "彊本而節用, 則天不能貧; 養備而動時, 則天不能病; 循道而不貳, 則天不能禍. 故水旱不能使之饑, 寒暑不能使之疾, 妖怪不能使之凶."

마. 명사와 전치사 구조

　명사가 전목(전치사+목적어)구조와 잇달아 사용되면 앞에 있을 때에나 뒤에 있을 때에나 대부분 동사로 활용된다. 왜냐하면, 전목구조는 일반적으로 부사어와 보어가 되어 동사를 수식하여 수식구조 중 부사어와 피수식어 관계 혹은 피수식어와 보어 관계를 구성할 수 있기 때문이다.

▶ 公與語, 不知膝之前于席也.13)
▷ 공(진 효공)이 (상앙14)과) 함께 말함에, 무릎이 앞으로 나오는 것도 알지 못하였다.
☞ 前+于席 : "于席"은 전목구조이고 '장소'를 뜻한다. 그러므로 "前"은 동사로 활용되어 "앞을 향해 이동하다"로 새긴다. 양자는 수식구조 중 피수식어와 보어관계 (즉 술보관계)를 구성한다.

▶ 吾不能以春風風人.15)
▷ 나는 봄바람으로 사람을 바람 불어 흔들 수 없다(다른 사람에게 봄바람처럼 때맞추어 도움을 주지 못한다).
☞ 以春風+風 : "以春風"은 전목구조이고 '방식'을 나타낸다. 그러므로 "風"은 동사로 활용되어 "바람 불어 흔들기"로 새긴다. 둘은 수식구조 중 부사어와 피수식어 관계를 구성한다.

---

13) 司馬遷,《史記 商君列傳》, "衛鞅復見孝公. 公與語, 不自知膝之前於席也. 語數日不厭. 景監曰, '子何以中吾君? 吾君之歡甚也.' 鞅曰, '吾說君以帝王之道比三代, 而君曰, 久遠, 吾不能待. 且賢君者, 各及其身顯名天下, 安能邑邑待數十百年以成帝王乎? 故吾以彊國之術說君, 君大說之耳. 然亦難以比德於殷周矣.' 孝公旣用衛鞅, 鞅欲變法, 恐天下議己."
14) 商鞅(대략BC395~BC338)은 전국 시대 秦나라 사람. 衛鞅 또는 公孫鞅이라고도 한다. 衛나라 公族 출신으로 일찍부터 刑名學을 좋아하여 조예가 깊었다. 魏나라에 벼슬하려 했지만 받아주지 않자 秦나라로 가서 孝公에게 채용되었다. 부국강병의 계책을 세워 여러 방면에 걸친 대개혁을 단행함으로써 후일 秦帝國 성립의 기반을 세웠다. 그 공적으로 열후에 봉해지고 상(商, 섬서성 商縣)을 봉토로 받으면서 상앙이라 불렸다. 재상으로 있으면서 엄격한 법치주의 정치를 펴 많은 사람들의 원한을 샀는데, 효공이 죽자 반대파에 의해 車裂刑에 처해졌다.
15) 劉向,《說苑 貴德》, "管仲上車曰, 嗟茲乎! 我窮必矣! 吾不能以春風風人, 吾不能以夏雨雨人, 吾窮必矣!" 춘추 시대 양나라 재상 맹간자(孟簡子)가 죄를 짓고 제나라로 도망쳤다. 맹간자를 맞이한 제나라 재상 관중(管仲)은 맹간자의 형편없는 몰골과 단 세 명에 불과한 수행원에 깜짝 놀랐다. "양나라 재상으로 계실 때 식객이 셋뿐이었습니까?" "3천이 넘었지요." "이 세 사람은 왜 당신을 떠나지 않았습니까?" 맹간자가 세 사람을 쳐다보며 이렇게 말했다. "이 사람은 아버지가 돌아가셨을 때 장례비가 없기에 제가 대신 처리해 주었고, 이 사람은 어머니가 돌아가셨는데 장례를 치를 수 없기에 제가 도왔고, 이 사람은 형님이 감옥에 있었는데 제가 꺼내 주었습니다. 그래서 저를 따른 것입니다." 이 말에 관중은 만감이 교차했다. 집으로 돌아가면서 혼잣말로 "맹간자를 보니 내 앞날을 생각하게 되는구나. 내 앞날은 그만도 못할 것 같구나. 나는 봄바람처럼 모든 사람에게 불어 주지 못했고, 여름비처럼 모두를 적셔 주지 못했다." 이 성어는 남을 도우면 그들도 보답한다는 것을 비유하는 성어이다.

바. "所"+명사

"所"는 하나의 특수한 낱말이며, 뒤에 반드시 동사(목적어가 올 수도 있음)가 와서 하나의 명사성의 구(Phrase)를 구성한다. 그러므로 "所"자 뒤의 명사는 일반적으로 동사로 활용된다.

▶ 置人所罾魚腹中.16)
▷ 사람들이 그물질하여 잡아 온 물고기의 뱃속에 두다.
☞ 所+罾 : "罾"은 명사로 본래 "어망"을 뜻하나, "所"자 뒤에서 동사로 활용되어 "어망을 사용하여 잡다"로 새긴다. 뒤에 또한 목적어 "魚"가 올 수도 있다.

▶ 問之民所疾苦.17)
▷ (서문표18)가 장로에게) 백성에게 가슴 아프게 여기는 바의 고통을 물어 보았다.
☞ 所+疾 : "疾"은 명사로 "병(病痛)"을 뜻하나, "所"자 뒤에 쓰여 동사로 활용되어 "몹시 원망하다"로 새긴다.

사. "而"와 명사

"而"가 병렬접속사로서 연결하고 있는 양 끝이 하나는 명사이고, 하나는 동사일 때, 명사가 자주 동사로 활용된다.

---

16) 司馬遷,《史記 陳涉世家》, "乃丹書帛曰, '陳勝王', 置人所罾魚腹中. 卒買魚烹食, 得魚腹中書, 固以怪之矣." 진승과 오광은 거사를 계획한 뒤 다시 점치는 사람을 찾아 점을 쳤다. 이 점쟁이는 아주 총명하여 진승과 오광의 뜻을 알고는 "당신의 사업은 성공할 수 있고, 백성을 위해 큰 공을 세울 수 있습니다. 하지만 신령에게 물은 적이 있습니까?"라고 말했다. 진승과 오광은 매우 기뻤다. 진승은 바로 '귀신 주문'이란 계책을 생각해내고는 한마디로 "이는 우리에게 귀신을 이용해 군중에게 선전함으로써 위신과 명망을 얻으라는 말이다"라고 간파했다. 진승은 바로 행동에 들어갔다. 그는 주사를 이용하여 천에다 '진승왕(陳勝王)'이란 세 글자를 크게 써서는 믿을 만한 사람을 시켜 이 '단서(丹書)'를 물고기 뱃속에다 넣었다가 다시 그물에 걸려 잡히도록 했다. 식사를 책임진 병사가 물고기를 사와서 요리를 하려고 배를 가르다가 물고기 뱃속에 들어 있는 '단서'를 발견했다. 병사는 진승이 미리 손 쓴 것인지 모르고 처음부터 뱃속에 이런 글이 들어 있다고 생각하여 여간 신기해마지 않았다. 병사는 그 단서를 들고 이곳저곳을 뛰어다니며 이 '기이한 사건'을 선전했다.
17) 司馬遷,《史記 滑稽列傳附錄西門豹治鄴》, "魏文侯時, 西門豹爲鄴令. 豹往到鄴, 會長老, 問之民所疾苦. 長老曰, '苦爲河伯娶婦, 以故漸貧.'"
18) 西門豹 : 전국 시대 초기 魏나라 사람. 성격이 급해 가죽[韋]을 차고 다니면서 스스로 경계했다. 文侯 때 鄴의 장관이 되어 선정을 베풀었다. 백성을 동원하여 12개의 水路를 파서 논으로 강물을 끌어들이는 灌漑事業을 하여 농업생산 증대에 이바지했다. 또 그 고장 사람들은 巫神을 믿어 해마다 미녀를 골라 河伯을 위해 강물에 던지는 폐단이 있자 주창자인 무당을 강물에 던짐으로써 일소했다.

▶ 進城梯而下之.19)
▷ 성에 나아가 사다리를 놓고서 내려갔다.
☞ 梯+而+下 : "而"는 명사 "梯"와 동사 "下"를 연결한다. 그러므로 "梯"는 동사로 활용되어 "사다리를 가설하다"로 새긴다.

▶ 奚以之九萬里而南爲.20)
▷ 어찌 높이 구만 리를 날아올라 남쪽을 향해 가는가?
☞ 之~而+南 : "而"는 동사 "之"와 명사 "南"을 연결한다. 그러므로 "南"은 동사로 활용되어 "남쪽을 향하여 가다"로 새긴다. 어떤 때 "而"자가 연결하는 두개의 명사가 모두 동사로 활용되는데 이때는 상하 문장의 상황에 근거해 판단해야 한다.

▶ 耕而食, 食不可窮也; 蠶而衣, 衣不可盡也.21)
▷ 농사지어 먹으면 음식은 다 먹을 수 없고, 누에쳐서 입으면 옷은 다 입을 수 없다.
☞ "蠶" "衣"두자는 "而"로 연결되는데 모두 명사이다. 위 문장의 "耕" "食"두자는 모두 동사이고 또한 상하 양구는 대칭이다. 그러므로 "蠶" "衣"는 모두 동사로 활용되어 "양잠하다", "옷을 입다"로 새긴다.

---

19) 司馬光(1019~1086),《資治通鑑 唐紀》, "癸酉, 復攻之, 燒其南門, 民爭負薪芻助之, 城上矢如蝟毛. 晡時, 門壞, 元濟於城上請罪, 進城梯而下之."
20) 莊周(대략BC369~BC286),《莊子 逍遙游》, "蜩與學鳩笑之曰, 我決起而飛, 槍(搶:닿다)楡枋, 時則不至而控於地而已矣, 奚以之九萬里而南爲. 適莽蒼者, 三飡而反, 腹猶果然, 適百里者, 宿舂糧, 適千里者, 三月聚糧, 之二蟲又何知." (매미나 작은 비둘기가 이것을 비웃으며 이렇게 말한다. "우리는 후닥닥 있는 힘을 다해 날아올라 느릅나무나 다목나무 가지 위에 머무르되, 때로는 혹 거기에도 이르지 못하고 땅바닥에 동댕이쳐지는 경우도 있을 따름이다. 그러니 무엇 때문에 붕새는 9만 리 꼭대기까지 올라가 남쪽으로 갈 필요가 있겠는가." 가까운 郊外의 들판에 나가는 사람은 세 끼니의 밥만 먹고 돌아와도 배가 아직 부르고, 백 리 길을 가는 사람은 전날 밤에 식량을 방아 찧어 준비해야 하고, 천 리 길을 가는 사람은 3개월 전부터 식량을 모아 준비해야 한다. 그러니 이 두 벌레가 〈이처럼 큰 일에는 큰 준비가 필요한 이치를〉 또 어찌 알 수 있겠는가.)
21) 范縝(대략450~515),《神滅論》, "小人甘其壟畝, 君子保其恬素, 耕而食, 食不可窮也; 蠶而衣, 衣不可盡也. 下有餘以奉其上, 上無爲以待其下, 可以全, 可以養, 可以爲, 可以爲, 可以匡, 可以霸, 用此道也."《神滅論》의 저자 범진(范縝)은 南朝 齊, 梁 때의 사상가이다.《신멸론》은 無神論을 선전하고 불교의 미신에 반대한 글이다. 주로 形神 관계를 논하고 있는데, "형태가 존재하면 신이 존재하고, 형체가 죽으면 신이 사멸한다."고 하여 형신은 상호 결합되어 분리될 수 없다고 하였다. 정신은 인간 형체의 속성이며, 죽음은 생명의 질적 변화로서, 정신 현상은 器官에 의존하므로 상이한 기관이 상이한 정신 현상을 만들어내며, 사람이 죽은 뒤에는 영혼도 따라서 소멸한다고 여겼다. 그리하여 불교의 인과론에 반대하며 '因果應報說'의 이론적 기초인 '靈魂不滅論'을 공격하였다. 형신 관계에 있어 이러한 인식은 이전 유물주의 철학자들이 도달했던 수준을 뛰어넘는 것으로, 사회적으로 매우 큰 반향을 불러 일으켰다. 이 글은《梁書 范縝傳》과 梁의 僧佑(445~518)가 엮은《弘明集》에 수록되어 있다.

3. 명사의 부사어 활용과 주술구조를 어떻게 구별하는가?

한문에서 명사는 직접 술어 앞에 붙어 부사어가 될 수 있다. 부사어로 되는 명사는 일반적으로 모두 특정한 기능이 있다.

가. 비유의 방식을 사용하여 동작, 행위 발생의 상황(방식, 상태 포함)을 나타낸다.

▶ 西門豹簪筆磬折.1)[磬折]

---

1) 褚少孫(西漢後期 史學家) 補遺《西門豹治鄴》, "西門豹簪筆磬折, 嚮河立待良久."(唐 張守節 正義: "簪筆, 謂以毛裝簪頭, 長五寸, 插在冠前, 謂之爲筆, 言插筆備禮也. 磬折, 謂曲體揖之, 若石磬之形曲折也.") 기원전 440년 경, 위(魏)나라의 관리 서문표가 업현(鄴縣)의 현령으로 부임하였다. 그런데 고을 백성들이 모두 슬픈 표정이었다. 그 까닭을 묻자 마을의 노인이 대답했다. "이곳은 물의 신 하백(河伯)에게 딸을 바치는 풍습이 있는데, 그 제사 때면 관에서 백성들에게 터무니없는 돈을 거둡니다. 그 돈으로 무당은 마을 가난한 집 딸 중에 아름다운 여자를 찾습니다. 그리고 너는 하백의 아내가 될 것이라고 말하고, 그 부모에게 폐백으로 얼마를 주고 데려갑니다. 이어 그 딸을 씻기고 새로 비단옷들을 지어 줍니다. 그리고 물가에 임시 처소로 만든 붉은 장막을 둘러친 재궁(齋宮)에 홀로 있게 합니다. 10여 일 동안 맛있는 음식으로 배불리 먹이고는, 날이 되면 시집가는 여자처럼 화장을 시켜 배 한가운데 상석에 앉혀 물 위에 띄웁니다. 배는 얼마 못가서 물에 잠기는데 이는 하백이 아내로 삼았다는 증거라 합니다. 그런 후에 나머지 돈은 무당과 삼로 장로와 아전들이 나누어 가집니다. 이 때문에 백성들이 괴로워서 그런 것입니다." 서문표가 다 듣고 말했다. "다음 번 제사 때 내게 알려라. 내가 꼭 보러 가겠노라." 며칠 후 하백에게 여자를 바치는 날이 되자 서문표가 구경 나갔다. 삼로(三老) 장로와 아전과 유지들이 모였고 구경 나온 백성이 이 삼 천 명이었다. 무당은 일흔이 넘은 늙은이였는데 그녀를 따르는 제자 10여명 모두가 비단으로 만든 예복을 입고 무당의 뒤에 줄을 지어 서 있었다. 서문표가 앞으로 나가 말했다. "하백의 아내로 정해진 여자를 내게 데려 오라. 예쁜지 추한지 내가 살펴보리라." 서문표가 여자를 살펴보더니 삼로 장로와 무당과 아전을 돌아보며 말했다. "이 여자가 어찌 어여쁘단 말인가? 수고롭지만 무당 할멈은 물속에 들어가서 하백에게 고하고 오라. 다시 아름다운 여자를 구해 후일에 보내겠다고 말이다." 말이 끝나자 군사들이 무당 할멈을 잡아 물속으로 내던졌다. 잠시 후 서문표가 말했다. "무당 할멈은 어찌 이토록 하백을 오래 만나고 있는 것인가? 안되겠다. 저기, 제자 하나를 물속에 보내 속히 돌아오라고 재촉하라!" 이어 군사들이 제자 하나를 붙잡아 물속에 던졌다. 잠시 후 서문표가 말했다. "제자도 어찌 이리 오래 있는가? 다시 한 사람을 보내 서둘러 오라고 하라!" 이어 군사들이 또 한 명의 제자를 잡아 물속에 던졌다. 서문표가 말했다. "무당과 그 제자들은 모두 여자라 아마도 하백에게 고하기 어려운 모양이다. 안되겠다, 삼로 장로가 들어가 하백에게 고하라!" 군사들이 삼로 장로를 붙잡아 물속에 던졌다. 서문표는 '잠필경절'하고 강을 향해 서서 오래도록 기다리고 있었다. 옆에서 이를 지켜본 무당의 제자들과 다른 장로와 아전들은 두려워 벌벌 떨고 있을 뿐이었다. 서문표가 그들을 돌아보며 말했다. "아무도 돌아오지 않는구나. 안되겠다. 저기 아전 하나를 보내도록 하라." 그러자 아전들이 모두 고두(叩頭)하였다. 모두 이마에 피가 흐르도록 머리를 땅에 찧으면서 살려 달라고 애원하였

▷ 서문표²⁾는 붓을 관에 꽂아 예를 갖추고 허리 굽혀 절을 했다.
☞ 잠필경절(簪筆磬折) : 붓을 관(冠, 모자) 앞에 꽂아 예를 갖추고 경쇠 모양으로 허리를 굽혀 깊숙이 절하는 모양. 상대를 향해 삼가하고 공경하는 모양.

▶ 項伯亦拔劍起舞, 常以身翼蔽沛公.³⁾[翼]
▷ 항백 또한 칼을 빼어들고 일어서 춤을 추면서 항상 몸으로써 패공을 가리고 있었다.

▶ 雄州霧列, 俊彩星馳.⁴⁾[霧星]
▷ 경치 좋은 고을들이 안개처럼 깔려 있고, 뛰어나게 빛을 발하는 인물들이 유성처럼 활약한다.⁵⁾

▶ 苻堅將問晉鼎, 旣已狼噬梁岐, 又虎視淮陰矣.⁶⁾[狼 虎]
▷ 苻堅⁷⁾은 晉鼎을 묻고서, 이미 梁과 岐를 이리처럼 맹렬히 침탈했고, 또 淮陰을 범처럼 노리고 있었다.
☞ 苻堅 : 前秦의 皇帝. 淝水의 싸움에서 謝玄에게 궤멸당했다.
☞ 問晉鼎 : 晉의 帝位를 도모하다. '問鼎'은《左傳·宣公三年》에서 楚莊王이 "周나라에 전하는 九鼎의 무게를 물었다"는 것과 연관이 있다. 즉 周室의 王權을 가지고 싶은 野心을 뜻한다. 후인들이 이 "問鼎"을 가지고 政權을 취하고자 하는 뜻으로 사용했다.
☞ 狼噬 : 이리와 같이 통째로 먹다. 즉 남의 땅을 침탈하는 것을 비유한다.
☞ 梁, 岐 : 冀州를 가리키다. 梁은 山名, 즉 呂梁山인데, 현재 山西省 離石縣이다. 옛날 大禹가 治水할 때, 呂梁을 뚫어서 黃河로 통하게 했다. 곧 이곳을 가리킨다. 또한

다. 서문표가 말했다. "하백이 손님을 오래 머물게 하는구나. 오늘은 그만하고 내일 다시 와야겠다." 이후 어느 누구도 하백의 제사를 말하는 자가 없었다.
2) 西門豹는 전국시대 魏나라 文侯의 臣下. "西門豹佩韋"란 말은 서문표가 성질이 급한 까닭에 부드럽게 무두질한 가죽을 패용하여 스스로 警戒한 古事에서 나왔다.
3) 司馬遷,《史記 鴻門宴》, "項莊拔劍起舞, 項伯亦拔劍起舞, 常以身翼蔽沛公, 莊不得擊".
4) 王勃(대략650~676),《滕王閣序》, "雄州霧列, 俊彩星馳, 臺隍枕夷夏之交, 賓主盡東南之美"(큰 고을이 빽빽하게 이어져 있고, 뛰어난 인물들이 별처럼 치달리며, 누대와 해자는 오랑캐와 중국 사이에 걸쳐 있고, 손님과 주인은 모두 동남지방의 훌륭한 이들이다.)
5) 雄州는 경치 좋은 고을. 혹은 地勢가 좋은 땅. 霧列은 안개가 깔리듯이 대단히 많은 모양. 俊彩는 뛰어나게 빛을 발하는 인물. 星馳는 별똥이 떨어지듯 아주 빨리 달림.
6) 劉義慶(403~444),《世說新語 識鑒》, "郗超與謝玄不善. 苻堅將問晉鼎, 旣已狼噬梁 岐, 又虎視淮陰矣. 於時朝議遣玄北討, 人間頗有異同之論 ; 唯超曰, '是必濟事. 吾昔嘗與共在桓宣武府, 見使才皆盡 ; 雖履屐之間, 亦得其任. 以此推之, 容必能立勳.' 元功旣擧, 時人咸嘆超之先覺, 又重其不以愛憎匿善".
7) 苻堅(338~385) : 前秦의 제3대 임금, 처음 王猛을 등용하여 세력을 떨쳤으나 왕맹의 사후 晉을 치다가 멸망당함.

梁山이라고 말하기도 한다. 岐는 山名, 곧 狐岐山이다. 현재 山東省 介休縣이다.
☞ 虎視 : 범처럼 사냥감을 주시하다. 掠奪를 의도하는 것을 비유한다.
☞ 淮陰 : 널리 淮河 이남 일대를 가리킨다. 즉 東晉王朝의 要地이다.

나. 사람에 대한 태도를 나타낸다.

▶ 吾得兄事之.8)[兄]
▷ 내가 반드시 그를 형으로 섬기겠다.
☞ 得: 부사로 '반드시' 혹은 '마땅히'(must)로 새긴다.

▶ 今而後, 知君之犬馬畜伋.9)[犬, 馬]
▷ 지금에 와서야 비로소 主君께서 나(伋)를 개나 말을 치듯이 대접하신다는 것을 알았다. "From this time forth I shall know that the prince supports me as a dog or a horse."(James Legge).
☞ 畜 : 휵(chù). (가축을) 기르다. 양육(養育)하다.
☞ 伋 : 공급(孔伋)으로 孔子의 孫子. 자는 子思, 공리(孔鯉)의 아들. 曾子에게 수업을 받았고, 魯나라 무공(繆公)의 스승을 지냈다.

▶ 魯仲連曰:"世以鮑焦爲無從頌而死者, 皆非也. 衆人不知, 則爲一身. 彼秦者, 棄禮義而上首功之國也, 權使其士, 虜使其民. 彼即肆然而爲帝, 過而爲政於天下, 則連有蹈東海而死耳, 吾不忍爲之民也. 所爲見將軍者, 欲以助趙也."10)[虜]
▷ 노중련11)이 (新垣衍에게) 말하기를 "세상에선 포초(鮑焦)12)가 너그럽지 못해 죽었

---

8) 司馬遷, 《史記 鴻門宴》, "沛公曰 : '君安與項伯有故? 張良曰 : '秦時與臣遊, 項伯殺人, 臣活之 ; 今事有急, 故幸來告良.' 沛公曰 : '孰與君少長?' 良曰 : '長於臣.' 沛公曰 : '君爲我呼入, 吾得兄事之.'"
9) 孟軻, 《孟子 萬章下》, "曰, '君餽之則受之, 不識. 可常繼乎.' 曰, '繆公之於子思也, 亟問, 亟餽鼎肉, 子思不悅, 於卒也, 摽使者, 出諸大門之外, 北面稽首再拜而不受曰, 今而後, 知君之犬馬畜伋, 蓋自是臺無餽也, 悅賢不能擧, 又不能養也, 可謂悅賢乎'."(만장이 말했다. "임금이 주면 받는다지만 계속해서 받아도 되는지 모르겠습니다." 맹자께서 말씀하셨다. "목공은 자사에게 자주 문안하고 자주 고기를 보냈는데 자사께서는 좋아하지 아니하셨다. 마지막에는 사자에게 손짓하여 대문 밖으로 내보내고, 북쪽을 향해 머리를 조아리고 재배한 후에 고기를 물리치면서 '지금 이후로는 임금께서 급(자사)을 개나 말처럼 기른다는 것을 알았다'고 말씀하셨다. 이 일이 있은 후로는 하인(대)을 시켜 고기를 보내지 않았다. 현자를 좋아한다면서 등용하지 못하고 또 우대하지도 못한다면 현자를 좋아한다고 하겠느냐?')
10) 《戰國策 趙三》, "魯連見新垣衍而無言. 新垣衍曰:'吾視居此圍城之中者, 皆有求於平原君者也; 今吾觀先生之玉貌, 非有求於平原君者者, 曷爲久居此圍城之中而不去? 魯仲連曰: '世以鮑焦爲無從頌而死者, 皆非也. 衆人不知, 則爲一身. 彼秦者, 棄禮義而上首功之國也, 權使其士, 虜使其民. 彼即肆然而爲帝, 過而爲政於天下, 則連有蹈東海而死耳, 吾不忍爲之民也. 所爲見將軍者, 欲以助趙也."
11) 魯仲連(대략BC305~BC245) : 魯連으로도 불린다. 전국 시대 齊나라 사람. 높은 절개를 지닌 선비로,

다는데, 모두 잘못된 생각입니다. 많은 사람은 그 뜻을 알지 못하고 자신 한 몸만을 위하는 사람으로 여깁니다. 저 진나라는 예의를 버리고 전공(수급을 베는 것을 공로의 으뜸으로 여김)을 높이는 나라로 권력으로 병사를 부리고 노예처럼 백성을 다루고 있습니다. 저리 방자한데 제왕이 되어 천하에 잘못된 정치를 하면 저 (노중련)는 동해에 뛰어들어 죽을 뿐, 차마 그 백성이 될 수는 없습니다. 장군을 만난 이유는 조나라를 도와주기 위해서입니다."

☞ 從頌 : 從容. 寬容.
☞ 上首功 : 진나라는 衛鞅(商鞅)의 계획에 따라 爵을 20등급으로 나누어 전쟁에서 적의 首級을 획득한 것을 기준으로 爵을 내려 주었다. 때문에 진나라 군사들이 매번 전쟁에서 승리하여 노약자나 부인까지 모두 죽였다. 사람들이 이를 "上首功之國"이라 하여 모두 미워했다.
☞ 虜使 : 노예로 삼아 부리다. 백성들을 마치 사로잡은 포로처럼 보다.

▶ 楚田仲以俠聞, 喜劍, 父事朱家,13) 自以爲行弗及也.14)[父]

어려운 일을 풀고 분규를 해소하기를 좋아했다. 趙 孝成王 7년 조나라에 갔다가 秦나라가 한단(邯鄲)을 포위하는 위기를 만났다. 魏나라 사신 신원연(新垣衍)이 秦 昭王에게 황제가 될 것을 주청하자 그 이해관계를 따져 말하며 결코 秦나라가 황제가 되어서는 안 된다고 역설하면서 그렇게 된다면 차라리 동해 바다에 빠져 죽겠다(連有蹈東海而死耳)고 하면서 趙나라의 平原君을 설득했다. 마침 위나라 구원병이 오자 秦나라 군대가 철수했다. 그 후 齊나라 장군 전단(田單)이 제나라 땅을 회복하려고 요성(聊城)을 공격했지만 함락시키지 못했다. 그가 연수장(燕守將)에게 이해관계로 설득하니 싸우지 않고도 항복을 받아냈다. 전단이 제나라 왕에게 말해 상으로 작위를 주려고 했지만 바닷가로 달아나 여생을 마쳤다.

12) 포초(鮑焦) : 周나라 때 사람. 隱士. 깨끗함을 지켜 세상과 임금을 비난하면서 스스로 밭을 갈아서 먹고, 우물을 파서 마시면서 아내가 짠 베로 만든 옷이 아니면 입지 않았다. 子貢이 그를 만나 나라도 임금도 인정하지 않는 자가 어찌 그 이익을 받느냐고 말하자 "염사(廉士)는 나아가믈 신중히 하고 물러섬을 가벼이 하며, 현인은 쉽게 부끄러워하고 죽음을 가벼이 한다."고 하면서 나무를 안은 채 서서 말라죽었다.

13) 朱家 : 전한 초기 노(魯)나라 사람. 협사(俠士). 유방(劉邦)과 동 시대 사람으로, 임협(任俠)으로 명성을 얻었다. 그가 숨겨주어 목숨을 건진 사람이 수백 명에 이르렀지만 공적을 자랑하지 않았다. 유방이 칭제(稱帝)하자 항우(項羽)의 부장들이나 초(楚)나라의 유협 계포(季布)를 체포하도록 했는데, 계포가 그의 집에 노예로 숨어들자 여양후(汝陽侯) 등공(滕公)을 찾아가 유방을 설득하도록 하여 사면을 얻어냈다. 나중에 계포가 존귀해졌을 때 그를 찾아갔지만 끝내 몸을 숨기고 나타나지 않았다. 전국에서 그와 문경지교(刎頸之交)를 맺으려는 사람이 끊이지 않았다고 한다.

14) 司馬遷,《史記 遊俠列傳》, "楚田仲以俠聞, 喜劍, 父事朱家, 自以爲行弗及. 田仲已死, 而雒陽有劇孟. 周人以商賈爲資, 而劇孟以任俠顯諸侯. 吳楚反時, 條侯爲太尉, 乘傳車將至河南, 得劇孟, 喜曰:'吳楚舉大事而不求孟, 吾知其無能爲已矣.' 天下騷動, 宰相得之若得一敵國云. 劇孟行大類朱家, 而好博, 多少年之戲. 然劇孟母死, 自遠方送喪蓋千乘. 及劇孟死, 家無餘十金之財."(초나라의 전중(田仲)도 협객으로 이름이 높았다. 검술을 좋아하고 주가를 아버지처럼 모셨다. 그리고 스스로 자신의 품행은 주가에 미치지 못한다고 여겼다. 전중이 죽은 뒤에 낙양에는 극맹(劇孟)이라는 사람이 있었다. 주나라 사람들은 장사에 재능이 뛰어났으나 극맹은 임협으로 제후들 사이에 이름이 높았다. 오초

▷ 楚나라 田仲은 협객으로 이름났다. 칼 쓰기(검술)를 좋아하였고, 朱家를 아버지와 같이(아버지께 효도하는 예절로) 섬겼다. 그는 스스로 자신의 행동이 주가에 미치지 못한다고 여겼다.
☞ 父事 : 아버지를 섬기는 도리로 朱家를 섬기다.

다. 동작 행위의 수단 혹은 구실을 나타낸다.

▶ 朱亥袖四十斤鐵椎, 椎殺晉鄙.15)[椎]
▷ 朱亥가 사십 근의 쇠몽치를 소매 속에 감추고 있다가 晉鄙를 쇠몽치로 (내리쳐) 죽였다.
☞ 절부구조(竊符求趙): 위(魏)나라 신릉군(信陵君)은 사람됨이 어질고 선비들에게 예의로 대우했다. 선비가 어질든 그렇지 않든 구별하지 않고 누구에게나 겸손하게 예를 갖추어 사귀고, 자기가 부귀하다고 해서 교만하게 구는 일이 없었다. 그러므로 선비들은 사방 수 천리에서 앞을 다투어 모여들어 식객이 3천명이나 되었다. 그 무렵 제후들은 공자가 어질고 빈객이 많음을 알고 섣불리 위(魏)나라를 공격하려 하지 않은 지 십여 년이나 되었다. 신릉군은 이들 식객 중에도 동문(東門)을 지키는 나이 칠십인 후영(侯嬴)이란 문지기를 스승처럼 위했고, 백정 주해(朱亥)를 귀인처럼 받들었다. 안희왕(安釐王) 20년, 조군(趙軍)을 장평(長平)에서 물리친 소왕(昭王)은 계속 진격하여 조(趙)나라의 수도 한단(邯鄲)을 포위했다. 조(趙)나라의 혜문왕(惠文王)과 평원군(平原君: 趙公子, 戰國4君, 信陵君의 姊兄, 名 勝)은 여러 차례 위(魏)의 안희왕과 신릉군에게 편지를 보내 구원을 청했다. 안희왕이 장군 진비(晉鄙)를 시켜 10만의 군사를 이끌고 조나라를 돕게 하자, 秦 昭王(昭襄王: 秦나라 제28대 군주, 在位 : BC306~BC251, 姓 嬴, 名 稷)이 사자를 보내어 이렇

가 반란을 일으켰을 때 조후(條侯) 주아부(周亞夫)는 태위가 되어 전거(傳車)를 타고 하남에 이르렀을 때 극맹을 얻고 기뻐하며 말했다. "오초가 대사를 일으켰으면서도 극맹을 구하지 않은 것을 보니 그들의 무능함을 알겠도다." 천하에 난리가 일어난 와중에 재상이 극맹을 얻었다는 사실은 일 개 적국을 얻은 것과 같다고 말할 수 있었기 때문이었다. 극맹은 대체로 주가와 같은 인물로 노름을 좋아했는데 이는 전부 젊은이들의 놀이였다. 극맹의 모친이 죽자 장례에 참석하기 위해 멀리서 몰려든 자만해도 천 승이 넘었다. 이윽고 극맹이 죽었으나 집에는 그가 남긴 재산이라고는 십 금 정도에 불과했다.)

15) 司馬遷,《史記 信陵君列傳》, "公子遂行. 至鄴, 矯魏王令代晉鄙, 晉鄙合符, 疑之, 舉手視公子, 曰: '今吾擁十萬之衆, 屯於境上, 國之重任. 今單車來代之, 何如哉?' 欲無聽. 朱亥袖四十斤鐵椎, 椎殺晉鄙. 公子遂將晉鄙軍. 勒兵, 下令軍中, 曰: '父子俱在軍中, 父歸. 兄弟俱在軍中, 兄歸. 獨子無兄弟, 歸養.' 得選兵八萬人, 進兵擊秦軍, 秦軍解去, 遂救邯鄲, 存趙. 趙王及平原自迎公子於界, 平原君負韊矢爲公子先引. 趙王再拜曰: '自古賢人, 未有及公子者也!' 當此之時, 平原君不敢自比於人. 公子與侯生決, 至軍, 侯生果北鄉自剄."

게 말하였다. "나는 조나라를 쳐서 머지않아 항복을 받을 것이다. 제후들 중에서 감히 조나라를 돕는 이가 있으면, 조나라를 격파한 후 반드시 군사를 돌려 먼저 그 나라를 공격하겠다." 이 말을 들은 안희왕은 진비(晉鄙)의 진격을 멈추게 하였다. 조나라 평원군은 계속 사람과 편지를 보내 조나라를 구원해 달라고 했다. 이에 신릉군은 후영의 조언을 받아 왕이 총애하는 여희(如姬)를 통해 병부(兵符)를 훔치고, 이 훔친 병부로 진비의 군대를 가로채려 했다. 그러나 훔친 병부를 진비가 인정하지 않자 주해가 이를 격살한다. 이렇게 하여 군대를 손에 넣은 신릉군은 즉시 군중에 다음과 같이 영을 내렸다. "아버지와 아들이 함께 군대 안에 있는 사람은 아버지가 돌아가고, 형과 동생이 함께 군대 안에 있으면 형이 돌아가라. 독자로서 형제가 없는 자는 돌아가 부모를 봉양하라." 이렇게 하여 선발한 병사 8만 명을 진격시켜 秦나라 군대를 치자 진나라 군대는 한단(邯鄲)의 포위를 풀고 물러났다. 조나라를 구한 것이다.

▶ 黔無驢, 有好事者船載以入.16)[船]
▷ 黔州에는 당나귀가 없었는데 好事者가 배로 실어서 들여왔다.

▶ 狼速去, 不然, 將杖殺汝.17)[杖]

---

16) 柳宗元,《黔之驢》, "黔無驢, 有好事者船載以入. 至則無可用, 放之山下. 虎見之, 龐然大物也. 以爲神, 蔽林間窺之, 稍出近之, 憖憖然莫相知. 他日, 驢一鳴, 虎大駭, 遠遁, 以爲且噬己也, 甚恐. 然往來視之, 覺無異能者. 益習其聲. 又近出前後, 終不敢搏. 稍近益狎, 蕩倚衝冒. 驢不勝怒, 蹄之. 虎因喜, 計之曰: '技止此耳!' 因跳踉大闞, 斷其喉, 盡其肉, 乃去."(黔이라는 곳에 나귀가 없어 어떤 호사가가 배로 나귀를 싫어 왔으나 아무 쓸모가 없어서 산 아래에 풀어놓아 버렸다. 범이 이를 처음 보니 매우 큰 동물이라 놀라서 귀신인 줄 알고 숲 속에 숨어서, 몰래 살펴보다가 점점 다가 가 보았으나 끝내 무엇인지 잘 알 수가 없었다. 그 뒤에 어느 날 나귀가 울어대자 범은 크게 놀라 멀리 도망을 쳤는데 자기를 잡아먹으려 하는 줄 알고 심히 놀랐다. 그러다가 가며오며 살펴보니 별로 재주가 있는 놈이 아니라는 것을 알았고, 그 울음소리에도 익숙해져서 다시 앞뒤로 다가가 보니 끝내 잡아 먹지 않은지라, 더욱 가까이 가서 충동질하며 약을 올려 보았다. 나귀는 노여움을 이기지 못해 발로 차버렸다. 범은 이를 보고 좋아서 말하기를 "재주가 이것뿐이구나!" 하면서, 큰 소리로 으르렁 거리면서 뛰어 들어, 그의 목줄을 물어서 죽이고 그 고기를 다 먹고 가버렸다.)

17) 明 馬中錫,《中山狼傳》, "先生曰, 是狼爲趙人窘, 幾死, 求救於我, 我生之. 今反欲咥我, 我力求不免, 誓決三老, 初逢老樹, 强我問之, 草木無知, 幾殺我, 次逢老犉, 强我問之, 禽獸無知, 又幾殺我, 今逢丈人, 是天未喪斯文也. 願賜一言而生, 因頓首杖下, 俯伏聽命. 丈人聞之, 欷歔再三, 以杖叩狼脛, 厲聲曰, 汝誤矣. 夫人有恩而背之, 不祥莫大焉. 汝速去, 不然, 將杖殺汝. 狼艴然不悅曰, 丈人知其一未知其二. 初先生救我, 束縛我足, 閉我囊中, 我踢躋不敢息, 又蔓辭以說簡子, 語刺刺不能休, 且詆毁我, 其意蓋將死我於囊, 而獨竊其利也. 是安得不咥. 丈人顧先生曰, 果如是亦羿有罪焉. 先生不平, 具道其囊狼之意, 狼亦巧言不已以求勝. 丈人曰, 是皆不足信也. 嘗試囊之. 我觀其狀果困苦否, 狼欣然從之, 先生囊縛如前, 而狼未之知也. 丈人附耳曰, 有匕首否. 先生曰, 有. 於是出匕, 丈人目先生, 使引匕摘狼. 先生猶豫未忍, 丈人撫掌笑曰, 禽獸負恩如是, 而猶不忍殺, 子則仁矣. 其如愚何. 遂舉手助先生, 操刃共殪狼, 棄道上而去."

▷ 이리야, 빨리 도망가라. 그렇지 않으면 막대기로 너를 죽이리라.
☞ 《중산랑전(中山狼傳)》: 명나라의 마중석(馬中錫, 1446~1512?)이 고대의 전설을 근거로 해서 창작한 우언고사(寓言故事, fable)이다. 이 작품은 동곽선생(東郭先生)이 북쪽 중산으로 가는 도중 이리를 한 마리 구해주었는데, 도리어 구해준 이리에게 잡혀 먹힐 뻔했다는 이야기를 담고 있다. 이를 통해 이리의 흉폭하고 의리 없는 성격을 나타내고, 동곽선생의 겸애(兼愛)를 근본으로 하는 묵가적(墨家的) 도를 비판하였다. 한편 응징해야 마땅한 존재에게 은혜를 베풀어 화를 부른 어리석음을 풍자한 것으로 보기도 한다.

中山은 지명으로 전국 시대에 현재의 河北省 平山縣 주변에 있던 小國이다. 그 중산국에서 晉의 趙簡子가 사냥을 했는데, 이리를 찾아 화살을 쏘았지만 불행히도 놓치고 만다. 이리는 상처를 입고 산 속으로 도망치다가 만난 인물이 東郭이다. 동곽은 상처 입은 이리를 보고 불쌍히 여겨 도와주었다. 이리는 목숨을 구해준 동곽의 은혜를 잊고 도리어 잡아먹으려고 했다. 이러한 상황에서 동곽은 '三老'(세 노인)의 의견에 따라 스스로의 운명을 결정하게 된다. 의견을 구한 대상은 '老樹(고목)', '老牛(늙은 소)', '老人'이다. 고목과 늙은 소는 늑대에 잡아먹혀도 당연하다고 대답하지만 마지막 노인만은 그렇게 되어서는 안 된다는 의견을 전했다. 노인의 의견을 들은 東郭은 결국 '중산 이리'를 찔러 위기에서 벗어난다.

▶ 失期, 法皆斬.18)[法]

---

18) 司馬遷,《史記 陳涉世家》, "二世元年七月, 發閭左適戍漁陽, 九百人屯大澤鄕. 陳勝吳廣皆次當行, 爲屯長. 會天大雨, 道不通, 度已失期. 失期, 法皆斬. 陳勝吳廣乃謀曰: '今亡亦死, 舉大計亦死, 等死, 死國可乎? 陳勝曰: '天下苦秦久矣. 吾聞二世少子也, 不當立, 當立者乃公子扶蘇. 扶蘇以數諫故, 上使外將兵. 今或聞無罪, 二世殺之. 百姓多聞其賢, 未知其死也. 項燕爲楚將, 數有功, 愛士卒, 楚人憐之. 或以爲死, 或以爲亡. 今誠以吾衆詐自稱公子扶蘇項燕, 爲天下唱, 宜多應者.' 吳廣以爲然. 乃行卜. 卜者知其指意, 曰: '足下事皆成, 有功. 然足下卜之鬼乎!' 陳勝吳廣喜, 念鬼, 曰: '此敎我先威衆耳.' 乃丹書帛曰, '陳勝王', 置人所罾魚腹中, 卒買魚烹食. 得魚腹中書, 固以怪之矣. 又彊令吳廣之次所旁叢祠中, 夜篝火, 狐鳴呼曰, '大楚興, 陳勝王'. 卒皆夜驚恐. 旦日, 卒中往往語, 皆指目陳勝."(秦二世 皇帝 元年 7월, 조정에서는 里門 왼쪽에 거주하는 빈민들을 변경 근처인 漁陽으로 옮겨가도록 명령했다. 9백여 명이 가는 도중 大澤鄕에 주둔했다. 진승과 오광은 모두 이 행렬 가운데 끼어 들어 屯長을 맡았다. 이때 마침 천하에 큰비가 내려 도로가 불통되었으므로 기한 내에 도착하기란 이미 어려웠다. 만약 기한을 어기면 모두 법률에 의거해 참수를 당해야만 했다. 이에 진승과 오광은 서로 상의하기를 "지금 도망을 해도 죽고 義擧를 일으켜도 또한 죽는다. 이왕 똑같이 죽을 바에는 나라를 위해 죽는 것이 좋지 않겠는가?"라 했다. 진승이 호응해 말했다. "천하의 사람들이 진나라 통치의 가혹함에 고통받은 것이 오래되었다. 나는 2세 황제가 막내아들이므로 제위를 계승해서는 안 되며, 마땅히 제위를 계승해야 하는 것은 장자인 扶蘇라고 하는 것을 들었다. 그런데 부소가 여러 차례 간언을 했다는 까닭으로 秦始皇帝는 그가 병사를 이끌고 외지로 나가도록 했다. 지금 사람들이 그는 죄가 없다고 하자 2세가 그를 살해했다고 한다. 백성들은 모두 부소가 어질고 재능이 있다고들 말하지만 그가 이미 죽었는지를 또 모른다. 項燕은 楚나라의 장군으로 여러 차례 공을 세웠으며 병사들을 사랑해 초 나라 사람들은 모두 그를 우러러 받든다. 어떤 사람들은 그가

▷ 때를 놓치면 법에 따라 모두 목을 베겠다.

라. 동작의 시간 혹은 장소를 나타낸다.

▶ 將出, 日與其徒置酒酣歌達曙.19)[日; 매일]
▷ 나갔다하면 매일 그 무리들과 술을 차려 놓고 술을 마시고 노래 부르며 밤을 새웠다.

☞ 《獄中雜記》는 방포(方苞, 1668~1749)가 명확한 사실을 근거로 하여 청나라 때 감옥 안의 어둡고 부패하고 잔혹한 갖가지 내막을 폭로한 작품으로 잔인무도한 중세 통치에 대한 강력한 규탄이다. 강희 50년(1711), 방포는 戴名世의 《南山集》에 서문을 쓴 것 때문에 《南山集》 사건에 연루되어 江寧과 京城의 감옥에 구금되었다. 이 잡기는 바로 그가 옥중에서 보고 들은 것을 기록한 것이다. 刑部의 관리들이 뇌물을 탐내어 법을 왜곡하고 이익만을 쫓는 것을 폭로하고 하급관리와 看守들이 극악무도한 행위와 사람의 목숨을 초개처럼 여기는 행태를 규탄함으로서 청대 사법제도의 여러 가지 병폐를 고발하였다. 방포는 淸代 桐城派 散文의 創始人으로, 程朱理學과 唐宋散文을 존숭하여, 姚鼐가 말하기를 "望溪先生之古文, 爲我朝文章之冠."이라고 했다. 방포는 歸有光의 '唐宋派' 古文傳統을 계승하여 '義法'을 주장한 바 있다.

▶ 日臣之使于楚也, 子重問晉國之勇. 臣對曰: '好以衆整.' 曰: '又何如?' 臣對曰: '好以暇.'20)[日; 지난 날]

죽었다고 말하고, 어떤 사람들은 그가 외지로 도망을 가서 숨었다고도 한다. 지금 만약 우리가 부소와 항연을 가장해 천하 사람들을 위해 앞장선다면 당연히 호응을 하는 사람들이 많이 있을 것이다." 오광은 옳다고 생각했다. 이리하여 곧 점을 치러 갔는데, 점쟁이는 그들이 온 의도를 알고는 "당신네들의 일이 성공한다면 커다란 공을 세우는 것입니다. 그러나 당신들은 귀신에게 점을 쳐야만 합니다."라 했다. 진승과 오광은 매우 기뻐했으며, 마음속으로 귀신에게 점칠 일을 모두 생각해 두고는 이르기를 "이것은 우리들이 먼저 귀신인 척해서 사람들에게 위신을 얻으라는 뜻이다."라 했다. 이리하여 그들은 朱砂로 비단 위에 '陳勝王' 세 글자를 써서 몰래 남들이 그물로 잡아 온 물고기의 뱃속에 쑤셔 넣었으며, 戍卒들이 이 물고기를 사서 먹은 후 물고기 뱃속에서 비단에 쓴 글을 보게 했는데, 이것은 이미 奇怪함을 느끼게 하는 것이었다. 진승은 또 오광에게 몰래 주둔지의 나무숲에 있는 神祠에 가서 야밤에 장작불을 피워놓고 여우로 위장을 해 큰소리로 "大興楚, 陳勝王"을 외치도록 했다. 수졸들은 모두 심야에 무서워서 불안해 했다. 다음날 아침 일찍 수졸들은 도처에서 이 일을 이야기했는데, 모두 진승을 주목하기 시작했다.)

19) 淸 方苞 《獄中雜記》, "凡殺人, 獄詞無謀 故者, 經秋審入矜疑, 即免死. 吏因以巧法. 有郭四者, 凡四殺人, 復以矜疑減等, 隨遇赦, 將出, 日與其徒置酒酣歌達曙, 或叩以往事, 一一詳述之, 意色揚揚, 若自矜詡. 噫! 漢惡吏忍於鬻獄, 無責也; 而道之不明, 良吏亦多以脫人於死爲功, 而不求其情, 其枉民也, 亦甚矣哉!"

20) 左丘明, 《左傳 成公十六年》, "楚師薄于險, 叔山冉謂養由基曰: '雖君有命, 爲國故, 子必射.' 乃射. 再

▷ 지난날 신(欒鍼)이 초나라에 사신으로 갔을 적에 자중이 晉軍의 武勇에 대해 묻기에, 신이 '軍容이 整肅한 것을 좋아한다.'고 대답하자, 자중이 '그 밖에 또 어떤 것이 있는가?'라고 묻기에, 신이 '일에 임하여 서둘지 않고 침착한 것을 좋아한다.'고 대답했습니다.

☞ 晉나라는 군대를 整齊하는 것을 武勇으로 삼기 좋아한다는 말이다.

☞ 난침(欒鍼, ?~BC559)은 姬姓, 欒氏, 名鍼. 欒書의 아들, 난염(欒黶)의 아우, 춘추시대 晉國의 車右를 지냈다. 秦軍과 싸운 麻隧之戰(BC578)과 遷延之役(BC559) 그리고 楚軍과 싸운 鄢陵之戰(BC575)에 참가했다.

☞ 子重(?~BC570)은 춘추시대 楚나라 令尹으로, 미성(羋姓), 웅씨(熊氏), 이름은 嬰齊, 字는 子重, 楚 穆王의 아들, 楚 莊王의 아우, 楚 共王의 叔父이다.21)

▶ 燕軍擾亂奔走, 齊人追亡逐北, 所過城邑皆畔燕而歸田單, 兵日益多, 乘勝, 燕日敗亡, 卒至河上, 而齊七十餘城皆復爲齊.22)[日; 나날이]

發, 盡殪. 叔山冉搏人以投, 中車, 折軾. 晉師乃止. 囚楚公子茷. 欒鍼見子重之旌, 請曰: '楚人謂夫旌, 子重之麾也, 彼其子重也. 日臣之使于楚也, 子重問晉國之勇. 臣對曰: 好以衆整. 曰: 又何如? 臣對曰: 好以暇. 今兩國治戎, 行人不使, 不可謂整. 臨事而食言, 不可謂暇. 請攝飮焉.' 公許之. 使行人執榼承飮, 造于子重, 曰: '寡君乏使, 使鍼御持矛, 是以不得犒從者, 使某攝飮.' 子重曰: '夫子嘗與吾言于楚, 必是故也. 不亦識乎!' 受而飮之, 免使者而復鼓. 旦而戰, 見星未已.'

21) 자중은 楚 莊王 16년(BC598) 楚軍을 거느리고 宋(今河南商丘一帶)을 쳤다. 이듬해 楚의 右軍을 거느리고, 晉軍을 대패시킨 邲(迎今: 河南鄭州市西北) 선투에 참가했다. BC590년, 楚 共王이 즉위하자, 令尹에 임명되었다. 楚 莊王의 유족에 따라 內部 안정을 위해 힘썼다. 그런 뒤에 全軍이 出動하여 멀리 衛와 魯를 쳤다. 또한 蔡侯, 許男, 魯公 및 秦, 宋, 陳, 衛, 鄭, 齊의 大夫들과 蜀(魯地, 今山東泰安西)에서 맹약을 맺었다. 楚 共王 6, 7년 연속적으로 2차에 걸쳐 楚軍을 거느리고 鄭(都城在今河南新鄭)을 쳤다. 楚 莊王 20년(BC594) 申(今河南南陽市北), 呂(今南陽市西)의 땅을 賞田으로 요구했다. 그러나 申公 巫臣에 의해 저지되었다. 그는 이 때문에 巫臣을 원망했다. 楚 共王 元年, 令尹에 임명된 뒤 바로 司馬子反(公子側)과 공모하여, 晉나라에 망명해 있던 巫臣의 族人을 살해하고 아울러 그들의 家財를 奪取했다. 巫臣이 보복을 결심하고, 晉 景公에게 獻策하여, 晉과 吳(都城在今江蘇蘇州市)가 우호를 맺어 楚國에 대항하도록 했다. BC584년, 吳軍이 楚를 침략하기 시작하자, 그는 이 때문에 동분서주했다. 楚 共王 20년, 그는 吳를 쳐서 승리를 거두었고 이어서 또한 楚軍을 파견하여 吳를 습격했다가 慘敗 당하고 오래지 않아 병으로 세상을 떠났다.

22) 司馬遷,《史記 田單列傳》, "田單乃收城中得千餘牛, 爲絳繒衣, 畫以五彩龍文, 束兵刃於其角, 而灌脂束葦於尾, 燒其端, 鑿城數十穴, 夜縱牛, 壯士五千人隨其後. 牛尾熱, 怒而奔燕軍, 燕軍夜大驚. 牛尾炬火光明炫燿, 燕軍視之皆龍文, 所觸盡死傷. 五千人因銜枚擊之, 而城中鼓譟從之, 老弱皆擊銅器爲聲, 聲動天地. 燕軍大駭, 敗走. 齊人遂夷殺, 其將騎劫. 燕軍擾亂奔走, 齊人追亡逐北, 所過城邑皆畔燕而歸田單, 兵日益多, 乘勝, 燕日敗亡, 卒至河上, 而齊七十餘城皆復爲齊."(전단은 성안에서 천여 마리의 소를 거두어서 붉은 비단옷을 입히고 오색 용무늬를 그렸으며, 그 뿔에 날붙이를 묶고 꼬리에는 기름에 적신 갈대를 묶어서 그 끝에 불을 붙일 수 있게 했다. 성벽에 수십 개의 구멍을 뚫고 밤이 되자 소를 내보내고 장사 5천 명이 그 뒤를 따르게 했다. 소는 꼬리가 뜨거워지자 노하여 연나라 군대로 달려갔고, 연나라 군대는 밤중에 매우 놀랐다. 소꼬리에 불빛이 눈부시게 빛나자 연나라 군대는 용무늬를 보았으며, 모두 부딪혀서 죽거나 다쳤다. 5천 명의 장사가 재갈을 물고서 연나라를 치자 성안에서는 북을 울리면서 함성을 질러댔으며, 노약자도 모두 구리그릇을 두드리

▷ 연나라 군대는 요란스럽게 달아나고, 제나라 사람들은 도망가는 자들을 추격해 북쪽으로 뒤쫓으니, 성과 고을을 지날 때마다 모두 연나라를 배반하고 전단에게 돌아오자 병사는 날마다 늘어나고 승세를 탔으며, 연나라는 날마다 패하여 도망치다가 마침내 황하 근처에 이르자 제나라의 70여 개의 성은 모두 제나라가 되찾았다.
☞ 田單은 전국시대 齊나라 사람으로, 燕나라 昭王이 악의(樂毅)의 계책을 받아들여 거(莒)와 즉묵(卽墨) 두 성만 빼고 제나라의 성 70여 개를 함락시켰는데, 소왕의 뒤를 이은 惠王이 참언을 듣고 악의 대신 기겁(騎劫)을 등용하여 전투하는 사이에 전단이 火牛의 陣을 이용해 연나라를 격파시키고 이전에 잃어버린 땅을 수복했다.

▶ 卒廷見相如, 畢禮而歸之.23)[廷]
▷ 마침내 상여를 궁정에서 만나보고 예를 마치자 돌려보냈다.
☞ 廷見 : 조정에서 정식으로 접견하다.
☞ 歸之 : 使之歸. 상여를 돌려보내다.

▶ 夫山居而谷汲者, 膢臘而相遺以水.24)[山, 谷]
▷ 대개 산에 살면서 계곡에서 물을 길러 먹는 사람들은 가을제사(루)와 섣달제사(랍)에 서로 물을 선물로 보냈다.
☞ 오두(五蠹): 나라의 政事를 갉아먹어 황폐하게 만드는 좀 벌레와 같은 다섯 부류의 사람들. 韓非子는 〈오두〉편에서 "仁義 道德의 정치를 주장하는 유자(儒者, 학자), 언담자(言談者; 說客, 縱橫家), 사사로운 무력으로 나라 질서를 해치는 대검자(帶劍者, 遊俠客), 평민 신분을 버리고 귀족에 기생하며 병역이나 조세의 부담으로부

며 소리를 지르니, 그 소리에 천지가 뒤흔들렸다. 연나라 군대는 매우 놀라 패하여 달아났다. 제나라 사람들이 마침내 그 장수 기겁을 죽였다. ……)
23) 司馬遷,《史記 廉頗藺相如列傳》, "左右或欲引相如去, 秦王因曰, '今殺相如, 終不能得璧也, 而絶秦趙之驩, 不如因而厚遇之, 使歸趙, 趙王豈以一璧之故欺秦邪! 卒廷見相如, 畢禮而歸之. 相如旣歸, 趙王以爲賢大夫使不辱於諸侯, 拜相如爲上大夫."(측근 중 어떤 자가 인상여를 끌어내서 죽이려고 했는데, 秦 昭襄王, 嬴稷이 말했다. "지금 인상여를 죽여도 끝내 화씨벽을 얻을 수 없고 진나라와 조나라의 우호가 끊어질 것이니, 차라리 후하게 대우하여 조나라에 돌려보내는 게 나으며, 그럼 조왕이 어찌 화씨벽 하나로 진나라를 속이겠는가!' 마침내 인상여를 조정으로 들이고 예의를 마치고 돌려보냈다. 인상여가 돌아오자 조혜문왕은 그가 현명해 제후에게 욕보지 않았다고 여겨 그를 上大夫로 삼았다.)
24)《韓非子 五蠹》, "夫山居而谷汲者, 膢臘而相遺以水; 澤居苦水者, 買庸而決竇. 故饑歲之春, 幼弟不饟; 穰歲之秋, 疏客必食; 非疏骨肉愛過客也, 多少之實異也."(산에 살며 골짜기의 물을 긷는 사람은 가을 제사와 섣달 제사에 서로 물을 선물로 한다. 늪지대에 살며 물 때문에 고생하는 사람들은 품을 사서 도랑을 판다. 또한 흉년든 봄에는 음식을 아끼느라 어린 동생에게 밥을 주지 않지만, 풍년든 가을에는 평소에 알지 못하는 지나가는 손에게도 반드시 밥을 먹인다. 이것은 같은 권속을 소홀히 하고, 지나가는 나그네를 존중하고 있기 때문이 아니다. 그것은 한편에서는 식량이 부족하고, 다른 한편에서는 식량이 넉넉하다는 실정의 차가 있기 때문인 것이다.)

터 벗어나는 患御者, 농민들의 이익을 빼앗고 매점매석으로 폭리를 추구하는 상공인(商工人) 등"을 들어 말했다.

▶ 當今二王之事, 權在足下. 足下右投, 則漢王勝, 左投, 則項王勝.25)[右, 左]
▷ 지금 두 왕의 일은 저울추가 족하(그대)에게 달려 있으니, 그대가 오른쪽으로 추를 던지면 한왕이 이기고, 왼쪽으로 추를 던지면 항왕이 이길 것입니다.
 ☞ 二王: 漢王 劉邦과 項王 項羽를 가리킴.
 ☞ 權: 저울추(秤錘).

의미상으로 볼 때 상술한 기능을 가지고 위어 앞에 쓰이는 명사는 모두 부사어이다. 역으로 말해 보면, 뒷면 동사의 주어를 담당하지 못하는 명사는 모두 부사어이다. 몇 가지 예를 들어 본다.

가. 명사 앞에 이미 주어가 있다.

▶ 吾亡之後, 汝兄弟父事丞相.26)[父]
▷ 내가 죽은 후에 너희 형제는 승상을 아버지로 섬겨라.

▶ 天下雲集而響應, 贏糧而景從.27)[雲, 響, 景]
▷ 천하 사람들이 구름처럼 모여들어 메아리처럼 호응하고, 식량을 짊어지고 그림자처럼 따랐다.

▶ 黔無驢, 有好事者船載以入.28)[船]
▷ 黔州에는 당나귀가 없었는데 好事者가 배로 실어서 들여왔다.

---

25) 《史記 淮陰侯列傳》, "足下所以得須臾至今者, 以項王尙存也. 當今二王之事, 權在足下. 足下右投則漢王勝, 左投則項王勝. 項王今日亡, 則次取足下. 足下與項王有故, 何不反漢與楚連和, 三分天下王之. 今釋此時, 而自必於漢, 以擊楚, 且爲智者固若此乎!"(족하께서 지금까지 시간이 연장된 까닭은 항왕이 여전히 존재하기 때문입니다. 지금 두 왕의 일은 저울추가 족하에게 달려 있으니, 족하가 우측으로 (저울추를) 던지면 漢王이 이길 것이요, 좌측으로 던지면 項王이 이길 것이니, 항왕이 오늘 망하면 그 다음은 족하를 취할 것(죽일 것)입니다. 족하는 항왕과 연고도 있으니, 어찌 한나라를 배반하고 초나라와 강화하여 천하를 삼분하여 왕을 하지 않으려하십니까? 지금 이때를 놓치고 스스로 한나라를 믿고 초나라를 치다니 어찌 지혜롭다고 하는 분이 진실로 이와 같습니까?) '自必'='自己堅信; 自以爲必然.'
26) 《三國志 蜀書 先主傳》
27) 賈誼《新書 過秦論上》
28) 柳宗元《黔之驢》

▶ 豕人立而啼.29)[人]
▷ 돼지가 사람처럼 서서 울었다.

▶ 陳涉首難, 豪傑蜂起.30)[蜂]
▷ 진섭이 처음 난을 일으키자 호걸들이 벌떼처럼 일어났다.

나. 명사가 접속사 "이(而)"에 의해 연결된 두 개의 동사 구조를 연결한다.

▶ 齊將田忌善而客待之.31)[客]
▷ 제나라의 장군 田忌는 능력을 인정받아 잘 대해 주고서 그를 빈객으로 대우하였다.

▶ 堯舜戶說而人辯之, 不能治三家.32)[戶, 人]
▷ 요임금과 순임금이 집집마다 다니면서 설명하고, 사람마다 그것을 이야기한다고 하더라도 능히 세 집도 다스리지 못할 것이다.

▶ 周有天下, 裂土田而瓜分之.33)[瓜]
▷ 주나라는 천하를 다스림에 있어서 토지를 나누어서 그들에게 주었다.
☞ 瓜分 : 오이를 나누어 주는 것처럼 토지를 신하들에게 나누어 줌.
☞ 봉건론(封建論) : 당나라 유종원(柳宗元, 773-819)의 저작으로 郡縣制의 우월성을 천명하고 봉건제를 회복하려는 사조를 비판한 글이다. '봉건'은 周代 이래 국토를 봉하고, 諸侯를 세우는 分封制를 의미하는 것이지, 봉건사회제도를 의미하는 것은 아니다.

---

29)《左傳 莊公八年》
30)《漢書 陳涉項藉傳》, "夫秦失其政, 陳涉首難, 豪傑蜂起, 相與並爭, 不可勝數."(진나라가 정치를 잘못하자 진섭이 처음으로 난을 일으키고 호걸들이 봉기하여 서로 싸운 일이 수없이 많았다.)
31)《史記 孫子吳起列傳》, "齊使者如梁, 孫臏以刑徒陰見, 說齊使. 齊使以爲奇, 竊載與之齊. 齊將田忌善而客待之."(제나라 사신이 위나라 서울 대량을 방문하였다. 손빈은 형을 당한 상태로 비밀리에 그를 만나 제나라 사신을 설득했다. 제 나라 사신은 손빈을 기인이라 여기고 몰래 자기의 수레에 숨겨 제 나라로 데리고 갔다. 제 나라에 간 손빈은 곧 장군 전기의 인정을 받아 그의 빈객으로 머물렀다.)
32)《韓非子 難勢》, "夫棄隱栝之法, 去度量之數, 使奚仲爲車, 不能成一輪, 無慶賞之勸, 刑罰之威, 釋勢委法, 堯舜戶說而人辯之, 不能治三家. 夫勢之足用亦明矣. 而曰 必待賢, 則亦不然矣."(나무를 휘는 도구를 버리고, 물건의 길이나 무게를 다는 계기에 의하지 않으면, 해중과 같은 명인에게 수레를 만들게 한다 하더라도 만들지 못할 것이다. 마찬가지로 사람을 고무하는 포상이나, 사람을 위협하는 형벌이 없이, 또 형벌을 버리고 법률을 버린다면, 비록 요나 순이라 하더라도 불과 세 집도 다스리지 못할 것이다. 따라서 권세가 얼마나 필요한 것인가를 알 수 있다. 그럼에도 말하기를, 꼭 현자를 필요로 한다는 것은, 잘못인 것이다.)
33) 柳宗元《封建論》, "周有天下, 裂土田而瓜分之, 設五等, 邦群后. 布履星羅, 四周於天下, 輪運而輻集; 合爲朝覲會同, 離爲守臣扞城."

3. 명사의 부사어 활용과 주술구조를 어떻게 구별하는가? 43

▶ 范雎大供具, 盡請諸侯使, 與坐堂上, 食飮甚設, 而坐須賈于堂下, 置莝豆其前, 令兩黥徒夾而馬食之.34)[馬]

▷ 범저는 크게 향연을 베풀고, 제후의 사신들을 모두 청하여 당상에 앉게 하고, 말죽(莝豆)을 그 앞에 두고, (수가를) 두 사람의 먹물들인 죄인을 그의 양옆에 앉게 하고 말처럼 먹게 하였다.

☞ 범저(范雎, Fanjū)의 雎는 물수리 저jū로 읽는다. 雎(물이름 수suī), 雎(눈 부릅떠 볼 휴huī)와 글자가 비슷해 혼동하기도 한다. 전국시대 말기, 魏나라 출신으로 자는 叔이다. 변설가(辯說家)로 유명했는데, 그는 제후들을 찾아다니며 유세하다가 귀국하여 마음을 고쳐먹고 위나라 왕 밑에서 일하려고 했다. 그러나 집이 몹시 가난하여 돈을 마련하기가 어려워지자 中大夫인 수가(須賈)를 섬겼다 얼마 뒤 수가가 魏王의 使者로 齊나라에 가게 되었다. 범저는 그를 따라 제나라로 들어갔다. 제나라와의 교섭이 계획대로 되지 않자 어려움은 더해졌고 수개월 동안이나 머물게 되었다. 그동안 제나라 왕은 범저가 재능이 뛰어나다는 소문을 듣고는 쇠고기와 술과 금 10근을 내렸다. 범저는 한사코 사양을 했다. 그러자 중대부 수가가 화를 내며 범수가 위나라의 기밀을 팔았다고 의심을 했다. 그러면서 범수에게 고기와 술은 받아들이고 금은 돌려보내라고 했다. 그 사건은 그들이 귀국한 뒤에도 말썽을 일으켰다. 당시 위나라 재상은 孔子의 제자인 魏齊였다. 위제는 수가를 불러 진상을 묻고는 격앙되어 범수를 당장 문초를 히리고 일렀다. 잡혀 늘어간 범수는 늑골이 부러지고 이빨이 몽땅 빠지는 혹독한 고문을 받았다. 범수는 마침내 초죽음이 되어 대나무발에 둘둘 말린 채 변소에 버려졌다. 술에 취한 빈객들이 번갈아 드나들며 초죽음이 된 그에게 오줌을 갈겼다. 국가의 기밀을 누설하는 자가 다시는 나타나지 못하도록 하기 위해 본보기로서 범수의 죄를 묻고 처형할 생각이었다. 범수는 죽어가는 대나무발 속에서도 살아날 궁리를 했다. 그는 문지기에게 애원했다. "제발 살려 주십시오. 살아 있는 한 반드시 은혜는 갚겠습니다." 동정이 간 문지기는 범저가 죽었다며 그 시체를 치우겠다고 하자, 위제는 술에

---

34) 《史記 范雎蔡澤列傳》, "入言之昭王, 罷歸須賈. 須賈辭於范雎, 范雎大供具, 盡請諸侯使, 與坐堂上, 食飮甚設. 而坐須賈於堂下, 置莝豆其前, 令兩黥徒夾而馬食之. 數曰; '爲我告魏王, 急持魏齊頭來! 不然者, 我且屠大梁.' 須賈歸, 以告魏齊. 魏齊恐, 亡走趙. 匿平原君所."(범수가 궁궐로 들어가 진소양왕에게 말하고 수가를 숙소로 돌려보냈다. 수가가 범수에게 작별인사를 하러 가자 범수는 크게 잔치를 열고는 제후들의 사자를 모두 초청하여 대청 위에 앉아서 많은 음식을 대접했다. 대청 아래에 수가를 앉히고 그 앞에 말먹이를 놓고 墨刑을 받은 두 사람 사이에 끼어서 말처럼 먹게 했다. 그리고 말했다. '나를 위해 위왕에게 알리기를, 빨리 위제의 머리를 가지고 와라! 그렇지 않으면 나는 장차 大梁 땅을 도륙할 것이다.' 수가가 돌아가서 이를 위제에게 알렸다. 위제는 두려워하며 趙나라로 도망쳐 달아났다. 平原君 趙勝의 집에 숨었다.)

취해 있었는지라 그렇게 하라고 그만 허락 해버렸다. 죽음 직전에 범저는 간신히 탈출에 성공할 수 있었다. 위제는 이튿날 술이 깨자 자신의 처사가 잘못된 것을 깨닫고 하인을 시켜 범저를 잡아오라고 불호령을 내렸다. 그러나 이미 범저는 정안평(鄭安平)의 보호를 받아 이름도 장녹(張祿)으로 바꾸었다. 그 무렵 진나라 소왕이 보낸 알자(궁전의 의식을 맡아보는 관리)인 왕계(王稽)가 위나라에 사신으로 와 있었다. 정안평은 신분을 속이고 왕계의 수행원이 되었다. 어느 날 왕계가 그에게 물었다. "위나라에서 진나라로 데리고 갈만한 인물이 있습니까?" 정안평이 조용히 일렀다. "마침 제가 사는 마을에 장록 선생이라는 분이 계신데 빼어난 인물입니다. 한번 만나 보시지요. 그는 당신과 천하의 일을 논하고 싶어 합니다. 그는 지금 쫓기는 몸이므로 낮에는 사람의 눈에 띄는 것을 싫어합니다." 정안평이 승낙했다. 그날 밤 정안평이 장록을 몰래 데리고 왔다. 왕계는 장록을 만나 본 뒤 그가 보통 인물이 아님을 즉시 간파했다. 그는 장록에게 진나라로 돌아갈 때 동행하도록 국경의 삼정역 남쪽에서 기다리라고 일러주었다. 이튿날 두 사람은 약속대로 삼정에서 만났다. 왕계는 범수를 마차에 싣고 진나라로 돌아가고 있었다. 일행이 함양 동쪽 호현에 이르렀을 때 앞쪽에서 마차 행렬이 다가오는 것이 보였다. 범수가 왕계에게 물었다. "지금 이쪽으로 오는 것이 누구의 마차입니까?" "예, 재상인 양후(穰侯)입니다. 그는 지금 동쪽 지방을 순시하고 있습니다." 범수는 말을 얼른 받았다. "양후라 하면 진나라의 실권을 한손에 쥐고 타국의 인재들을 쫓아낼 뿐 아니라 들어오는 것도 막습니다. 저를 발견하면 어떤 일이 일어날지 모르겠으니 일단 마차에 숨어 있겠습니다." 잠시 뒤 양후가 사신으로 다녀오는 왕계의 노고를 위로하기 위해 마차를 세웠다. 그는 왕계에게 의례적인 인사를 한 뒤 혹시 제후의 식객들을 데려오지는 않았느냐고 묻고는, 그런 사람들은 나라를 어지럽힐 뿐이지 아무 도움도 되지 않는다고 말했다. 왕계가 조용한 어조로 대답했다. "제가 그런 일을 할 리가 있습니까?" 양후는 별 의심 없이 고개를 끄덕이고 지나갔다. 그가 떠나자 범저가 말했다. "양후는 지혜가 있는 사람이라고 들었습니다. 그렇지만 결단력이 모자라 마차 속에 사람이 있을 것이라고 의심은 했지만 수색하지 않고 그냥 지나쳤습니다. 조금 뒤 그는 후회하고 틀림없이 되돌아 올 것입니다." 범저는 그렇게 말하고 마차에서 재빨리 내려 몸을 숨겼다. 일행이 십 리쯤을 가자 과연 양후의 명령을 받은 기마병들이 우르르 달려와 마차 속을 샅샅이 수색한 후 되돌아갔다. 왕계와 다시 합류한 범저는 무사히 함양에 도착할 수 있었다. 왕계와 정안평의 도움으로 秦나라로 달아난 범저는 소양왕(昭襄王)을 섬기며 재상을 지내면서 遠交近攻策이라는 외교 전략으로 진나라를 超强大國으로 만들었다. 이것이

나중에 진나라가 六國을 통일하게 되는 기초가 되었다. 명장 白起와 함께 명성이 높아지자 그를 자살하게 만든 뒤 정안평을 장군에 앉혔다. 應에 봉해져 應侯로 불렸다. 나중에 趙나라를 공격했다가 정안평이 전투에서 지고 조나라에 항복하자 책임을 지고 물러났다. 일설에는 진왕에게 논죄를 당해 처형당했다고도 한다.

☞ 수가(須賈): 전국 시대 魏나라 사람. 위나라에서 中大夫를 지냈다. 범저(范雎)가 가난했을 때 일찍이 모셨다. 범저가 그를 따라 齊나라에 사신으로 갔는데, 齊襄王이 범저의 구변 솜씨를 듣고 사람을 시켜 범저에게 금 10근과 소고기, 술을 하사했지만 사양하고 받지 않았다. 수가가 이를 알고 크게 화를 내며 범저가 위나라의 기밀을 몰래 제나라에 흘렸다고 여기게 되었다. 귀국한 뒤 위나라 재상에게 이 사실을 고발했다. 범저는 위나라 재상에게 끌려가 거의 죽을 만큼 심하게 문초를 받았다. 나중에 秦나라로 사신을 갔다가 이미 죽은 줄 안 범저가 진나라로 망명해 秦昭王의 재상이 된 줄 몰랐다. 범저가 밤에 몰래 남루한 옷을 입고 그를 찾아가니 제포(綈袍, 두텁게 솜을 넣어 짠 옷) 한 벌을 내주었다.

須賈의 모함으로 모진 고문을 받은 범저는 죽다 살아난 뒤 張祿이라고 이름을 고치고 숨어 살다가 秦으로 달아나 재상이 되었다. 그리고 몇 년 뒤 수가를 다시 만났다. 진의 공격을 피하기 위해 魏나라가 수가를 사신으로 보낸 것이다. 장록을 만나본 수가는 그가 바로 범저인 것을 알고 혼비백산해 머리를 조아리며 용서를 구했다. 범저가 죄상을 묻자 수가는 이렇게 대답했다. "제 머리털을 모두 뽑아서 잇는다 하더라도 죄가 모자랄 것입니다(擢賈之髮以續賈之罪, 尙未足)."라고 했다. 그러나 범저는 수가를 죽이지 않고 용서했다. 일찍이 범저는 수가가 왔다는 소식을 듣고 일부러 거지나 다름없는 초라한 행색으로 그의 숙소를 찾아갔다. 날품팔이를 하며 살아간다는 범저의 말에 수가는 안쓰러워하며 자기 자리에 앉게 하고 음식을 대접했다. "범숙(숙은 범저의 자)이 이렇게까지 곤궁하게 되었구려(范叔一寒如此哉)"라며 두꺼운 명주 솜옷도 주었다. '명주 솜옷의 의리'라는 제포지의(綈袍之義)도 이때 나온 말이다. 제포지의는 제포연연(綈袍戀戀)이라고도 한다. 그때 범저는 "내가 오늘 그대를 죽이지 않는 것은 한 벌의 제포를 나에게 주며 옛 정을 잊지 않고 있었기 때문이니라(公之所以得無死者, 以綈袍戀戀, 有故人之意)."라고 했다. 범저는 옛 친구에 대한 정의가 있다고 하여 수가를 보복하지 않고 귀국시켰다. 범저는 각국의 사신들을 모두 초청하여 성대한 연회를 베풀었다. 그 자리에서 수가에게는 두 사람의 죄수를 시켜 소의 여물통에 넣은 여물을 강제로 먹도록 하고 말했다. "위나라 왕에게 전하라. 즉시 魏齊의 머리를 잘라오도록 하라고. 그렇지 않으면 大梁(위나라 도성)을 허물고 모두 몰살시키겠다!" 강대한 진나라의 재상인 범저의 이 한 마디에 위제는 벼슬을 버리고 이곳저곳으로 숨어 다녔으나 천하가 그토록 넓은데도 진나라의 눈을 속이고는 자기의 몸 하나 숨길만한 곳이 없었으므로 결국 자살하고 말았다.

다. 명사가 의미상 뒤 동사의 주어를 담당하지 못한다.

▶ 叩石墾壤, 箕畚運于渤海之尾.35)[箕, 畚]
▷ 돌을 깨고 흙을 파서 키와 삼태기로 발해의 끝까지 운반했다.

▶ 布囊其口.36)[布]
▷ 베로 그 입구를 쌌다.

▶ 西幷巴蜀, 北收上郡, 南取漢中.37)[西, 北, 南]
▷ 서쪽으로 파촉을 아우르고, 북으로 상군을 거둬들이고, 남쪽으로 한중을 취하였다.

▶ 然歲奉仇讎之物, 初不以侵侮廢也. (宋 方勺《方臘起義38)》)[歲]
▷ 그러나 해마다 원수의 물건을 바쳤으나, 처음에는 침해하고 업신여겼다고 해서 그만둘 수는 없었다.

라. 명사가 아래 위 문장의 뜻에 따라 뒤 동사의 주어를 담당하지 못한다.

▶ 淮陰屠中少年有侮信者, 曰 : "若雖長大, 好帶刀劍, 中情怯耳." 衆辱之曰 : "信能死, 刺我, 不能死, 出我袴下."39)[衆=當衆]

---

35) 《列子 湯問》
36) 柳宗元《童區寄傳》
37) 李斯《諫逐客書》
38) 방랍 봉기 : 北宋 말(1120년), 방랍(方臘)의 영도 하에 江東, 즉 지금의 安徽 남부와 江西 동북부와 浙江과 江蘇 남부에서 일어난 농민 봉기. 방랍은 북송 말기 睦州(浙江省) 靑溪 사람. 또는 歙州 사람이라고도 한다. 목주는 칠과 딱, 술, 삼나무 등의 생산으로 생활이 풍족한 지역인데, 그도 원래 漆園의 경영자였다. 徽宗 때 목주 일대에서 摩尼敎를 이용해 비밀리에 반란을 준비했다. 宣和 2년 (1120) 재상 蔡京이 궁전 조영을 구실로 수탈을 강행하면서 생업을 압박하자 무리를 모아 거사하고 스스로 聖公이라 부르며 永樂이라 건원하고 관직을 설치했다. 당시 事魔黨이라 불린 마니교의 신도들이 많이 참가했다. 모인 군중이 수십만에 이르렀다. 蘇州의 石生과 湖州의 陸行兒, 蘭溪의 朱言, 永康의 陳十四 등이 호응하여 杭州와 흡주 등 7州 48縣을 점령했다. 송나라 조정에서 아홉 차례나 항복을 종용했지만 동요를 일으키지 않았다. 다음 해 1월 휘종이 童貫에게 명령해 15만 병사를 이끌고 가 진압했다. 4월 후퇴하여 청계 帮源洞을 지키다가 포로로 잡혔다. 8월 京師에서 처형되었다.
39) 《史記 淮陰侯列傳》

3. 명사의 부사어 활용과 주술구조를 어떻게 구별하는가? 47

▷ 회음 도중(백정인 屠戶의 거리)의 소년(건달) 가운데 한신을 업신여기는 놈이 있었는데, (그가 한신을 놀리며) 말하기를, "네놈이 몸뚱이만 커 가지고 칼 차기는 좋아하지만, 속마음은 겁쟁이일 뿐이지."했다. 그리고는 '여러 사람들 앞에서(사람들을 향하여)' 한신을 모욕하여 말하였다. "한신, 이놈아! 죽고 싶으면 나를 칼로 찔러라. 죽기 싫으면 내 가랑이 밑으로 기어 나가라."

명사가 부사어로 되는 것과 주술구조의 구별은 기능상에 있다. 부사어가 된 명사는 주로 비유의 방식을 이용하여 동작, 행위 발생의 방식, 상태를 나타내고 사람에 대한 태도를 나타내며 동작 행위의 수단이나 구실을 나타내고, 동작 행위의 시간 혹은 지점을 나타낸다. 의미를 보면 부사어로 된 명사는 뒤 동사의 주어가 되지 못한다.

구조상으로 부사어로 된 명사는 그 앞에 문장의 주어를 가질 수 있고, 또한 주로 동일한 주어 뒤의 병렬 혹은 연관(連貫)된 동사구조 중에도 나타난다.

4. 부사어로 활용되는 시간명사의 용법이 현대중국어와 다른 점은?

한문에서 시간명사는 부사어로 활용되어 시간의 수식을 나타내는데, 이것은 현대 중국어와 일치하는 것이다. 그러나 한문의 이러한 용법과 현대 중국어의 시간명사가 부사어로 활용되는 것은 같지 않다.

하나. 한문 시간명사는 부사어로 활용될 때 자주 접속사 "而" 혹은 "以"를 사용해 자신(시간명사)과 위어(술어)의 중심어를 서로 연결시킨다. 이것은 현대 중국어에는 없는 것이다.

▶ (馮諼) 長驅至齊, 晨而求見.[1][晨]
▷ (풍원이) 오래 말을 몰아 제나라에 이르러 새벽에 뵙기를 요구하였다.

▶ 朝而往, 暮而歸.[2][朝, 暮]
▷ 아침에 갔다가, 저녁이 되어 돌아오네.

▶ 魏惠王兵數破于齊秦, 國內空, 日以削.[3][日]
▷ 위나라 혜왕의 병사들은 제와 진에게 여러 차례 격파 당하여, 도성(나라 안)은 텅 비어있고, 나날이 영토는 줄어들었다.

둘. 한문에서 "歲", "月", "日" 등 시간명사가 부사어로 활용될 때, 나타내는 의미가 보통 때의 그것과 다른 바가 있는데, 단순한 시간 수식이 아니기 때문이다.

먼저, "歲", "月", "日"은 행동성이 있는 동사 앞에 놓여 행동의 일상을 나타내기에, "매년", "매월", "매일"로 새긴다.

▶ 良庖歲更刀, 割也 : 族庖月更刀, 折也.[4][歲, 月]
▷ 훌륭한 백정이 매년 칼을 바꿈은 (살을) 베는 까닭이요, 일반 백정이 매월 칼을

---
1) 《戰國策 齊策》
2) 歐陽修 《醉翁亭記》
3) 《史記 商君列傳》
4) 《莊子 養生主》

4. 부사어로 활용되는 시간명사의 용법이 현대중국어와 다른 점은? 49

바꿈은 (뼈를) 베는 까닭이다.
▶ 日飮食得無衰乎?5) [日]
▷ 매일의(날마다) 음식량(식사량)은 줄어들지 않았겠지요?

▶ 君子博學而日參省乎己, 則知明而行無過矣.6)[日]
▷ 군자는 널리 배우며 매일 세 가지로 자기를 살피니, 그런즉 앎이 밝아지고 행동에 허물이 없게 될 것이다.

그 다음, "日"은 동사 혹은 형용사의 앞에 놓여 상황의 점차적 발전변화를 나타내기에 '하루하루'로 새긴다.

▶ 于是與亮情好日密.7)[日]
▷ 이에 제갈량과의 깊은 정이 날로 더해지는구나.
☞ 亮 : 諸葛亮.

▶ 旣壯, 群牛日以老憊, 凡事我都任之.8)[日]
▷ 장성하고 나서는, 소떼는 날로 노쇠하고 약해져 모든 일을 우리에게 맡겼다.

▶ 向吾不爲斯役, 則久已病矣. 自吾氏三世居是鄕, 積於今六十歲矣, 而鄕鄰之生日蹙.9)[日]
▷ 이전부터 제가 이 일에 종사하지 않았다면 저는 이미 오래 전에 살기 어려워졌을 것입니다. 저희 집안은 삼대 동안 이 시골에 거주하여 지금까지 60년이 되었지만 이웃 마을 사람들의 생활은 날로 위축되어갔습니다.

셋, "日"자는 주어의 앞에 쓰여, 과거로 거슬러 올라가기에 "지난 날"로 새긴다.

▶ 日起請夫環, 執政弗義, 不敢復也. 今買諸商人, 商人曰, 必以聞, 敢以爲請.10)[日]

---

5) 《戰國策 趙策》
6) 《荀子 勸學》
7) 《三國志 蜀志 諸葛亮傳》
8) 馬天錫《中山狼傳》
9) 柳宗元《捕蛇者說》
10) 《左傳 昭公十六年》: 宣子有環, 其一在鄭商. 宣子謁諸鄭伯, 子產弗與曰, 非官府之守器也, 寡君不知. 子大叔子羽謂子產曰, 韓子亦無幾求, 晉國亦未可以貳. 晉國韓子不可偸也, 若屬有讒人交鬪其間, 鬼神而助之, 以興其凶怒, 悔之何及. 吾子何愛於一環, 其以取憎於大國也. 盍求而與之. 子產曰, 吾非偸晉而有二心, 將終事之. 是以弗與, 忠信故也. 僑聞君子非無賄之難, 立而無令名之患. 僑聞爲國非不能事大字小之難, 無禮以定其位之患. 夫大國之人令於小國, 而皆獲其求, 將何以給之. 一共一否, 爲罪滋大. 大國之求, 無禮以斥之, 何壓之有. 吾且爲鄙邑, 則失位矣. 若韓子奉命以使, 而求玉焉, 貪淫甚矣, 獨非罪乎. 出一玉以起二罪, 吾又失位, 韓子成貪, 將焉用之. 且吾以玉賈罪, 不亦銳乎. 韓子買諸賈人, 旣成賈矣. 商人曰, 必告君大夫. 韓子請諸子產曰, 日起請夫環, 執政弗義, 弗敢復也. 今買諸

▷ 지난날 내(起)가 그 옥가락지를 청했으나 집정께서 옳지 않다고 했습니다. (그래서) 감히 다시 요구하지 못했습니다. 오늘 상인에게서 제 돈으로 사려고 했으나 상인의 말하기를 반드시 집정께 알려 허락을 받아야 한다고 했습니다. (그래서) 감히 청을 드리는 것입니다.

☞ 起 : 晉大夫 韓宣子의 이름.
☞ 弗義 : 옳지 않다고 생각하다.

▶ 晉郤缺言于趙宣子曰 : "日衞不睦, 故取其地. 今日睦矣, 可以歸之."11)[日]
▷ 진나라 극결이 조선자에게 말하기를 "지난날 위나라와 화목하지 않았기 때문에 (위나라의)땅을 취했습니다. 지금 화목하게 되었으니 그것을 돌려주는 것이 좋겠습니다."

☞ 郤缺 : 晉大夫.

넷. "時"자가 주어 혹은 동사 앞에 쓰일 경우, "제때에", "제시간에", 혹은 "당시(그 때)" 등으로 새긴다.

▶ 秋水時至, 百川灌河.12)[時]
▷ 마침 가을장마가 이르러 온갖 개울이 황하로 몰려들었다.
☞ 時 : on time, 때마침.

▶ 謹食之, 時而獻焉.13)[時]
▷ 삼가 먹여서, 때가 되자 바치었다.
☞ 時 : when the moment comes, 때가 되자.

▶ 時操軍衆已有疾疫.14)[時]
▷ 당시 조조의 군대가 유행병에 걸리었다.
☞ 時 : at the time, 그때에.

商人, 商人曰, 必以聞, 敢以爲請, 子産對曰, 昔我先君桓公與商人, 皆出自周, 庸次比耦, 以艾殺此地, 斬之蓬蒿藜藋, 而共處之, 世有盟誓以相信也. 曰, 爾無我叛. 我無强賈, 毋或匄奪. 爾有利市寶賄, 我勿與知. 恃此質誓. 故能相保以至于今, 今吾子以好來辱, 而謂敝邑强奪商人, 是敎敝邑背盟誓也. 毋乃不可乎. 吾子得玉而失諸侯, 必不爲也. 若大國令, 而共無藝, 鄭鄙邑也, 亦弗爲也. 僑若獻玉, 不知所成, 敢私布之. 韓子辭玉曰, 起不敏, 敢求玉以徼二罪. 敢辭之.

11) 《左傳 文公七年》
12) 《莊子 秋水》
13) 《捕蛇者說》
14) 《資治通鑑 漢經》

5. 어떠한 실사가 사동(使動)과 의동(意動)을 가능하게 하는가?

먼저 무엇이 使動용법이며 무엇이 意動용법인지 이해할 필요가 있다. 소위 사동이라는 것은 동사로 사용되는 그 낱말(그 자체가 반드시 동사인 것은 아님)이 목적어로 하여금 '어떻게 되도록 하다.'의 의미를 가지는 것이다. 한문에서 사동의미를 표시하던 고유한 사역 동사로 "使", "命", "令", "召", "遣", "拜" 등이 있다. 그러나 많은 경우, 使動詞를 사용하지 않고, 다른 낱말로 대체한다.

예를 들면,《史記 廉頗藺相如列傳》에서 '秦王이 여러 차례 藺相如가 趙나라로 돌아가게 놓아주다.'라고 했는데, 어떤 곳에서는 "使之歸趙"라고 해서 사역동사 '使'를 사용했지만 다른 곳에서는 그냥 "歸之"라고만 했다. 이 "歸之"는 바로 "使之歸"와 그 의미가 같다. 이 "歸"자가 바로 사동용법으로 목적어 "之"로 하여금 '어떻게 되도록 하다'라는 의미를 갖도록 하는 것이다.

이른바 意動용법이라는 것은 동사를 맡은 그 낱말(그 자체가 대다수는 동사가 아님)이 목적어가 어떠하다고 '여긴다'고 해석되는 경우를 말한다. 한문에서 고유한 의동동사로 "以~爲", "以爲", "以" 등이 있지만 많은 경우, 意動詞를 사용하지 않고 다른 낱말로 대체한다.

예를 들면,《史記 李將軍列傳》에서 "(衛靑)以爲李廣老"라고 했을 때, "以爲"는 意動詞로 "~라고 여기다"라고 새긴다. 그러나《漢書 趙充國傳》에서 "時充國年七十, 上老之"라고 했을 때는 오히려 직접 "老"자를 사용해서 "그(趙充國)를 연로하다고 여기다."라 새기는데, 바로 이 "老"자가 意動용법에 해당된다.

사동용법과 의동용법의 술목관계의 특수성은 곧 다음과 같다.

첫째, 이런 낱말은 그 자체가 동사냐, 아니냐에 관계없이 모두 본래 가져서는 안 되는 목적어를 가지고 있다. 하나는 위 문장의 "歸"자와 같이 자동사는 본래 목적어를 가질 수 없고, 위 문장의 "老"자와 같이 형용사나 명사는 그 자체가 원래 동사가 아니어서 목적어를 가질 수 없다. 또한 문맥(context)에 맞지 않거나, 사실(fact)에 부합하지 않거나, 혹은 논리(logic)에 맞지 않는 목적어를 가지는 경우가 있다. 예를 들면,《孟子 公孫丑》의 "武丁朝諸侯, 有天下"에서 "武

丁"은 商나라의 天子이니, 어떻게 제후를 "알현할[朝]" 수 있겠는가? 사실과 부합되지 않는다. 따라서 반드시 "武丁이 제후로 하여금 그를 알현케 했다"로 새겨야 한다. 동사 "朝"가 사실에 맞지 않는 목적어를 가졌기 때문이다. 따라서 일단 이런 상황이 발생하면, 특수한 술목관계 즉 '사동용법'이나 '의동용법'을 통해서 문제를 해결해야 한다.

둘째, 일반적인 술목관계는 지배와 피지배의 관계로 이루어지지만, 사동의 술목관계는 이와 다르다. 많은 경우, 동사를 맡은 이 낱말이 표시하는 바는 주어가 나오도록 한 것이 아니라 주어가 목적어로 하여금 나오도록 한 "동작"이다. 위에서 예로 든 문장 가운데의 "歸"의 동작은 목적어 "之"(즉 藺相如)가 나오도록 한 것이지 秦王이 나오도록 한 것은 아니다. "朝"의 동작 또한 목적어 "諸侯"가 나오도록 한 것이지 주어 "武丁"이 한 것이 아니다. 의동용법에서 동사를 맡은 이 낱말은 주어를 설명하기 위해 사용된 것이 아니고, 목적어를 설명하기 위해 사용된 것이다. 예를 들면, 앞 문장에서 나오는 "老"는 결코 주어 "上"(즉 漢宣帝)을 가리키는 것이 아니고 목적어 "之"(즉 趙充國)를 가리키는 것이다.

이것은 일반적인 술목구조, 즉 동작은 주어가 나오도록 하고 목적어는 동작을 받아들이는 것과는 크게 다르다. 따라서 사동과 의동은 일종의 특수한 술목관계이다. 사동과 의동을 맡는 실사로 아래의 몇 가지가 있다.

가. 동사

동사는 사동으로 사용되어 뒤쪽의 목적어로 하여금 이 동작이 일어나도록 하는 것인데, 그것은 거의 의동을 맡지 않는다.

▶ 廣1)故數言欲亡, 忿恚尉.2)

---

1) 吳廣 : 중국 秦 말기의 농민 반란 지도자로서 기원전 209년 중국 최초의 농민 반란인 '진승·오광의 난'을 일으켰다. 陽夏 사람. 자는 叔이다. 秦二世 원년(BC209) 7월 漁陽에 戍자리를 가면서 屯長이 되었다. 행군을 하여 기현(蘄縣) 大澤鄕에 이르렀을 때 비가 내려 기한에 맞추어 목적지에 도착하지 못하면 참형을 당하게 되자 陳勝과 함께 戍卒 7백 명을 이끌고 반란을 주도하여 都尉가 되었다. 진승을 왕으로 세우고, 이름을 張楚라 했다. 자신은 假王이 되어 장병을 이끌고 서쪽 滎陽으로 진공했는데, 끝내 함락하지 못했다. 나중에 部將 田臧이 진승의 명령이라 속여 살해했다.
2) 《史記 陳涉世家》

▷ 오광이 일부러 자주 도망하고 싶다고 말하여 위를 분노하게 하였다.
☞ 忿恚 : 자동사가 목적어를 가져서 사동이 되어 "尉로 하여금 분노하게 하다"로 새긴다.

▶ (單于)欲因此時降武.3)
▷ (선우가) 이때를 틈타 소무를 항복하게 만들고자 하였다.
☞ 降 : 타동사가 사실에 맞지 않는 목적어를 가져서 사동이 되고 "蘇武로 하여금 투항하게 하다"로 새긴다.

나. 명사

명사는 동사로 활용되어 사동이 될 수 있다. 만약 人事명사라면 뒤쪽의 목적어로 하여금 이 명사가 나타내는 사람이나 사물이 되게 한다. 만약 방위명사라면 목적어가 나타내는 사람이나 사물로 하여금 이 방위명사가 나타내는 방향에 따라 행동하게 한다.

▶ 先破秦入咸陽者王之.4)
▷ 먼저 진을 치고 함양에 들어가는 자를 왕이 되게 하겠다.
☞ 王 : 인물은 동사로 활용되어 사동이 되는데 "그로 하여금 왕이 되게 하다"로 새긴다.

▶ 卜首至尾.5)
▷ 머리를 숙이게 하여 꼬리에 이르게 하다.
☞ 下 : 방위명사는 동사로 활용되어 사동이 되는데, "머리를 숙이게 하다"로 새긴다.

명사는 동사로 활용될 때 또한 의동이 될 수 있는데, 목적어를 이 명사가 나타내는 사람이나 사물로 간주한다.

▶ 友風而子雨.6)
▷ 바람을 친구로 여기고 비를 자식으로 여긴다.
☞ 友子 : 명사는 동사로 쓰여 의동이 되는데, "(바람을) 친구로 여기다", "(비를) 아들로 여기다"로 새긴다.

---

3) 《漢書 蘇武傳》 蘇武(BC139~30): 前漢의 忠臣으로 자는 子卿. 무제 때 흉노에 19년간 억류되었음. 五言古詩의 창시자.
4) 《史記 項羽本紀》
5) 《中山狼傳》
6) 《荀子 雲賦》

다. 형용사

형용사는 동사로 활용되어 사동이 될 수 있는데, 뒤쪽의 목적어로 하여금 이 형용사가 나타내는 성질이나 상태를 갖게 한다.

▶ 君子正其衣冠.7)
▷ 군자는 의관을 단정히 한다.
☞ 正 : 형용사는 동사로 사용되어 사동이 되는데 "의관을 단정히 하다"로 새긴다.

▶ 衣以溫膚.8)
▷ 옷으로써 피부를 따뜻하게 하다.
☞ 溫 : 형용사가 동사로 쓰여 사동이 되는데, "(피부를) 따뜻하게 하다"로 새긴다. 형용사가 동사로 활용되어 또 의동이 될 수 있는데, 뒤쪽의 목적어가 이 형용사가 나타내는 성질과 상태를 갖고 있다고 여긴다.

▶ 成以其小, 劣之.9)
▷ 그 작은 것으로써 이루었는데, 그것을 열등품이라 여긴다.
☞ 劣 : 형용사는 동사로 사용되어 의동이 되는데, "(그것을) 열등품이라 여기다"로 새긴다.

▶ 大天而思之.10)
▷ 하늘이 크다 여겨 그것을 사모하다.
☞ 大 : 형용사가 동사로 사용되어 의동이 되는데, "(하늘을) 크다 여기다"로 새긴다.

라. 수사

수사는 동사로 활용될 때 경우에 따라 또 사동이 되기도 한다. 그러나 이러한 수사들은 대부분 수를 나타내지 않고, 자주 인신의(引申義, 본의에서 확장된 뜻, extended meaning)나 비유의(比喩義, 비유적인 뜻, figurative meaning)로 사용된다. 그래서 수사가 사동이 될 때는 일반적으로 뒤쪽의 목적어로 하여금 수사가 나타내는 뜻을 갖게 한다.

---

7) 《論語 堯曰》
8) 《論衡 道虛篇》
9) 《聊齋志異 促織》
10) 《荀子 天論》

5. 어떠한 실사가 사동(使動)과 의동(意動)을 가능하게 하는가? 55

▶ 夫金鼓旌旗者, 所以一人之耳目也.11)
▷ 무릇 (군대에서 쓰는)징 북과 깃발은 군사들의 귀와 눈을 통일시키는 도구이다.
☞ 一 : 수사가 동사로 쓰여 사동이 되는데, "(사람들의 귀와 눈을) 통일시키다"로 새긴다.

---
11)《孫子 軍爭》

6. 사동용법과 의동용법을 어떻게 구별하는가?

사동용법과 의동용법은 모두가 품사활용의 결과라고 할 수 있기에 술목관계는 모두 일정한 특수성을 가진다. 사동사 "使", "令"이나 의동사 "以爲", "以~爲~" 등이 없을 경우, 형식면에서 양자는 서로 같은데, 특히 사동이나 의동을 담당하는 낱말이 명사나 형용사일 때 더욱 그러하다. 때문에 그 용법을 구별하려면 그 상하 문맥에서 나타내는 의미를 반드시 對比하고 분석해야 한다.

사동과 의동의 차이는 주로 다음과 같다.

사동은 흔히 객관적인 행위의 목적, 요구, 수단이나 결과이어서 대체로 현실이거나 머지않아 현실이 된다. 일종의 객관적 진리를 서술하며 대부분 "~하여금 ~이 되게 하다", "~으로 하여금 변하여 ~이 되게 하다", "~하여금 ~을 갖게 하다" 등의 구문을 사용하며, "목적어로 하여금 어떻게 되도록 하다"로 새긴다.

의동은 오히려 자주 주관적 인식, 견해로서, 반드시 현실이지만은 않으며, 경우에 따라서는 심지어 현실에 위배 된다. 그렇다고 주관적 인식 때문에 목적어의 상황을 변하게 하지는 않는다. 대부분 "~라고 생각하다", "~을 ~로 여기다", "~을 ~라고 보다" 등의 구문을 사용하며, "목적어가 어떠하다고 여기다"로 새긴다.

가. 명사는 사동과 의동이 된다.

▶ 先生之恩, 生死而肉骨也.[1]
▷ 선생의 은혜는 죽은 자를 살아나게 하고 뼈에 살이 자라나게 한다.
☞ 肉 : 명사가 사동이 되어 "(백골)로 하여금 살이 자라게 하다"로 새긴다. 객관적인 행위의 결과이다. 목적어 "骨"은 이 때문에 변화가 생겨서 '살이 자라난다'라고 새겨야 한다. 따라서 이 구를 의동, 즉 "(백골)을 肉으로 간주하다(여기다)"로 새길 수 없다.

---

1) 《中山狼傳》

▶ 以夭梅病梅爲業以求錢也.2)
▷ 매화를 굽히고 병이 나도록 하는 것으로 업을 삼아 돈을 추구하다.
☞ 病 : 명사가 사동이 되어, "(매화로 하여금) 병이 나게 하다"로 새긴다. 객관적인 행위의 수단이다. 목적은 이 기괴한 조형의 매화로 만들어 더 많은 돈과 바꾸는 것이다. 목적어 "梅"는 그래서 변화가 생겨났고, 원래 모양이 변하게 되었다. 따라서 이 구는 의동 즉 "(매화)가 병이 났다고 여기다"로 새길 수 없다.

▶ 又隆冬, 貧者席地而臥.3)
▷ 또 한 겨울이 되자, 가난한 자는 땅을 자리로 여기고 누웠다.
☞ 席 : 명사가 의동이 되어, "(땅)을 자리로 삼다"로 새긴다. 하나의 주관적인 생각이다. "地"는 결코 "席"이 아니다. 또한 그것을 '자리'로 '여기기' 때문에 자리로 변하게 된 것이 아니다. 따라서 사동으로 보아 "땅으로 하여금 자리가 되도록 하다"로 새길 수 없다.

▶ 不如吾聞而藥之也.4)
▷ 내 (그들의 논평을) 들어서 그것을 약으로 여기는 것만 못하오.
☞ 藥 : 명사가 의동이 되어 "(그것이) 일종의 약이라고 여기다"로 새긴다. 이 또한 주관적인 인식이다. "忠言"이 결코 "良藥"은 아니다. 또한 그것을 약이라고 '여기기' 때문에 약이 된 것이 아니다. 따라서 이 구는 "그것으로 하여금 약이 되게 하다"로 새길 수 없다.

　명사가 사동이 되는 경우와 의동이 되는 경우에는 차이가 있다. 그러나 언어의 유연성과 수사(修辭, rhetoric)상의 필요 때문에 왕왕 분별하기가 매우 어렵다. 특히 비유(比喩, figurative expression)5) 등의 의미를 가진 명사가 동사로

---

2) 《病梅館記》
3) 《獄中雜記》
4) 《左傳 襄公三十一年》
5) '비유'란 사물의 상태나 모습을 다른 사물에 빗대어 표현하는 것이다. 문학적 표현에 있어서, 心象(image)을 이용해서 알기 쉽게 설명(기술) 하거나, 강조, 과장의 효과를 주기 위해서, 유사한 사례나 묘사로 표현하는 방식이다. 直喩(simile)는 "~것 같다", "~같다", "비슷하다" 등의 낱말을 가지고 두 사물을 직접 비교하고 표현하는 방법. 明喩라고도 한다. 예를 들면, "눈처럼 희다", "사람이 쓰레기 같다" 등이 있다. 隱喩(metaphor)는 "~과 같다" 등의 형식을 쓰지 않고, 그 자체의 특징을 직접 다른 것으로 표현하는 방법으로 暗喩라고도 한다. 비유임을 明示하지 않은 비유이다. "마치", "~인 것 같다" 등의 비유를 명시하는 단어가 사용되고 있지 않다. 예를 들면, "인생은 나그네 길", "남자는 모두 늑대", "그대는 나의 태양" 등이 있다. 은유에는 換喩, 提喩, 諷喩가 있다. 換喩(metonymy)는 표현하는 대상을 그것과 관계가 깊은 부속물 등으로 대체하여, "펜은 칼보다 강하다"와 같은 식으로 표현하는 비유이다. 여기서 '펜'은 언변과 학문을 말하고, '칼'은 무력, 폭력, 전쟁 등을 가리킨다. 提喩

될 때 더욱 그러하다. 예를 들면, "是欲劉豫我也"(《上宋高宗議除奸疏》)의 "劉豫"6)는 어떤 문법서에서는 사동용법으로 보고, 또 어떤 책에서는 의동용법으로 간주한다. 사실 이것은 일종의 수사수법이다. "금나라의 꼭두각시 황제"를 "劉豫"로 간주하는 것은 가탁(假託)이다. 한문에는 이러한 경우가 매우 많다.

▶ 令我百歲後, 皆魚肉之矣.7)
▷ 가령 내가 죽게 된다면, 모두 그를 어육처럼 만들어 버릴 것이요.

▶ 公若曰, 爾欲吳王我乎?8)
▷ 公若이 말하기를 "너는 나를 오왕처럼(鱄諸가 吳王을 죽인 것처럼) 하려고(나를 죽이려는) 하는 것이냐?"고 하였다. (Do you want to deal with me as the King of Wu was dealt with? =Do you want to kill me?)
☞ 칼끝이 자기를 향하는 것을 보고서 칼끝을 맞이하면서 꾸짖은 것이다. 자객 전제(鱄諸)가 오왕을 죽일 때에도 검으로 찔렀다.

▶ 友風而子雨.9)
▷ 바람을 친구로 여기고 비를 자식으로 여긴다.
그중에 "魚肉", "吳王", "友", "子"는 모두 명사가 동사로 활용된 것으로서 모두 (다음과 같이) 이해할 수 있다.

(synecdoche)는 "당신은 참으로, 한심한 남자다"와 같이, 상위 개념에서 하위 개념을 나타내거나, 반대로 하위 개념으로 상위 개념으로 대체하는 비유이다. 예문에서 '한심한 것'은 그 상대(당신; 하위 개념) 뿐이지, '남자' 일반(상위 개념)을 가리키는 것은 아니다. 諷喩(parable)는 "원숭이도 나무에서 떨어진다."와 같이, 우화에서 사용되는 것과 같은, 비유만을 제시함으로써 진정한 의미를 간접적으로 짐작케 하는 비유이다. 寓言法, 寓喩法이다. 擬人法(personification)은 무생물을 생물에 비유하거나, 무생물과 인간 이외의 생물을 인간에 비유하는 것으로 活喩라고도 한다. 예를 들면, "하늘이 울고 있다", "새가 노래하다", "바람이 뺨을 쓰다듬었다", "타이어가 비명을 질렀다" 등이 있다.

6) 劉豫(1073~1146) : 북송 말기 景州 阜城 사람. 자는 彦游. 哲宗 元符 연간에 진사, 徽宗 宣和 연간에 國子監에 있다가 河北提刑이 되었다. 금나라가 침입하자 관직을 버리고 달아났다. 高宗 建炎 때 張慤의 추천으로 濟南知府가 되었는데, 2년(1128) 금나라 군대가 제남을 공격하자 항전 장군 關勝을 죽이고 항복했다. 4년(1130) 금나라 사람이 황제로 책봉하고 나라 이름을 大齊라 하고 도읍을 大名에 두었는데, 나중에 汴京으로 옮겼다. 아들 劉麟과 함께 금나라 군대를 유인해 송나라를 공격하게 하고, 民兵 30만 명을 투입했지만, 岳飛와 韓世忠의 군대에 번번이 패해 금나라 사람들의 문책을 받았다. 紹興 7년(1137) 폐위되어 蜀王이 되고, 臨潢으로 옮겼다가 曹王으로 改封되었다.

7) 《史記 魏其武安侯列傳》

8) 《左傳 定公十年》노나라 정공(定公) 10년(BC501)에 숙손씨(叔孫氏)에 내분이 있어, 숙손무숙(叔孫武叔; 州仇)의 가신 공남(公南)이 숙손무숙이 후계가 되는 것을 반대한 공약묘(公若藐)를 죽이자 후범(侯犯)이 후읍(郈邑) 사람들을 거느리고 반란을 일으켰고 숙손무숙(叔孫武叔)은 맹의자(孟懿子)와 가신 공남(公南)과 함께 후읍을 공격하였으나 이기지 못하고 사적(駟赤)의 꾀로 간신히 반란을 평정했다.

9) 《荀子 云賦》

▷ 나로 하여금 劉豫가 되게 하다 혹은 나를 劉豫로 생각하다.
▷ 그들로 하여금 생선 고기로 여기게 하다 혹은 그 생선 고기가 되게 하다.
▷ 나로 하여금 오왕과 같이 되게 하다 혹은 나를 오왕으로 간주하다.
▷ 바람으로 하여금 친구가 되게 하다 혹은 바람을 친구로 여기다.
▷ 비로 하여금 아들이 되게 하다 혹은 비를 아들로 여기다.

실제로 이 몇 가지 예 중의 "~하여금~되게 하다"는 "~을~로 만들다"의 修辭上의 다른 표현이다. 이 몇 가지 예는 모두 응당 意動으로 봐야 한다. 실상 "我"는 "劉豫", "吳王"이 아니고 또한 "劉豫", "吳王"으로 변할 수도 없기 때문이다. 그리고 "魚肉"과 "之", "友"와 "風", "子"와 "雨"는 더욱 서로 아무런 관계가 없다. 그러나 아래 상황은 서로 반대가 된다.

▶ 孟嘗君客我[10]
▷ 맹상군이 나(풍훤馮煖[11])를 식객으로 삼았다.

▶ 今者無故誘致虜使, 以詔諭江南爲名, 是欲臣妾我也, 是欲劉豫我也.[12]
▷ 이제 까닭 없이 오랑캐 사신을 유치하여 강남(江南)지방을 효유(曉諭)한다는 것으로 명분을 삼으니, 이는 우리(송나라)를 신첩(臣妾)으로 삼고자 함이요, 이는 우리를 유예(劉豫; 금나라 꼭두각시 황제)[13]로 삼고자 함입니다.

---

10) 《戰國策 齊策》
11) 풍훤(馮煖)은 풍환(馮驩)으로 부르기도 하는데, 전국 시대 齊나라 사람이다. 孟嘗君의 문객으로 있을 때 자신을 알아주지 않자 밥을 먹을 때 고기(魚)가 나오지 않고 외출할 때 수레가 없으며, 노모를 봉양할 집이 없다면서 노래를 불러 한탄했더니 이를 들은 맹상군이 요구를 들어주었다. 이후 자신의 재주와 정성을 다해 맹상군을 보좌했는데, 특히 맹상군에게 빚을 진 薛 땅 주민들의 채무증서를 불태워 민심을 얻게 한 고사가 유명하다. 나중에 맹상군이 齊王의 신뢰를 잃고 封國으로 돌아갔을 때 설 땅 주민들이 백 리나 나와 환영했다고 한다. 그가 秦王과 제왕을 설득해 맹상군이 다시 복위하도록 했다.
12) 胡銓《上宋高宗議除奸疏》:《戊午上高宗封事》라고도 한다. 胡銓(1102~1180)은 송나라 吉州 廬陵 사람. 자는 邦衡이고, 호는 澹庵이며, 시호는 忠簡이다. 高宗 建元 2년(1128) 進士가 되고, 撫州軍事判官에 올랐다. 금나라 사람이 도강하여 남하할 때 鄕丁(고향의 장정)을 뽑아 관군의 방어전을 돕도록 했다. 樞密院 編修官이 되었다. 紹興 8년(1138) 秦檜가 화친을 주장하자 글을 올려 강력하게 반대하고, 당시 大臣으로서 금나라와의 화의를 주장하던 使臣 王倫, 진회, 參政 孫近 세 사람의 목을 벨 것을 강력하게 주청했다. 적과의 화의를 주장하는 간신을 처벌하기를 주장한 강직한 사람의 표본이 되었다. 이 일로 除名을 당하고, 昭州로 갔다가 吉陽軍으로 유배를 갔다. 진회가 죽은 뒤 衡州로 옮겼다. 孝宗이 즉위하자 議郎에 복직한 뒤 饒州知州로 나갔다. 國史院 編纂官과 兵部侍郎을 역임했다. 資政殿學士로 致仕했다. 蕭楚에게『춘추』를 배웠고, 胡安國에게도 수학했다.
13) 劉豫(1073~1146)는 북송 말기 景州 阜城 사람으로 자는 彦游다. 哲宗 元符 연간에 진사가 되었다. 徽宗 宣和 연간에 國子監에 있다가 河北提刑이 되었다. 금나라가 침입하자 관직을 버리고 달아났다. 高宗 建炎 때 張愨의 추천으로 濟南知府가 되었는데, 2년(1128) 금나라 군대가 제남을 공격하

그 중 "客"과 "臣妾"은 "나를 손님으로 여기다"와 "나를 신첩으로 여기다"로 볼 수 있다. 많은 문법서에서는 또 이 두 예를 의동용법에 넣고 있다. 그러나 "客", "臣妾"과 "我"는 결코 충돌되지 않는다. "我"는 "客"일 수 있고 "客"이 아닐 수도 있으며, "我"는 "臣妾"일 수 있고 "臣妾"이 아닐 수도 있다. 여기서는 어떠한 수사수법도 없고, 사실을 직접 서술한 것이다. "客我"는 주관적인 생각 또는 주관적인 견해일 뿐만 아니라 또한 객관적인 행위이며 그 결과 "我"가 "客"으로 변했다. "臣妾我"는 비록 아직 실현되지 않았으나, 그 목적은 "我(나)"로 하여금 "臣子(신하)"와 "婢妾(비첩)"으로 변하게 하려는 것이다.

한문에서 "以~ 爲~"로 의동을 표시하지 않고 사동을 표시하는 예로 다음과 같은 것이 있다.

▶ 以魯肅爲贊軍校尉.14)
▷ 노숙15)으로 하여금 찬군교위가 되게 했다.

▶ 於是忌進孫子於威王, (齊)威王問16)兵法, 遂以(孫臏)爲師. 其後魏伐趙, 趙急, 請救於齊.17)
▷ 이에 전기(田忌)는 위왕(威王)에게 손자(孫子)를 천거했다. 제나라 위왕이 병법을 묻더니 마침내 (손빈을) 스승으로 모셨다. 그 뒤에 위나라가 조나라를 정벌하자 조나라가 다급해져서 제나라에 구원을 요청했다.

위 문장의 뜻은 "노숙으로 하여금 찬군교위가 되게 했다." 즉 "노숙을 이

자 항전 장군 關勝을 죽이고 항복했다. 4년(1130) 금나라 사람이 황제로 책봉하고 나라 이름을 大齊라 하고 도읍을 大名에 두었는데, 나중에 汴京으로 옮겼다. 아들 劉麟과 함께 금나라 군대를 유인해 송나라를 공격하게 하고, 民兵 30만 명을 투입했지만, 岳飛와 韓世忠의 군대에 번번이 패해 금나라 사람들의 문책을 받았다. 紹興 7년(1137) 폐위되어 蜀王이 되고, 臨潢으로 옮겼다가 曹王으로 改封되었다.

14) 《資治通鑑 赤壁之戰》
15) 魯肅(172~217)은 臨淮郡 東城縣 사람으로 자는 子敬이다. 선비의 가정에서 태어났고, 어려서 부친을 여의고 조모의 손에서 성장했다. 체격이 크고 성격이 호방하며 독서를 좋아했으며 활쏘기에 능했다. 당시 천하가 크게 어지러워지고 분란이 끊이지 않자 周瑜가 魯肅에게 양식을 청하였는데, 흔쾌히 도와주었다. 197년에 노숙은 孫權에게 강동의 전략을 마련해 주었다. 208년 曹操 대군이 남하하자 노숙과 주유는 결사항전을 할 것을 주장하고 유비와 연합하여 赤壁에서 조조의 군대를 물리쳤다. 적벽대전 후 노숙은 贊軍校尉가 되었고, 주유가 죽은 후에는 都督이 되었다.
16) 《孫臏兵法》 상권, 제3〈威王問〉편은, 이때 제나라 위왕이 손빈에게 병법에 대해 물은 내용을 기록한 것으로 보인다.
17) 《史記 孫子吳起列傳》

직위에 임명하다"이다. 만약 의동에 근거하여 "노숙을 찬군교위라 여기다"로 번역하면 오히려 노숙은 실제로는 찬군교위가 아니고 단지 '그렇게 여긴다'로 된다. 그러나 실제로는 노숙은 찬군교위가 되었다. 아래 문장은 의동에 근거하여 "손빈을 스승으로 여기다"로 번역할 수 있을 것 같으나, 만약 이와 같이 새기면 위왕의 스승 중에 실은 손빈이 없고 다만 위왕은 손빈을 스승으로 대우를 한 것뿐이라는 것을 암시하게 된다. 그러나 사실상 손빈은 정말로 위왕의 스승으로 "兵法"을 자주 가르쳐 주었으니, 이 문장은 사동용법으로 "손빈을 스승으로 모시다" 즉 "손빈으로 하여금 스승이 되게 했다"라고 새겨야 한다.

따라서 "~하여금~되게 하다"는 구법을 사용했다고 해서 반드시 모두 사동이라고 할 수 없고, "以~爲~" 구법을 사용했다고 해서 또한 반드시 모두 의동이라고 할 수 없다. 사동과 의동을 구별하는 핵심은 역시 그 뜻이 객관적인 현실을 말하고 있는지 아니면 주관적인 생각을 드러내고 있는지, 목적어가 이로 인해서 변화가 생겼는지 아닌지에 달려 있다.

나. 형용사를 사용해서 사동, 의동 만들기

▶ 工師得大木, 則王喜, 以爲能勝其任也. 匠人斲而小之, 則王怒. 以爲不勝其任矣.[18]
▷ 도목수가 큰 나무를 찾으면 왕께서 기뻐하시면서 능히 자신의 임무를 완수했다고 여기실 것이고, 목공이 깎아서 그것을 작게 만든다면, 왕께서는 화를 내시면서, 자신의 임무를 감당하지 못했다고 여기실 것입니다. (and when he has found such large trees, you will be glad, thinking that they will answer for the intended object. Should the workmen hew them so as to make them too small, then your Majesty will be angry, thinking that they will not answer for the purpose.)
☞ 小 : 형용사가 사동(使動)이 되어 "그것을 작게 하다"라는 뜻을 나타내는데, 이는 객관적 행위의 결과이다. 나무는 본래 작지 않은데 목공이 찍고 깎은 후에 작게 변했기 때문이다. 이 문장은 의동으로 "그것을 작게 여겼다."고 새길 수 없다. 왜냐하면 실제로 그것은 작게 변했기 때문이다.

▶ 孟子曰, 孔子登東山而小魯, 登泰山而小天下.[19]

---

[18] 《孟子 梁惠王 下》
[19] 《孟子 盡心》

▷ 맹자가 말하기를, "공자가 동산에 올라서는 노나라를 작게 여기고, 태산에 올라서는 천하를 작게 여겼다." (Mencius said, "Having climbed the East Peak (of Mount Tai), Lu seemed small to Confucius. Having climbed to the top of Mount Tai, the whole world below seemed small.)

☞ 小 : 형용사가 의동이 되어 "(천하가) 작다고 여기다."라고 새긴다. 객관적인 천하는 본래 큰 것인데, 태산에 올라서자 별안간 작게 변한 것이 아니다. 대상을 보고 사람마다 느끼는 주관적인 감각은 천차만별이다. 공자의 주관적 인식이 작용하여 작게 느껴진 것이다. 따라서 이 문장을 사동으로 보아 "천하를 작게 하다"라고 새겨서는 안 된다. 왜냐하면 객관적인 천하는 결코 작아질 수 없기 때문이다.

▶ 石聞堅在壽陽, 甚懼, 欲不戰以老秦師, 謝琰勸石從序言.20)

▷ 사석(謝石)21)은 부견(苻堅)이 수양(壽陽)에 와 있다는 말을 듣고 몹시 두려워한 터인지라, 싸우지 않으면서 진나라 군사를 지치게 하려고 하던 참이었는데, 사염(謝琰)이 사석에게 주서(朱序)의 말을22) 듣도록 권하였다.

☞ 老 : 형용사가 사동이 되어 "(秦軍을) 지치게 하다"로 새긴다. 객관적 사실은 진군이 원래 사기가 왕성하고 전투력이 강했는데, 지연 전술로 인해서 진군으로 하여금 사기가 떨어지고 전투력이 약화되도록 한 것이다. 그래서 "老"는 객관적 행위의 수단이다.

▶ 時充國年七十餘, 上老之. 使御史大夫丙吉問誰可將者, 充國對曰, "亡踰於老臣者矣."23)

---

20) 《資治通鑑 淝水之戰》"전쟁사를 연구하는 학자들은 중국의 전 역사를 통틀어 공심술攻心術의 가장 대표적인 예로 남북조 때 빚어진 비수지전(淝水之戰)을 든다. 서기 383년 회수 지류인 비수에서 빚어진 동진東晉과 전진前秦 사이의 결전이 그것이다. 사서는 동진의 장수 사현謝玄이 8만 명의 군사를 이끌고 전진의 부견이 이끄는 100만 명의 대군을 격파한 것으로 기록했다. (중략) 당시 부견苻堅이 백성을 다독이며 시기와 사기가 무르익기를 기다렸다면 동진의 내란을 틈타 능히 천하를 통일할 수도 있었다. 그리했다면 수문제보다 몇 백 년 앞서 통일시대를 열 수 있었을 것이다. 청화대 교수를 지낸 바 있는 레이하이쭝雷海宗은 《중국문화와 중국의 군사》에서 비수지전을 중국의 전 역사를 양분하는 대사건으로 분석했다. 그의 주장에 따르면 비수지전 이전의 제1분기는 북방 이민족인 소위 호인胡人이 큰 역할을 하지 못하고 주로 남쪽의 한인漢人이 문화를 만들고 발전시킨 시기로, 이를 고전중국이라 한다. 제2분기는 비수지전 이후 21세기에 이르는 시기로, 신중국이라 한다. 호인이 북중국을 중심으로 천하를 호령하고, 이를이 숭배한 불교가 유교를 비롯한 중국 전래 문화에 심대한 영향을 끼친 시기다. 중국문화를 특징짓는 이른바 호한융합胡漢融合이 이때 이뤄져 고전중국과 다른 신중국이 형성되는 배경이 됐다는 게 그의 분석이다."(신동준의 『임기응변의 힘』에서 인용)

21) 謝石: 東晉의 재상 謝安(320~385)의 아우. 383년 前秦王 苻堅이 100만 대군을 이끌고 남하하여 비수(淝水)에 주둔했는데, 그 위세가 강동 일대를 진동시켰다. 사안은 征討大都督이 되어 동생 謝石, 조카 謝玄과 함께 이들을 강력하게 방어하여 작전을 지휘했는데, 결국 대승을 거두었다.

22) 朱序: '주서의 말'이란, 주서가 은밀히 사석 등에게 "만약 진의 백만 대군이 다 이르면 도저히 항거하기 어려울 것이니, 지금 모든 군사들이 집결하지 않았을 때, 재빨리 秦을 쳐서 그 선봉을 격파하면 저들이 기가 질리게 될 것이며, 그러면 진을 격파할 수 있다."고 한 그것을 가리킨다.

6. 사동용법과 의동용법을 어떻게 구별하는가? 63

▷ 이 때 充國[24]은 나이가 70여세로, 임금은 그를 늙었다 여겨서, 어사대부 병길로 하여금 "누가 장수로 삼을 만한 자인가?"하고 묻게 하자, 조충국이 대답하여 말하기를, "신보다 나은 사람은 없습니다"고 했다.

☞ 老 : 형용사가 의동이 되어 "그를 늙었다고 여기다"로 새긴다. 실제로 趙充國은 이미 70여세로 노년에 접어들었음이 확실하다고 해서, 바로 사동으로 해석해서는 안 된다.

그 이유는 다음과 같다.

첫째, 의동에서 주관적 생각은 단지 객관적 사실에 대해 상대적으로 하는 말이지만, 그 가운데는 주관적 생각이 객관적 사실과 상황이 부합되는 것도 없지 않다.

둘째, "老"가 말하고자 하는 것은 "나이"만이 아니고 더 중요한 것은 "능력" 즉 "쓸모 있고, 쓸모없음"이다. 황제는 조충국이 쓸모없게 되었다고 생각한다. 그렇지만 조충국은 자신이 여전히 나라를 위해 쓸모 있다고 생각한다. 이러한 양자의 상반된 생각은 전혀 객관적 사실에 기초해 있지 않다.

셋째, 사동용법은 종종 어떤 한 동작을 거쳐서 목적어의 상황(연령, 신분 등)을 변화시키지만 의동용법에서는 목적어의 상황이 결코 변하지 않는다. 단지 주관적 인식이 다를 뿐이다. 조충국은 70여세이다. 이는 황제가 그렇게 여김으로써 나타난 결과가 아니다. 더구나 조충국 자신은 아직 늙지 않았다고 생각한다. 그래서 이 문장은 의동용법으로 볼 수밖에 없다. 이처럼 사동과 의동을 구별할 때, 특수한 술목관계가 나타내는 것이 객관적 사실인지 아니면 주관적 생각인지, 또한 목적어의 상황에 변화가 있는지 없는지를 잘 살펴보아야 한다.

---

23) 《漢書 趙充國傳》
24) 趙充國(BC137~BC52)은 西漢의 武將으로 後將軍衛尉이다. 용맹하고 지략이 있었으며 匈奴와 저강(氐羌)의 습성을 잘 알고 있었다. 漢나라 武帝 때에 貳師將軍 李廣利(?~BC90)를 따라 흉노 정벌에 나섰는데, 7백 장사를 이끌고 흉노의 포위를 뚫었다. 그 공으로 中郎으로 임명되었고, 그 후에 武都郡의 저족(氐族)의 반란을 평정하고 흉노와의 전쟁에서 西祁王을 포로로 잡았다. 漢나라 昭帝가 서거한 후에 곽광(霍光)과 더불어 한나라 宣帝(劉詢)를 옹립하여 營平侯로 봉해졌다. 그 후에 蒲類將軍, 後將軍, 少府 등을 지냈다. BC 61년에 선제는 그의 계책을 이용하여 강인(羌人)의 반란을 평정하고, 屯田을 만들었다. 다음해에 다른 강인들도 투항했다. 사후에 시호는 壯이다.

7. 사동 의동 이외의 특수한 술목관계는?

사동, 의동 이외에 한문의 특수한 술목관계로는 아래 몇 가지가 있다.

가. 爲動관계

소위 爲動관계란 주어가 목적어를 위해서 어떤 동작행위를 하는 것을 말한다. 爲動詞는 대부분 자동사이지만 또한 명사가 동사로 활용된 것도 있다. 爲動관계는 다음과 같은 세 가지 경우가 있다.

첫째, 목적어는 주어의 봉사대상이고 동작행위의 수혜자이다. 이런 종류의 "爲動"은 당연히 "~에게(위하여)+목적어+동사"로 번역한다.

▶ 夫人將啓之.[1]
▷ 부인은 그에게 문 여는 것을 도왔다.
☞ "啓之" : "그를 위해 문을 열다"

▶ 邴夏御齊侯.[2]
▷ 병하는 제후를 위해 수레를 몰았다.
☞ "御齊侯" : "제후를 위해 수레를 몰다"

▶ 文嬴請三帥.[3]
▷ 문영은 세 장군을 위해 간청했다.
☞ "請三師" : "세 명의 장군을 위해 간청하다"

▶ 父曰: "履我!" 良業爲取履, 因長跪履之.[4]
▷ 노인이 말하시길 "나에게 신을 신겨라!" 장량이 그에게 신을 가져다가 무릎을 꿇고 신겨 주었다.
☞ "履我", "履之" : "나에게 신을 신기다", "그에게 신을 신기다."로 새긴다. "履"는 명사

---

1) 《左傳 隱公元年》
2) 《左傳 成公二年》
3) 《左傳 僖公三十三年》
4) 《史記 留侯世家》

7. 사동 의동 이외의 특수한 술목관계는? 65

가 동사로 활용된 것이다.

둘째, 목적어는 주어의 동작행위 혹은 심리 활동의 목적 대상이다. 이런 종류의 "爲動"은 당연히 "~위하여+목적어+(而)동사"로 번역한다.

▶ 而世又不與能死節者比.5)
▷ 세상에는 또한 명예와 절개를 유지하기 위해 죽은 자와 비할 수 있는 것 없다.
☞ "死節" : "명절(名節)을 지키기 위해 죽다"

▶ 伯夷6)死名於首陽之下, 盜跖7)死利於東陵之上.8)
▷ 백이는 이름을 위해 수양산 아래에서 죽고, 도척은 이익을 위해 동릉산에서 죽다.
☞ "死名", "死利" : "명예를 위해 죽다", "이익을 위해 죽다"

▶ (灌夫)非有大惡, 爭杯酒, 不足引他過以誅也.9)
▷ 만약 (관부)가 큰 잘못이 있지 않고 술 마시다가 일어날 사소한 싸움이라면 다른 죄목으로 그를 죽임은 마땅치 않다.
☞ "爭杯酒" : "술 마심으로써 싸우게 되다"의 뜻.

▶ 居廟堂之高, 則憂其民:處江湖之遠, 則憂其君.10)
▷ 조정의 높은 위치에 있으면 그 백성을 걱정하고, 강호 멀리 떨어진 곳에서 지내면 그 군주를 걱정한다.
☞ "憂慢其民", "憂其君" : " 그의 백성을 위해 걱정하다", "그 나라 군주를 위해 걱정하다"

셋째, 목적어는 주어의 동작행위 혹은 심리 활동의 원인이다. 어떤 어법서는 이런 "爲動關系"를 따로 분류하여 "因動關系"라 부른다. 이런 "爲動"은 당연히 "因(~때문에)+목적어+(而)동사"로 번역한다.

▶ 嬴聞如姬父爲人所殺, 如姬資之三年, 自王以下, 欲求報其父仇, 莫能得.11)

---

5) 司馬遷《報任安書》
6) 伯夷叔齊: 周代의 孤竹君의 두 아들. 백이는 동생 숙제에게 禪位할 뜻이 있음을 알고 아버지가 돌아가신 후 나라를 사양하고 달아나니 숙제 또한 형인 백이에게 나라를 사양하고 달아났다. 후에 周 武王이 商을 칠 때 형제가 말고삐를 잡고 신하의 도리가 아님을 간하였으나 듣지않음으로 周의 녹 먹기를 부끄러워하여 수양산에 들어가 고사리를 캐어 먹으며 숨어살다 굶어 죽었다.
7) 盜跖: 고대 중국의 큰 도적의 이름. 9000여명의 부하를 거느리고 천하를 횡행하였다.
8)《莊子 駢拇》
9)《史記 魏其武安侯列傳》
10) 范仲淹《岳陽樓記》

▷ 내(嬴)가 듣기로 如姬의 아비가 살해되어 如姬가 복수코자 왕 아래 현상금을 내건 지 3년이나 되었으나 좌우 신하들이 그 아버지의 원수를 갚기를 원했으나 실현될 수 없었다.
☞ "資之" : "이것 때문에 현상금을 걸다."

▶ 而十四司正副郞好事者, 及書吏獄官禁卒, 皆利繫者之多, 少有連, 必多方鉤致.12)
▷ 14개 사정, 부랑, 호사가들 및 서리, 옥관, 간수는 모두 수감된 자가 많은 것을 이롭게 여겨, 조금이라도 연루된 이가 있으면, 반드시 갖은 방법을 동원하여 체포하였다.
☞ "利繫者之多" : "수감된 사람이 많기에 이득을 보다."

▶ 秦不哀吾喪而伐吾同姓, 秦則無禮, 何施之爲?13)
▷ 진은 자기나라의 상사를 위해서 애도하지 않고서 자기와 같은 성씨를 정벌했으니, 진은 즉 무례하다. 뭐 때문에 베풀어주는가?
☞ "哀吾喪" : "내 나라의 상으로 인해 애도하다."

▶ 旣其出, 則或咎其欲出者, 而予亦悔其隨之, 而不得極夫游之樂也.14)
▷ 나오고 난 뒤에, 어떤 사람은 먼저 나가려 했던 사람을 원망하였고, 나 또한 그를 따라 나와서 그 유람의 즐거움을 끝까지 누릴 수 없었던 것을 후회하였다.
☞ "悔其隨之" : "그를 따라 간 것 때문에 후회하다."

나. 對動관계

소위 對動관계란 주어가 목적어에 대하여 어떤 동작행위를 시행하는 것을 가리킨다. 단지 목적어는 동작의 支配대상이 아니고 동작이 미치는 대상이다.

對動詞의 다수가 자동사이고, 또한 형용사가 대동사로 활용되기도 한다. "對動"은 당연히 "對(대하여, 향하여)+목적어+동사"로 번역한다.

▶ 遂置姜氏于城潁, 而誓之曰 : "不及黃泉, 無相見也."15)
▷ 그리하여 (장공은 어머니) 姜氏를 城潁에 살게 하였는데, 그녀에게 맹세하며 말하길: "저승에 가기 전에는 서로 보는 일이 없을 것이다."

---

11) 《史記 魏公子列傳》
12) 方苞《獄中雜記》
13) 《左傳 僖公三十三年》
14) 王安石《游褒禪山記》
15) 《左傳 隱公元年》

☞ "誓之" : "그녀에게 맹세하다."

▶ 君三泣臣矣, 敢問誰之罪也?16)
▷ 임금께서는 여러 차례 신을 대하시고 우셨습니다. 감히 여쭙겠는데, 누구의 죄 때문입니까?
☞ "泣臣" : "나를 향해 울다."

▶ 素善留侯張良.17)
▷ 평소에 유후 장량에게 다정하게 대하다.
☞ "善留侯張良" : "유후 장량에게 다정하다."

▶ 公子爲人仁而下士, 士無賢不肖, 皆謙而禮交之, 不敢以其富貴驕士.18)
▷ 공자는 사람됨이 어질면서 선비들에게 몸을 낮추고, 선비로서 어질고 어질지 않음을 막론하고 모두 겸허하여 예로써 교유하니 감히 그 부귀로써 선비들에게 교만하게 하지 않았다.
☞ "下士", "驕士" : "선비에게 겸허하다", "선비에게 교만하다." "善", "下", "驕"는 형용사가 동사로 활용된 것이다.

어떤 어법서들은 對動관계를 爲動관계의 일종으로 본다. "爲動"과 "對動"에 대해, 어법학계에서는 견해차이가 있다. 대체적으로 "爲動"과 "對動"이 실제로 述+補관계이어서 보이는 동작행위의 목적, 대상 혹은 원인을 나타내므로, 述+補를 "述+目"으로 간주하여 새로운 명칭을 만들 것까지는 없다고 본다. 그래서 대부분의 어법서는 모두 "使動"과 "意動"만 언급하지 "爲動"과 "對動"은 언급하지 않는다. 어떤 학자는 약간 특수한 述+目관계, 예를 들면, "與動關系", "爲動關系" 등을 언급하기도 한다. 잠시 그 대략을 소개한다.

소위 "與動관계"란 명사가 與動詞로 활용되어 술어를 만들고, 주어가 목적어에게 어떤 한 사건을 주는 것을 나타낸다. 與動관계는 당연히 "~에게+목적어+명사" 또는 "~을+명사+~에게+목적어"로 번역한다.

▶ 牛羊父母, 倉廩父母, 干戈朕, 琴朕, 弤朕.19)

---

16) 《左傳 襄公二十二年》
17) 《史記 項羽本紀》
18) 《史記 魏公子列傳》
19) 《孟子 萬章上》

▷ 부모에게 소와 양을 주고, 부모에게 곡물창고를 주고, 나에게 창 방패를 주고, 나에게 거문고를 주고, 나에게 활을 주다.

▶ 故君子問人之寒則衣之, 問人之飢則食之, 稱人之美則爵之.[20]
▷ 그러므로 군자는 사람들이 춥다고 하면 그에게 추위를 살펴서 옷을 입히고 사람들이 배고프다 하면 그에게 양식을 주고 사람들의 아름다움을 칭찬하면 그에게 벼슬을 준다.
☞ "衣之", "食之", "爵之" : "그에게 의복을 주다", "그에게 양식을 주다", "그에게 관직을 주다."

▶ 有一母見信飢, 飯信.[21]
▷ 어떤 한 어머니는 한신이 배고파함을 보고 한신에게 밥을 주었다.
☞ "飯信" : "韓信에게 밥을 주다."

소위 爲動관계란 명사가 爲動詞로 활용되어 술어를 만들고 주어가 어떠한 직무를 담당하거나 무엇이 되는 것을 나타낸다. 목적어와 이 명사는 종속과 피종속 관계에 놓인다. 이런 爲動관계는 당연히 "맡다(되다)+목적어+~의+명사"로 번역된다.

▶ 惠子相梁, 莊子往見之.[22]
▷ 혜자가 양의 재상을 맡으니, 장자가 가서 그를 보았다.
☞ "相梁" : "梁國의 제상을 맡다."

▶ 天帝使我長百獸.[23]
▷ 天帝가 나로 하여금 모든 짐승의 우두머리가 되게 하였다.
☞ "長百獸" : "온갖 짐승의 우두머리를 맡다."

▶ 今將軍傅太子, 太子廢而不能爭.[24]
▷ 지금 장군(竇嬰)이 태자의 스승 자리를 맡았는데, 태자가 폐위 당함에 쟁론을 벌이지 못하다.

---

20) 《禮記 表記》
21) 《史記 淮陰侯列傳》
22) 《莊子 秋水》
23) 《戰國策 楚策》
24) 《史記 魏其武安侯列傳》

☞ "傅太子" : "태자의 스승을 맡다."

  문법 학술계에서 "與動", "爲動"에 대한 논쟁이 있다. 예를 들면 어떤 학자는 소위 "與動"을 명사가 사동으로 활용된 것으로 생각한다. 어떤 학자는 "爲動"을 실제로 여전히 述+補 관계로 보아, 명사가 동사로 활용되어 述語가 되고, 뒤쪽은 명사가 보어로 활용되어 범위, 지점 또는 대상을 나타낸다고 생각한다. 여기에 대해서는 더 이상 논하지 않기로 한다.

8. 동량(動量)과 물량(物量)을 어떻게 나타내는가?

先秦시대에는 動量詞(momentum word)가 없었다. 한문에서 動量을 표시하는 방식은 數詞를 직접 동사 앞에 두어 부사어를 만드는 이른바 "數詞+動詞"와 같은 식이다.

▶ 是我一擧解趙之圍而收獘于魏也.1)
▷ 이것이야말로 우리가 일거에 趙의 포위를 풀어주고 魏가 스스로 피폐하게 할 수 있는 것이다.

▶ 秦趙五戰, 秦再勝而趙三勝.2)
▷ 秦과 趙는 다섯 차례 싸워 진나라가 두 번 이기고, 조나라가 세 번 이겼습니다.

▶ 齊王四與寡人約, 四欺寡人.3)
▷ 齊王은 네 번이나 나와 맹약을 맺었으나, 네 번이나 나를 속였다.

▶ 凡六出奇計.4)
▷ 무릇 6번 기이한 계책을 내다.

▶ 宋殤公立, 十年十一戰, 民不堪命.5)
▷ 宋殤公이 제위에 오른 후, 십 년 동안 11번 전쟁하니 백성들이 (임금의) 명령을 견디지 못한다.

▶ 是故百戰百勝, 非善之善者也.6)
▷ 이런 연고로 백전 백승이 최고의 善은 아니다.

動量을 강조하기 위해 한문에서는 문장의 어순을 변화시키고, 句式을 변화시킨다. 즉 數詞를 동사 앞에서 문장 끝으로 옮긴 후, 이 수사 앞에 "者"를 끼워

---

1) 《史記 孫子吳起列傳》
2) 《史記 蘇秦列傳》
3) 《史記 蘇秦列傳》
4) 《史記 陳丞相世家》
5) 《孫子 謀攻》
6) 《孫子 謀攻》

놓고, "者"로 하여금 앞의 낱말과 결합하여 "者"字 구조를 만들어 전 문장의 주어를 맡게 하고, 數詞는 곧 전 문장의 술어를 맡도록 하여, "動詞(혹은 動詞性 구문)+者+數詞" 식을 만든다.

▶ 范增數目項王, 擧所佩玉玦以示之者三.[7]
▷ 范增이 項王에게 여러 번 눈짓을 하고, 또한 몸에 차고 있던 玉玦을 들어서 신호한 것이 수 차례였다.

▶ 代王西鄕讓者三, 南鄕讓者再.[8]
▷ 代王은 서쪽을 향해 세 번 사양하고, 남쪽을 향해 두 번 사양하였다.

▶ 韓子盧逐東郭逡, 環山者三, 騰山者五.[9]
▷ 韓子盧는 東郭逡을 쫓아 산을 돈 것이 세 번, 산을 오른 것이 다섯 번이었다.
한문의 動量詞는 漢代 이후 점차적으로 생겨난 것이다. 그래서 바로 "動詞+數詞+量詞"의 동량을 나타내는 격식이 생겨났다.

▶ 孟嘗君將西入秦, 賓客諫之百通.[10]
▷ 孟嘗君이 장차 서쪽으로 진에 들어가려 할 때, 빈객들이 간하러 온 것이 백 번이었다.

▶ 讀書百遍, 而義自見.[11]
▷ 백번 독시하면 뜻이 서설로 드러난다.

▶ 漁者歌曰 "巴東三峽巫峽長, 猿鳴三聲淚沾裳."[12]
▷ 어부가 노래하며 말하길 "파 땅의 동쪽 三峽중의 巫峽이 긴데, 원숭이는 휘파람 소리 여러 번에 눈물이 절로 옷깃을 적신다.

진정한 動量詞는 "次", "回", "趟(당)"[13]등은 대략 唐代에 비로소 출현했는데, 이에 곧 "數詞+量詞+動詞"의 動量을 표시하는 격식이 생겨났다.

▶ 三次論爭退, 其志亦剛強.[14]

---
7) 《史記 項羽本紀》
8) 《史記 孝文本紀》
9) 《戰國策 齊策》
10) 劉向《說苑 正諫》
11) 《三國志·魏志·董遇傳》
12) 酈道元《水經注 江水》
13) 趟 : "차례", "번". 주로 왕래한 횟수를 세는 데 쓰임.

▷ 세 차례 논쟁으로 물러났지만 그 뜻은 역시 강했다.
▶ 此曲只應天上有, 人間能得几回聞.15)
▷ 이 곡은 응당 하늘에나 있어야 할 것이니, 인간 세상에서 몇 번이나 들을 수 있을까?
▶ 對蕭蕭暮雨洒江天, 一番洗淸秋.16)
▷ 쓸쓸한 저녁비가 천상에 뿌려지니, 한 번에 가을이 깨끗이 씻기는구나.

　　物量詞는 先秦시대에는 제대로 발달하지 못했고, 漢代 이후로 오면서 점차적으로 늘어났다. 한문에서 物量을 표시하는 방식으로 아래와 같은 네 가지를 들 수 있는데, 그 가운데서 첫 번째 방식이 가장 사용빈도가 높다.

가. "數詞+名詞"

▶ 子墨子曰 : "請獻十金."17)
▷ 묵자가 말하길 : "十金을 바치겠습니다."

▶ 蟹八跪而二螯.18)
▷ 게는 8개의 발과 두개의 집게발이 있다.

▶ 西門豹卽發民鑿十二渠.19)
▷ 西門豹는 곧 백성들을 동원하여 열 두 개의 水路를 팠다.

나. "名詞+數詞"

▶ 越翼日戊午, 乃社于新邑, 牛一, 羊一, 豕一. 20)
▷ 이튿날 戊午일에 新邑(새로 세운 도읍)에서 소 한 마리, 양 한 마리, 돼지 한 마리로 마침내 農神에게 제를 올리는 社禮를 거행했다.

---

14) 張籍 《祭退之》
15) 杜甫 《贈花卿》
16) 柳永 《八聲甘州》詞
17) 《墨子　公諭》
18) 《荀子　勸學》
19) 《史記　滑稽列傳補》
20) 《尙書　召誥》

8. 동량(動量)과 물량(物量)을 어떻게 나타내는가? 73

▶ 當是時, 項羽兵四十萬, 在新豊鴻門 : 沛公兵十萬, 在霸上.21)
▷ 이때 항우 병사 40만은 新豊 鴻門에 있었고, 패공(유방) 병사 10만은 霸上에 있었다.

▶ 時充國年七十, 上老之.22)
▷ 이때 充國은 나이가 칠십 여세, 임금께서 그를 늙었다 여기시다.

다. "數詞+量詞+名詞"

▶ 一簞食, 一瓢飮.23)
▷ 한 그릇의 밥, 한 쪽박의 물

▶ 今之爲仁者, 猶以一杯水救一車薪之火也.24)
▷ 지금 仁을 행하는 자들은 한 잔의 물로써 한 수레에 가득 실은 땔나무의 불을 구하는 것과 같다.

 이런 격식은 先秦시대에는 容量단위에 국한하여 사용되었다가, 漢代에 이르러 다른 物量詞도 사용되었다.

▶ 然而晉人與姜戎要之殽而擊之, 匹馬只輪無返者.25)[匹馬, 只輪]
▷ 그러나 진나라 군대가 강 융과 함께 효산에서 맞이하여 (진나라를) 격파하니, 한 필의 말, 한 대의 수레도 돌아가지 못했다.

▶ 食頃, 簾動, 片紙拋落.26)[片紙]
▷ 얼마쯤 자나자 휘장(발)이 (약간)움직이더니, 종이쪽지 한 장이 떨어져 내렸다.

▶ 百畝之田, 匹夫耕之.27) [匹夫]
▷ 백묘의 토지를 필부가 경작하다.

---

21) 《史記 項羽本紀》
22) 《漢書 趙充國傳》
23) 《論語 雍也》
24) 《孟子 告子上》
25) 《公羊傳 僖公三十三年》
26) 《聊齋志異 促織》
27) 《孟子 盡心上》

라. "명사+수사+양사"

▶ 不稼不穡, 胡取禾三百廛兮?[28]
▷ 심지도 않고, 거두지도 않았는데, 어찌하여 벼 300전을 취할 수 있는가?

▶ 孟嘗君予車五十乘, 金五百斤, 西游于梁. [29]
▷ 맹상군이 (풍훤에게) 수레 오십 승과 금 오백 근을 마련해 주어 서쪽 양 땅으로 가서 유세하게 했다.

---

28)《詩經 魏風 伐檀》
29)《戰國策 齊策》〈馮煖客孟嘗君〉: 齊人有馮諼者, 貧乏不能自存, 使人屬孟嘗君, 願寄食門下. 孟嘗君曰: "客何好?" 曰: "客無好也." 曰: "客何能?" 曰: "客無能也." 孟嘗君笑而受之. 曰: "諾." 左右以君賤之也, 食以草具. 居有頃, 倚柱彈其劍, 歌曰: "長鋏歸來乎, 食無魚!" 左右以告. 孟嘗君曰: "食之, 比門下之客." 居有頃, 復彈其鋏, 歌曰: "長鋏歸來乎, 出無車!" 左右皆笑之, 以告. 孟嘗君曰: "為之駕, 比門下之車客." 於是乘其車, 揭其劍, 過其友, 曰: "孟嘗君客我!" 後有頃, 復彈其劍鋏, 歌曰: "長鋏歸來乎, 無以為家!" 左右皆惡之, 以為貪而不知足. 孟嘗君問: "馮公有親乎?" 對曰: "有老母." 孟嘗君使人給其食用, 無使乏. 於是馮諼不復歌. 後孟嘗君出記, 問門下諸客: "誰習計會, 能為文收責於薛者乎?" 馮諼署曰: "能." 孟嘗君怪之, 曰: "此誰也?" 左右曰: "乃歌夫長鋏歸來者也." 孟嘗君笑曰: "客果有能也! 吾負之, 未嘗見也." 請而見之, 謝曰: "文倦於事, 憒於憂, 而性懧愚, 沉於國家之事, 開罪於先生. 先生不羞, 乃有意欲為收責於薛乎?" 馮諼曰: "願之." 於是約車治裝, 載券契而行. 辭曰: "責畢收, 以何市而反?" 孟嘗君曰: "視吾家所寡有者." 驅而之薛, 使吏召諸民當償者, 悉來合券. 券遍合, 起矯命, 以責賜諸民, 因燒其券, 民稱萬歲. 長驅到齊, 晨而求見. 孟嘗君怪其疾也, 衣冠而見之, 曰: "責畢收乎? 來何疾也?" 曰: "收畢矣." "以何市而反?" 馮諼曰: "君云視吾家所寡有者, 臣竊計, 君宮中積珍寶, 狗馬實外, 美人充下陳; 君家所寡有者以義耳! 竊以為君市義." 孟嘗君曰: "市義奈何?" 曰: "今君有區區之薛, 不拊愛子其民, 因而賈利之. 臣竊矯君命, 以責賜諸民, 因燒其券, 民稱萬歲. 乃臣所以為君市義也." 孟嘗君不說, 曰: "諾, 先生休矣!" 後期年, 齊王謂孟嘗君: "寡人不敢以先王之臣為臣!" 孟嘗君就國於薛, 未至百里, 民扶老攜幼, 迎君道中終日. 孟嘗君顧謂馮諼: "先生所為文市義者, 乃今日見之!" 馮諼曰: "狡兔有三窟, 僅得免其死耳; 今有一窟, 未得高枕而臥也. 請為君復鑿二窟!" 孟嘗君予車五十乘, 金五百斤, 西遊於梁, 謂梁王曰: "齊放其大臣孟嘗君於諸侯, 先迎之者, 富而兵強." 於是梁王虛上位, 以故相為上將軍, 遣使者, 黃金千斤, 車百乘, 往聘孟嘗君. 馮諼先驅, 誡孟嘗君: "千金, 重幣也; 百乘, 顯使也. 齊其聞之矣." 梁使三反, 孟嘗君固辭不往也. 齊王聞之, 君臣恐懼, 遣太傅齎黃金千斤, 文車二駟, 服劍一, 封書, 謝孟嘗君曰: "寡人不祥, 被於宗廟之祟, 沉於諂諛之臣, 開罪於君. 寡人不足為也, 願君顧先王之宗廟, 姑反國統萬人乎!" 馮諼誡孟嘗君曰: "願請先王之祭器, 立宗廟於薛." 廟成, 還報孟嘗君: "三窟已就, 君姑高枕為樂矣!" 孟嘗君為相數十年, 無纖介之禍者, 馮諼之計也.

9. 허수(虛數)란 무엇이며 기수(基數) "3" "9" 등을 왜 허수로 보는가?

이른바 "虛數"라는 것은, 數詞를 이용하여 표시한 내용이 구체적인 숫자 그대로 번역해서는 안 되는 不定數를 가리킨다.

한문 중에 基數 "3", "9" 및 그의 倍數는 대다수가 "매우 많다"의 의미인 허수로 이해되어야 한다. 그러나 기수 "1"은 적은 숫자나 혹은 짧은 시간을 나타낸다.

▶ 一日不見, 如三秋兮.[1]
▷ 하루를 못 보니 마치 세 해 가을을 지난 듯.

▶ 假令僕伏法受誅, 若九牛亡一毛, 與螻蟻何以異[2]
▷ 가령 제가 죄를 지어 사형을 받는다 해도 9마리 소에서 털 하나를 잃은 것과 같으니 어찌 땅강아지, 개미의 죽음과 다르다 하리요.

▶ 同行十二年, 不知木蘭是女郎.[3]
▷ 동행하기를 12년이 되었으나 목란이 여자인 것을 알지 못하였다.

▶ 檀公三十六策, 走爲上計.[4]
▷ 단공의 삼십육계 줄행랑이 으뜸이다.

▶ 魯仲連辭讓者三.[5]
▷ 魯仲連이 사양하기를 여러 번 했다.

▶ 公輸盤九設攻城之機變. 子墨子九距之.[6]

---

1) 《詩經 王風 采葛》: 一日不見, 如三月兮, 彼采蕭兮. 一日不見, 如三秋兮, 彼采艾兮. 一日不見, 如三歲兮.
2) 司馬遷《報任安書》: **假令僕伏法受誅, 若九牛亡一毛, 與螻蟻何以異** 而世又不與能死節者, 特以爲智窮罪極, 不能自免, 卒就死耳. 何也. 素所自樹立使然也.
3) 《木蘭辭》: 중국 北朝 무렵의 장편 서사시, 북방의 橫吹曲의 하나이며,《樂府詩集》권 25에 수록되어 있다. 목란이라는 젊은 여성이 연로한 아버지를 대신하여 남장으로 출정하고는, 멀리 塞北 땅에서 전공을 세워 작위를 얻지만, 이를 버리고 귀향한다는 소박한 민요조의 작품이다. 중국의 용감한 소녀를 소재로 만든 디즈니의 만화영화 "뮬란"은 이 시가 원형이다. "뮬란"은 목란의 중국식 발음이다.
4) 《南齊書 王敬則傳》
5) 《戰國策 趙策》: 于是平原君欲封魯仲連, **魯仲連辭讓者三**, 終不肯受
6) 《墨子 公輸》: 公輸盤爲我爲云梯, 必取宋. 于是見公輸盤. 子墨子解帶爲城, 以牒爲械, **公輸盤九設攻城**

▷ 공수반은 아홉 번이나 성을 공격하는 방법을 내었으나, 묵자는 아홉 번 모두 이를 잘 막아냈다.

왜 한문에서 "三", "九"등 基數가 대부분 허수로 기능할까?

清人 汪中이 《述學 釋三九》에서 말하기를 "선인들의 문장에서 무릇 一 二로 다할 수 없는 것은 즉 3으로써 그 많음을 표현했다. 이것이 바로 虛數이다. 實數는 입증할 수 있으나 허수는 입증할 수 없다. … 추측하건대 十百 千萬도 역시 이와 같은 것이다."라고 했는데, 이러한 해석은 매우 합리적이다.

한문에서 "十", "百", "千", "萬"은 허수를 나타낸다.

▶ 十目所視, 十手所指, 其嚴乎!7)
▷ 10개의 눈으로 보고 10의 손으로 가리키는 그 엄밀함이여!

▶ 將軍百戰死, 壯士十年歸.8)
▷ 장군은 수많은 싸움 끝에 죽고, 장사는 10년 만에 돌아갔다.

▶ 千擧萬變, 其道一也.9)
▷ 제아무리 변화더라도 그 도는 하나이다.

이 외에 기수 "四", "五", "八"은 경우에 따라서 허수를 표시하기도 하는데, "四", "八"이 허수를 표시할 때는 자주 空間槪念을 포함하며, "四面八方"의 의미가 있다.

▶ 夜聞漢軍四面皆楚歌.10)
▷ 밤에 漢軍이 있는 4면에는 온통 초나라 노래 소리가 들렸다.

▶ 且夫天子以四海爲家.11)

之機變. 子墨子九距之, 公輸盤之攻械盡. 子墨子之守圉有餘. 公輸盤詘.
7) 《禮記 大學》: 小人閒居爲不善, 無所不至, 見君子而后厭然揜其不善而著其善. 人之視己, 如見其肺肝然, 則何益矣? 此謂誠於中, 形於外, 故君子必愼其獨也. 曾子曰, "十目所視, 十手所指, 其嚴乎!" 富潤屋, 德潤身, 心廣體胖, 故君子必誠其意.
8) 《木蘭辭》
9) 《荀子 儒效》: 與時遷徙, 與世偃仰, **千擧萬變, 其道一也**, 是大儒之稽也.
10) 《史記 項羽本紀》: 項王軍壁垓下, 兵少食盡, 漢軍及諸侯兵圍之數重°**夜聞漢軍四面皆楚歌**. 項王乃大驚曰 "漢皆已得楚乎？是何楚人之多也！"
11) 《史記 高祖本紀》: 蕭何曰 "天下方未定, 故可因遂就宮室. **且夫天子以四海爲家**, 非壯麗無以重威, 且無令後世有以加也."

9. 허수(虛數)란 무엇이며 기수(基數) "3" "9" 등을 왜 허수로 보는가? 77

▷ 대저 천자는 四海를 집으로 삼는다.

▶ 滑台四通八達, 非帝王之居.12)
▷ 활대는 사통팔달(四通八達)하여 제왕이 거주하는 것은 옳지 않다.

▶ 魏之地勢, 故戰場也. 此所謂四分五裂之道也.13)
▷ 위나라의 地勢는 옛날 싸움터였다. 이는 소위 四分五裂(여러 갈래로 갈기갈기 찢기다)의 곳이다.

▶ 五光徘徊, 十色陸離.14)
▷ 오광은 배회하고 십 색은 현란하게 빛난다.

---

12)《晋書 慕容德載記》
13)《戰國策 魏策》: 南與楚境西與韓境, 北與趙境, 東與齊境, 卒戍四方, 守亭障者參列. 粟糧漕庚不下十萬, 魏之地勢故戰場也. (魏南與楚而不與齊, 則齊攻其東 東與齊而不與趙, 則趙攻其北 不合于韓, 則韓攻其西 不親于楚, 則楚攻其南.) 此所謂四分五裂之道也. 且夫諸侯之爲從者, 以安社稷, 尊主, 強兵, 顯名也.
14) 江淹《麗色賦》

10. 기수 일(一)은 수사기능 이외에 또 어떤 용법이 있는가?

기수 "一"은 數詞로 쓰이는 것 외에 또한 형용사, 부사, 동사로 활용될 수 있다. "一"은 형용사로 활용되어 술어가 되는데, "한결같다", "일치하다"로 새긴다.

▶ 螾無爪牙之利, 筋骨之强, 上食挨土, 下飮黃泉, 用心一也.[1]
▷ 지렁이는 날카로운 발톱, 어금니도 없고 튼튼한 힘줄, 뼈도 없는데 위로는 흙을 먹고 아래로는 황천을 마시는 것은 마음 씀이 전일한 까닭이요.

▶ 治國者貴民壹.[2]
▷ 나라를 다스리는 자는 백성을 귀하게 여김이 한결 같다.

"一"은 동사로 활용되어 술어로 쓰이는데, "통일하다", "혼연일체가 되다(混同)"에 부합된다.

▶ 夫金鼓旌旗者, 所以一人之耳目也.[3]
▷ 대저 전쟁의 북과 깃발은 사람의 귀와 눈을 통일시키는 도구이다.

▶ 神之與形, 理不容一.[4]
▷ 정신은 형태와 더불고 이치는 하나로 용납되지 않는다.

"一"은 부사로 활용되어 부사어가 되는데, 몇 가지 용법이 있다.

가. 범위를 나타내며, "전부", "모두"로 새긴다.

▶ 社稷安危, 一在將軍.[5]
▷ 社稷의 安危는 모두 장군에게 달려있다.

---

1) 《荀子 勸學》
2) 《商君書 壹言》
3) 《孫子 軍事》
4) 范縝 《神滅論》
5) 呂尙 《六韜 立將》

나. 심경(기분)을 나타내며, "확실", "실제로"로 새긴다.

▶ 子之哭也, 壹似重有憂者.6)
▷ 그대가 곡하는 것이 확실히 중첩된 근심이 있는 것 같습니다.

다. 심경을 나타내며, "뜻밖에도", "의외로"로 새긴다.

▶ 何令人之景慕一至于此耶!7)
▷ 사람들로 하여금 경모하게 하는 것이 어쩌면 이에 이르게 까지 할 수 있습니까?

라. 가정 조건을 나타내며, "일단 (만약) ~한다면", "일단 (한번) ~하면"으로 새긴다.

▶ 一登龍門, 則聲譽十倍.8)
▷ 일단 용문에 오르면 명성이 열 배가된다.

마. 시간을 나타내며, "방금 ~하였을 때", "바로 지금, 막"으로 새긴다.

▶ 毛先生一至楚, 而使趙重于九鼎大呂.9)
▷ 毛선생이10) 한 번 楚나라에 가서 趙나라를 九鼎大呂의 傳國之寶보다 더 존귀하게 했다.

바. "一 ~ 一 ~"는 병렬관계를 나타내는데, "~하거나 ~하다", "~하기도 하고 ~하기도 하다", "때로는 ~하고, 때로는 ~하다" 등으로 새긴다.

▶ 一闔一闢謂之變, 往來不窮謂之通.11)
▷ 한번 닫고 한번 여는 것을 변한다 하고, 왕래해서 다하지 않는 것을 통한다고 한다.

---

6) 《禮記 檀弓下》
7) 李白《與韓荊州書》
8) 李白《與韓荊州書》
9) 《史記 平原君列傳》
10) 毛遂: 전국시대 趙나라 平原君의 식객. 秦이 趙를 쳤을 때, 自薦하여 평원군을 따라 楚나라에 가서 合從의 협약을 맺게 하였다.
11) 《易 繫辭上》

▶ 七年之中, 一與一奪, 二三孰甚焉![12)
▷ 7년 중에 한번 주었다가 한번 빼앗았습니다. 마음을 두 번 세 번 바꾸는 것과 어느 것이 더 심하겠습니까?

▶ 一張一弛, 文武之道也.13)
▷ 한 번은 당기고, 한 번은 느슨하게 하는 것이 문왕과 무왕의 도이다.

---

12) 《左傳 成公八年》
13) 《禮記 雜記下》

11. 양(兩)과 이(二)의 용법은 어떻게 다른가?

'兩'은 基數로 쓰이는데 그것의 기본 뜻은 '二'이다. 단지 단순한 '二'가 아니라 주로 짝(쌍)을 이루거나 둘씩 서로 對가 될 때의 '두 개'를 나타낸다.

▶ 臏至, 龐涓恐其賢于己, 疾之, 則以刑斷其兩足而黥之, 欲隱勿見.[1]
▷ 손빈이 도착하자 방연은 그가 자기보다 더 현명한 것이 두려워 그를 미워하여, 손빈에게 죄를 뒤집어 씌어 양발을 절단하고, 그 얼굴에 글자를 새겨 넣어서, 그로 하여금 숨어 지내기를 바랬다.

▶ 涇流之大, 兩涘渚崖之間, 不辯牛馬.[2]
▷ 물길의 흐름이 커서 이쪽 물가와 저쪽 물 기슭 사이의 양 물가의 소와 말을 분별할 수가 없었다.

'兩'은 짝(쌍)을 이루는 둘을 나타내기 때문에 둘씩 쌍을 이루거나 서로 對가 되는 사물에 '兩'을 物量詞로 쓸 수 있다.
즉 '兩'은 '雙(쌍)', '匹(필)', '輛(량: 차량을 세는 단위)' 등의 뜻을 포함한다.

▶ 葛屨五兩, 冠緌雙止.[3]
▷ 칡신이 다섯 켤레이며, 갓끈도 쌍이로다.

▶ 重錦三十兩.[4]
▷ 잘 짠 좋은 비단 삼십 필

▶ 革車三百兩.[5]
▷ 전차 삼백 대

'兩'은 부사어로 활용될 때, 일반적으로 動量(quantity of motion)을 나타내지 않고 '雙方' 혹은 '同時'로 새긴다.

---

1) 《史記 孫子吳起列傳》
2) 《莊子 秋水》
3) 《詩經 齊風 南山》
4) 《左傳 閔公二年》
5) 《孟子 盡心下》

▶ 兩釋累囚以成其好.6)
▷ 쌍방이 잡은 포로에 대한 속박을 풀어 줌으로써 우호 관계를 맺으려고 합니다.

▶ 目不能兩視而明, 耳不能兩聽而聰.7)
▷ 눈은 두 가지를 동시에 보려면 똑똑히 볼 수 없고, 귀는 두 가지를 동시에 듣고자 하면 잘 들을 수 없다.

　'二'는 단순한 기수인데, 주로 쌍이나 짝을 이루지 않는 物量(amount of substance) '二'를 나타낸다.

▶ 太形, 王屋二山, 方七百里, 高萬仞.8)
▷ 태형과 왕옥 두 산은 사방 칠백 리이며, 높이가 만길이다.

▶ 回也聞一以知十, 賜也聞一以知二.9)
▷ 회(안회)는 하나를 들으면 열을 알지만, 저(賜; 자공)는 하나를 들으면 둘을 알 뿐입니다.

　한문에서는 動量 '兩次'를 표시하는데 일반적으로 '再'가 사용되고, 어떤 때는 '二' 또한 사용될 수 있다.

▶ 趙嘗五戰于秦, 二敗而三勝.10)
▷ 趙나라는 일찍이 秦나라와 다섯 번 전쟁해서, 두 차례 패하고, 세 차례 승리했다.

▶ 蓋一歲之犯死者二焉.11)
▷ 대개 한 해 동안 죽음을 무릅쓰는 것이 두 차례이다.

---

6)《左傳 成公三年》
7)《荀子 勸學》
8)《列子 湯問》
9)《論語 公冶長》
10) 蘇洵《六國論》
11) 柳宗元《捕蛇者說》

12. 어떻게 배수(倍數) 분수(分數) 약수(約數)를 나타내는가?

가. 倍數의 표시법.

(1) 基數詞(cardinal number) 혹은 특별히 倍數(multiple)를 나타내는 낱말, "倍(두 배, 갑절)", "蓰(다섯 배)" 등을 써서 배수를 나타낸다.

▶ 故用兵之法, 十則圍之, 五則攻之, 倍則分之.[1]
▷ 고로 용병의 법은 10배면 포위하고, 5배면 공격하고, 두 배이면 분산한다.

▶ 人一能之, 己百之; 人十能之, 己千之.[2]
▷ 남이 한번에 능히 하거든 나는 백 번하고, 남이 열 번에 그것을 하거든 자신은 천 번을 한다.

▶ 利不百, 不變法; 功不十, 不易器.[3]
▷ 이로움이 백가지가 아니면 법이 변하지 않고, 공적이 열 가지가 아니면 자리가 바뀌지 않는다.

▶ 夫物之不齊, 物之情也. 或相倍蓰, 或相什伯, 或相千萬.[4]
▷ 물건이 고르지 아니한 것은 물건의 일반 성품이니 어떤 것은 서로 배 혹은 오배의 차이가 나며, 어떤 것은 서로 십 배 백 배도 되며 어떤 것은 서로 천 배 만 배의 차이가 난다.

"倍"는 즉 "한배"이고 "蓰"은 곧 "다섯 배", "佰"은 "佰"과 통해서 백 배를 가리킨다.

(2) "數詞(numeral)+倍"를 사용하여 배수를 나타낸다.
▶ 嘗以十倍之地, 百萬之師, 叩關而攻秦.[5]

---

1) 《孫子 謀攻》
2) 《禮記 中庸》
3) 《商君書 更法》
4) 《孟子 藤文公上》
5) 賈誼《過秦論》

▷ 일찍이 (秦보다) 열 배가 큰 땅, 백만의 병력으로 진의 函谷關을 두드리고 秦을 공격했다.

▶ 君才十倍於曹丕, 必能安國, 終定大事.6)
▷ 그대의 재주가 조비의 열 배이니 반드시 나라를 편하게 하고, 마침내는 大事를 정할 것입니다.

(3) 두 개의 數詞가 運用될때 배수를 나타낼 수 있다.

두 개의 數詞는 종종 서로 인접해 있지 않는 자리 수이다. 앞의 數는 작으며, 몇 배를 나타내고, 뒤의 數는 크며 基數를 나타낸다.

▶ 公錫魏絳女樂一八.7)
▷ 공이 위나라에게 붉은 옷을 입은 女樂 여덟 명을 주었다.

▶ 夫諸侯上象四七, 垂耀在天.8)
▷ 대저 제후는 위로 28성수의 형상인데 빛을 드리우며 하늘에 있다.

▶ 三五二八時, 千里與君同.9)
▷ 음력 15일, 16일에 千里에서 그대와 함께 했다.

▶ 三六前年暮, 四五今年朝.10)
▷ 前年도 18세는 저물고, 금년 20세가 되는 구나.

"一八"은 여덟 사람, "四七"은 28星宿, "三五", "二八"은 음력 15일, 16일, "三六"은 18세, "四五"는 20세를 뜻한다.

나. 분수의 표시법

(1) "母數(分母; denominator)+分+名詞+之+子數(分子; numerator)"

▶ 方今大王之衆, 不能十分吳楚之一.11)

---
6) 《三國志 蜀志 諸葛亮傳》
7) 《國語 晋語》
8) 《後漢書 陳蕃傳》
9) 鮑照 《玩月城西門廨中》
10) 蕭子顯 《日出東南隅》
11) 《史記 淮南衡山列傳》

▷ 지금 대왕의 군사는 吳나라와 楚나라의 10분의 1도 되지 못한다.

▶ 法, 一月之日, 二十九日八十一分日之四十三.12)
▷ 역법에, 한 달의 날은 29일과 81분의 43일이다.

이것은 分數(fractional number)의 가장 완전한 격식이다. 때에 따라 "分" 혹은 "之"를 생략하기도 한다. "母數+名詞+之+子數" 혹은 "母數+名詞+子數"로 이루어진다.

▶ 大都不過參國之一.13)
▷ (지방의) 큰 도성은 國城의 3분의 1을 넘지 못한다.

▶ 木, 晨始見, 去日半次, 順, 日行十一分度二, 百二十一日.14)
▷ 목성은 새벽에 비로소 나타나 해를 떠나 중간에 이른다. 한 바퀴 도는데 하루에 11분의 2도를 지나 121일이 걸린다.

　(2) "母數+分+之+子數"

▶ 故關中之地, 于天下三分之一.15)
▷ 고로 전체 關中 지역은 天下의 삼분의 일을 차지한다.

이런 격식은 때에 따라 "分" 혹은 "之"가 생략될 수 있다. "母數+之+子數" 혹은 "母數+分+子數"로 이루어진다.

▶ 大都不過參國之一; 中, 五之一; 小, 九之一.16)
▷ 큰 도성은 국성의 3분의 일에 지나지 않고, 중간크기의 도성은 5분의 1, 작은 것은 9분의 1에 지나지 않습니다.

▶ 子一分, 丑三分二, 寅九分八, 卯二十七分十六.17)
▷ 子는 1分이고 丑은 3분의 2分이고, 寅은 9분의 8分이고, 卯는 27분의 16分이다.

---

12) 《漢書 律歷志》
13) 《左傳 隱公元年》
14) 《漢書 律歷志》
15) 《史記 貨殖列傳》
16) 《左傳 隱公元年》
17) 《史記 律書》

(3) "母數+子數"에서 母數는 반드시 "十", "百", "萬" 등 정수이어야 한다.

▶ 什一, 去關市之征, 今玆未能.[18]
▷ 십분의 일의 세법을 실시하고, 關과 市의 조세를 철폐하는 것은 금년에 할 수 없다.

▶ 持戟百萬, 秦得百二焉.[19]
▷ 창을 가진 자가 백만이니, 진나라는 그 가운데에서 백분의 이를 얻었다.

이런 격식은 "母數十子數"일 때 母數를 생략하고 단지 子數만 사용하여 分數로 나타낸다.

▶ 摽有梅, 其實七兮, 求我庶士, 迨其吉兮. 摽有梅, 其實三兮, 求我庶士, 迨其今兮.[20]
▷ 떨어지는 매실, 그 열매 (열 개 중에) 일곱 개 남았네. 날 맞을 임자는 좋은 날 오세요. 떨어지는 매실, 그 열매 세 개 남았네. 날 맞을 임자는 지금 곧 오세요.

이 외에 한문에서 分數를 나타낼 때 또한 몇 가지 융통성 있는 표현 방법이 있다.

▶ 出生入死, 生之徒十有三, 死之徒十有三, 人之生, 動之於死地亦十有三.[21][十有三]
▷ 태어났다가 죽는 일에서 (양생을 잘해서) 오래 사는 무리가 10분의 3이고, (양생을 잘못해서) 일찍 죽는 무리가 10분의 3이고, 오래 살 사람 중에서 (부당한 행위를 해서) 사지로 옮겨 간 무리가 10분의 3이다.

▶ 三分天下有其二.[22]
▷ 천하를 三分하여 그 중 二을 갖는다.

▶ 民參其力, 二入于公, 而食其一.[23]
▷ 제나라 조정에서는 백성들의 수입을 삼등분하여 3분의 2는 국가에 바치고, 3분의 1만 의식에 쓰게 합니다.

---

18) 《孟子 藤文公下》
19) 《漢書 高帝紀》
20) 《詩經 召南 摽有梅》
21) 《道德经 第五十章》: 出生入死, 生之徒, 十有三 ; 死之徒, 十有三 ; 人之生, 動之於死地, 亦十有三. 夫何故? 以其生生之厚. 蓋聞善攝生者, 路行不遇兕虎, 入軍不被甲兵 ; 兕無所投其角, 虎無所措其爪, 兵無所容其刃. 夫何故? 以其無死地.
22) 《論語 泰伯》
23) 《左傳 昭公三年》

▶ 左吳趙賢朱驕如, 皆以爲有福, 什事九成.24)
▷ 좌오·조현·주교여는 모두 복이 있어 열 가지 일중에 아홉 가지가 이루어 질 것이라 생각하였다.

다. 約數의 표시법

(1) 整數(integer)를 사용하여 約數(approximate number)를 나타낸다.

▶《詩》三百篇, 大底聖賢發憤之所爲作也.25)
▷《시경》三百篇은 대저 聖賢이 발분하여 지은 것이다.

(2) 서로 인접해 있는 두 개의 基數詞를 運用하여 約數를 나타낸다.

▶ 冠者五六人, 童子六七人.26)
▷ 청년(관을 쓴 자) 오륙 인과 동자(아이) 육칠 인.

▶ 用此, 富者賂數十百金, 貧亦罄衣裝.27)
▷ 이로써 부자는 금 수십 백 근을 뇌물로 주고 가난한 자는 또한 의장이 다 헤어졌다.

(3) 基數詞 혹은 數量詞(quantifier) 앞에 "且", "將", "幾", "可" 등의 낱말을 사용하여 約數를 나타낸다.

▶ 北山愚公者, 年且九十.28)
▷ 북산의 우공이라는 사람은 나이가 거의 구십이다.

▶ 漢之爲漢, 幾四十年矣.29)
▷ 한이 한나라가 된 것이 거의 사십년이다.

(4) 基數詞 혹은 數量詞의 뒤에 "許", "所", "餘", "有餘" 등을 사용하여 約數를 표시한다.

▶ 潭中魚可百許頭.30)

---

24)《史記·淮南衡山列傳》
25) 司馬遷《報任安書》
26)《論語 先進》
27) 方苞《獄中雜記》
28)《列子 湯問》
29) 賈誼《論積貯疏》

▷ 못 속의 고기가 가히 백 마리쯤 된다.

▶ 從弟子女十人所, 皆衣繪單衣, 立大巫後.31)
▷ 수행하는 여제자 10명쯤이 모두 비단으로 만든 홑옷을 입고 우두머리 무녀 뒤에 서 있다.

  (5) 직접적으로 約數를 표시하는 낱말을 사용하여 約數를 나타낸다.

▶ 故天下咸知陛下之明, 割地定制, 令齊趙楚各爲若干國.32)[若干]
▷ 그러므로 천하가 모두 폐하의 현명함을 알고 땅을 가르고 법을 정하니 제, 조, 초로 하여금 몇 나라가 되게 하였다.

▶ 登高作賦, 是所望于群公.33)[群]
▷ 높은 곳에 올라 시를 짓는 것, 이것이 내가 여러 공들께 바라는 바이다

---

30) 柳宗元《小石潭記》
31)《史記 滑稽列傳補》
32)《漢書 賈誼傳》
33) 王勃《滕王閣序》

13. 대명사는 어떤 특징을 갖고 있는가?

하나. 한문 대명사에는 인칭대명사 지시대명사 의문대명사 무정(無定)대명사와 보조(輔助)대명사 5가지가 있다. 그 중 無定대명사 '或' '莫'과 輔助대명사 '者' '所'는 한문에서만 특유하게 쓰인다. 현대 중국어에서는 일반적으로 詞組의 형식을 사용하여야 비로소 이 몇 개의 대명사가 나타내고자 하는 바를 표현할 수 있다.

▶ 今或聞無罪, 二世殺之.1)
▷ 지금 어떤 이가 이르기를 (그가) 죄가 없는데도 2세가 살해했다고 한다.

▶ 保民而王, 莫之能禦也.2)
▷ 백성을 보호하며 왕 노릇 하면, 아무도 그를 막지 못한다.

▶ 夫常人安于故習, 學者溺于所聞.3)
▷ 무릇 일반인은 오랜 습관에 편안해 하고, 학자는 얻은 지식에 빠져 든다.

'或'은 '어떤 이'의 뜻이고, '莫'은 '아무노'의 뜻이다. '者'와 '所'는 반드시 다른 낱말과 함께 하여 '者'字 구조와 '所'字 구조를 구성한다. '所聞'은 '얻은 지식'을 가리키고, '學者'는 '공부하는 사람'을 가리킨다. 그러나 현대 중국어에서 '學者'는 명사이고 '者'는 접사(接詞: affixes; prefixes/suffixes)이다.

둘. 한문의 인칭대명사 지시대명사 의문대명사는 모두 많은 형식이 있는데 대부분의 경우 현대 중국어와 다르다. 예를 들어 1인칭 대명사에는 '吾', '我', '余(予)', '朕', '台', '卬'등이 있고, 2인칭 대명사에는 '女(汝)', '爾', '若', '而', '乃'가 있고, 3인칭대명사에는 '彼', '之', '其'가 있다. 近指性(가까운 곳을 가리킴) 지시 대명사에는 '此', '是', '之', '斯', '玆'등이 있고, 의문대명사에는 '誰', '孰', '何', '胡', '奚', '曷', '安', '惡', '焉'등이 있다. 또한 동일한 유형의 대명사 발음은 대체로

---

1) 《史記 陳涉世家》
2) 《孟子 梁惠王上》
3) 《商君書 更法》

현대중국어와 서로 같거나, 가깝다.

셋. 한문 인칭대명사의 체계는 완비되지 않아서, 제3인칭 대명사는 성숙하지 못하다. 한문의 제3인칭 대명사는 성숙되어 있지 않다. 한문의 3인칭 대명사인 '彼', '之', '其'는 모두 지시 대명사에서 발전해온 것이다. 그 중 '彼'는 여전히 뚜렷한 지시성이 있지만, '之'와 '其'의 句法기능에 일정한 한계가 있다. '之'는 단지 목적어와 兼語로만 사용되고, '其'는 주로 定語(관형어)로 사용된다.

▶ 彼, 丈夫也; 我, 丈夫也. 吾何畏彼哉!4)[彼]
▷ 저도 장부요 나도 장부이니. 내 어찌 저를 두려워하겠는가.

▶ 勞之來之, 匡之直之, 輔之翼之, 使自得之, 又從而振德之.5)[之]
▷ 수고로운 자를 위로하며 오는 자를 오게 하며, 간사한 자를 바르게 하며, 굽은 자를 곧게 하며, 도와서 세우며, 협조하여 행하게 하며 스스로 알게 하고 또 좇아 나아가서 덕이 있게 하라.

▶ 君子之於禽獸也, 見其生, 不忍見其死 聞其聲, 不忍食其肉.6)[其]
▷ 군자는 금수에 대해서, 산 것을 보고 차마 그 죽은 것을 보지 못하여 그 소리를 들으면 차마 그 고기를 차마 먹지 못한다.

이로 인해 상고 중국어에서는 사실 진정한 3인칭 대명사가 없었다. 진정한 3인칭 대명사는 魏晉이후에 비로소 출현되었다. 예를 들어, "伊"와 "渠"가 그것이다. "他"字는 상고시대에 旁指대명사였고 晉宋에 이르러서야 비로소 제3인칭 대명사의 용법이 출현하였다.

넷. 한문 인칭대명사에는 또한 기타 몇 가지 특징이 있다. 예를 들어, 단수 복수가 같은 형태인데, '儕', '曹', '屬' 등의 낱말을 사용해서 복수를 표시하였고 '敬稱'과 '謙稱'을 나타내는 낱말를 사용하여 2인칭과 1인칭을 대신한다. 3인칭 대명사는 성의 구별이 없고, 3인칭 대명사는 1인칭과 2인칭으로 활용될 수 있다.

다섯. 한문에는 특수한 지시대명사로 "焉"과 "諸"가 있다. "焉"은 "於是", "於

---

4) 《孟子 滕文公上》
5) 《孟子 滕文公上》
6) 《孟子 梁惠王下》

之"와 같고, 주로 句末에 사용되고, 또한 어기사의 기능을 병행한다. '諸'는 之와 於(或"乎")의 合音字이고, 문장 가운데 사용될 수도 있고, 문장 끝에 사용될 수 있다.

여섯. 한문에서 목적어 前置(도치)에 관한 3종류의 어법조건이 모두 대명사와 관련되어 있다. 의문대명사가 목적어로 사용될 때 목적어는 前置된다. 否定文 중에서 대명사가 목적어로 쓰일 때, 목적어는 前置된다. 목적어가 대명사 '之'와 '是'를 사용하여 複指될 때, 목적어는 앞에 둔다.

▶ 吾誰欺, 欺天乎?7)[誰]
▷ 내가 누구를 속였는가, 하늘을 속였구나!

▶ 日月逝矣, 歲不我與.8)[我]
▷ 시간은 빨리 흘러가고, 세월은 우리를 기다리지 않는다.

▶ 去我三十里, 唯命是聽.9)[是]
▷ 내게서 30리를 물러나 주시면, 오직 명을 따르겠습니다.

---

7) 《論語 子罕》
8) 《論語 陽貨》
9) 《左傳 宣公十五年》

14. 겸류사(兼類詞) 지(之)와 기(其)의 용법을 어떻게 구별하는가?

'之'의 주요용법은 다음과 같다.

(1) 동사로 '~에 가다'를 뜻하며, 술어를 만든다.

(2) 대명사, 3인칭대명사로써 '그', '그들'을 뜻하고, 목적어와 겸어를 만든다. 또 지시대명사로도 쓰이며, '이', '이러한'의 의미로 목적어와 관형어를 만들고, 지시대명사 '之'는 또한 목적어를 다시 가리킴으로써, 목적어를 前置케 할 수 있다.

(3) 접속사로, 수식구문에 쓰일 수 있는데 '~의'라고 새긴다. 또 주술구문에 쓰일 수 있는데, 이때는 그 독립성을 잃고서, 그것으로 하여금 주어, 목적어, 명사성 위어(술어), 부사어, 단문 등에 충당된다. 또 명사와 전치사구조의 사이에 쓰여서 이 구조로 하여금 문장의 주어를 충당케 한다.

구문 가운데 '之'자의 용법을 구별하려면 반드시 구문의 뜻을 명백히 알아내고, '之'의 구문에서의 어법기능을 똑똑히 관찰해야 한다. 아래 각 문장의 '之'를 주목해 보자.

▶ 孔子下, 欲與之言, 趨而辟之, 不得與之言.[1]
▷ 공자께서 (수레에서) 내려 그와 더불어 말하고자 했는데, 종종걸음으로 피하여 그와 더불어 말하지 못하였다.
☞ "與之言"은 '그와 이야기하다'의 뜻으로 '言'은 술어동사이다. 따라서 '之'는 3인칭 대명사로 전치사 '與'의 목적어이다.

▶ 文公與之處.[2]
▷ 문공이 그에게 거처할 곳을 주었다.
☞ "與之處" '그에게 거처한 곳을 주다'의 뜻으로 '與'는 술어동사이다. 따라서 '之'는 3인칭 대명사로 雙賓語(두개의 목적어)중의 近賓語(가까운 목적어)이다.

▶ 齊使以爲奇, 竊載與之齊.[3]

---
1) 《論語 微子》
2) 《孟子 滕文公上》

▷ 제나라 사신이 그를 기이하게 여겨, 몰래 싣고 그와 함께 제나라에 갔다.
☞ '與之齊' '그와 함께 제나라에 가다.'의 뜻으로, 전치사 '與'의 목적어가 생략되어 '之'는 동사이고 술어가 된다.

▶ 仁之與義, 敬之與和, 相反而相成也.[4]
▷ 인과 의 사이, 경과 화 사이는 서로 반대되지만 서로 잘 어울린다.
☞ '仁之與義' '敬之與和'는 '仁과 義 사이', '敬과 和 사이'의 뜻으로 모두 명사와 전치사 구조 사이에 '之'를 끼워 넣어서 문장의 주어를 만들고, '之'는 접속사이다.

▶ 姜氏欲之, 焉辟害?[5]
▷ 강씨가 그것을 하고자 하니, 어찌 해가 된다고 피하겠습니까?
☞ '欲之'는 '이렇게 하려고 하다'의 뜻으로 '之'는 지시대명사로 목적어이다.

▶ 愛共叔段, 欲立之.[6]
▷ 공숙단을 사랑하여 그를 (태자로) 세우려 했다.
☞ '欲立之'는 '그를 태자로 책봉하려 하다'의 뜻으로 '之'는 3인칭 대명사로, 목적어가 된다.

▶ 牛何之?[7]
▷ 소가 어디로 가는가?
☞ '牛何之'는 '소가 끌려서 어느 곳으로 가는가?'의 뜻으로 '之'는 동사이고, 술어가 된다. '何'는 의문대명사로 목적어가 되어 앞에 둔다.

▶ 宋何罪之有?[8]
▷ 송은 어떤 죄가 있는가?
☞ '何罪之有'는 '어떤 죄가 있느냐?'의 뜻이다. '之'는 지시대명사로 목적어 '何罪'를 다시 가리키며, 목적어는 앞에 둔다.

▶ 然而不王者, 未之有也.[9]

---

3) 《史記 孫子吳起列傳》
4) 《漢書 藝文志》
5) 《左傳 隱公元年》
6) 《左傳 隱公元年》
7) 《孟子 梁惠王上》
8) 《墨子 公輸》
9) 《孟子 梁惠王上》

▷ 그렇게 하고서 왕노릇 하지 못하는 자는 있지 않다.
☞ '未之有也'는 '이런 상황은 있은 적이 없다'의 뜻이다. '之'는 지시대명사로 否定句 중의 목적어가 될 때 前置된다.

▶ 如有周公之才之美, 使驕且吝, 其餘不足觀也已.10)
▷ 만일 어떤 자가 주공의 재주와 美를 가지고 있더라도, 가령 교만하고 인색하다면, 그 나머지는 볼 것이 없다.
☞ '周公之才之美'는 '주공의 재주와 주공의 미'를 가리킨다. 두개의 '之'는 모두 수식 구문(偏正詞組)의 접속사로 사용된다.

▶ 徐公不若君之美也.11)
▷ 서공은 당신보다 잘 생기지 못했습니다.
☞ '君之美'는 곧 '그대의 미'로 '之'는 주술구문의 접속사로 사용되었다. 《戰國策 齊策》에 이것 말고 '臣誠知不如徐公美(신은 제가 진실로 서공보다 못 생겼다는 것을 알고 있습니다)'란 구절이 있는데 '徐公美'에는 '之'자를 끼워 넣지 않았다.

▶ 小人之好議論, 不樂成人之美如是哉!12)
▷ 소인이 의논하길 좋아하고 남을 이루어주는 미덕을 즐기지 않음이 이와 같구나!
☞ 첫번째의 '之'는 '小人'과 '好議論, 不樂成人之美' 사이에 끼워 넣어진 것으로 주술구 문의 접속사이다. 두 번째 '之'는 수식구문에 사용된 접속사이고, '成人之美'는 '다른 사람의 미덕을 찬양하다'의 뜻이다.

'其'의 주요 용법은 가음과 같다.

(1) 대명사, 3인칭 대명사로 '그의', '그들의'의 뜻으로 관형어가 된다. 또 문장 성분을 충당하는 주술구문의 주어나 혹은 分句의 주어가 된다. 또, 지시대명사가 될 수 있는데, '그의', '그것의'의 뜻이며 관형어가 된다.

(2) 語氣詞로, 추측어기를 나타내거나 혹은 반문어기를 나타낼 수도 있고, 혹은 기원, 기대, 격려 어기를 표시 할 수도 있다.

(3) 詞頭로, 일반적으로 자동사 혹은 형용사 앞에 쓰인다.

문장 중의 '其'자의 품사, 용법을 판별하려면, 또 반드시 문장의 뜻을 충

---

10) 《論語 泰伯》
11) 《戰國策 齊策》
12) 韓愈 《張中丞傳后叙》

분히 이해하고, 문장의 구조를 분명히 관찰하여야 한다.

▶ 子曰, "賜也, 爾愛其羊, 我愛其禮."13)
▷ 공자께서 말씀하시길, 賜야 너는 그 羊을 아끼느냐? 나는 그 禮를 아낀다.
☞ '其羊', '其禮'는 모두 수식구문이다. '其'는 모두 지시 대명사인 '그'의 뜻이다.

▶ 有魚焉, 其廣數千里, 未有知其修者.14)
▷ 물고기가 있어, 그 너비가 수천 리인데, 그 길이를 아는 자가 없다.
☞ '其廣', '其修도 모두 수식구문이다. '其'는 모두 3인칭대명사, '그것의'의 뜻이다.

▶ 鳥, 吾知其能飛; 魚, 吾知其能游.15)
▷ 새, 나는 그것이 날 수 있는 것을 알고, 물고기, 나는 그것이 헤엄칠 수 있는 것을 안다.
☞ '其能飛', '其能遊'는 주술구문이고 목적어를 만든다. '其'는 주술구문의 주어가 되며, 3인칭 대명사로써 '그것' 으로 번역된다. '其' 의 기능은 '鳥+之', '魚+之'와 같다.

▶ 且行千里, 其誰不知?16)
▷ 장차 천리를 가려 하는데, 누가 알지 못하겠는가?
☞ '其'는 반문구 앞에 쓰이고 반문어기를 표현하여, '설마~하겠는가'로 해석할 수 있다.

▶ 吾其還也.17)
▷ 나는 곧 후퇴 하겠다.
☞ '其'는 명령/권유 어기로 표시하여 '그래도', '곧'으로 해석할 수 있다.

▶ 城上有鳥, 齊師其遁.18)
▷ 성위에 새가 있으니, 제나라 군대는 달아날 것입니다.
☞ '其'는 추측어기를 표시하고 '대개', '아마'로 해석할 수 있다.

세 가지 예에서 '其'는 모두 어기사이다. 그러나 표현하고자 하는 어기는 같지 않다.

---

13) 《論語 八佾》
14) 《莊子 逍遙游》
15) 《史記 老莊列傳》
16) 《左傳 僖公三十二年》
17) 《左傳 僖公三十三年》
18) 《左傳 僖公二十八年》

15. 자(自)와 기(己)는 용법상 어떤 차이가 있는가?

'自'와 '己'의 낱말 의미는 모두 '自己'이다. 그러나 그것들은 성질과 어법기능은 결코 서로 같지 않다. '己'는 인칭대명사 "己身稱(자기 자신을 일컬음)" 대명사(addressing-ego pronoun)로 스스로를 가리킨다. 주어, 목적어와 정어가 될 수 있으며, 자주 제3자를 뜻하는 명사 '人'과 대립되어 사용된다. '己'는 否定句에서 목적어가 될 때는 자주 前置된다.

▶ 己欲立而立人, 己欲達而達人.1)
▷ 자신이 서고자 함에 남도 서게 하며, 자신이 통달하고자 함에 남도 통달하게 한다.

▶ 不患人之不己知, 患不知人也.2)
▷ 남이 나를 알아주지 않음을 근심하지 말고, 내가 남을 제대로 알아주지 못함을 근심한다.

▶ 己所不欲, 勿施於人.3)
▷ 자기가 하고자 아니하는 바를 남에게 베풀지 마라.

▶ 知彼知己, 百戰不殆.4)
▷ 남을 알고 자기를 알면, 백번 싸워도 위태롭지 않다.

'自'는 인칭대명사의 기능을 겸하고 있는 부사로 문장 중에 부사어가 된다. '自'는 동작의 주체를 지칭하면서 또 동작의 대상자를 지칭한다. '自'가 주체를 가리킬 때 동작이 주어 자신에게서 나옴을 강조하며, '自'가 수식하는 타동사는 목적어를 가질 수도 있고 목적어를 갖지 않을 수도 있다.

▶ 許子奚爲不自織?5)
▷ 허자는 어찌하여 스스로 베를 짜지 않는가?

---

1) 《論語 雍也》
2) 《論語 學而》
3) 《論語 雍也》
4) 《孫子 謀攻》
5) 《孟子 滕文公上》

▶ 廬陵文天祥自序其詩, 名曰指南錄.6)
▷ 여릉의 문천상이 스스로 그 시에 서문을 썼는데, 이름하여『지남록』이라 한다.

'自'가 동작의 대상자를 지칭할 때, 동작행위가 주어 자신에게 기능함을 강조하며, '自'가 수식하는 타동사는 목적어를 수반하지 않는다. 어떤 어법서들은 이런 종류의 '自'를 "己身稱" 대명사에 귀속시키며, '自'를 前置된 목적어로 간주한다.

▶ 寧信度, 無自信也.7)
▷ 차라리 법도를 믿을지언정 스스로를 믿지는 않는다.

▶ 今也, 滕有倉廩府庫, 則是厲民而以自養也.8)
▷ 지금에 등나라에는 창름, 부고가 있으니, 이는 백성을 헤쳐서 스스로를 봉양하는 것이다.

---

6) 文天祥《指南錄后序》
7)《韓非子 外儲說左上》
8)《孟子 滕文公上》

16. 인칭대명사의 복수를 표시하는 방법은?

한문의 인칭대명사는 단수, 복수가 형태가 같아서, 상하문맥에 근거해야 비로소 문장에서 인칭대명사가 단수를 표시하는지 복수를 표시하는지를 확정할 수 있다. 아래 각 문장중의 인칭대명사는 모두 복수를 나타낸다.

▶ 彼竭我盈, 故克之.1)[彼 我]
▷ 적들은 지쳐있고 우리는 힘이 넘치니, 그러므로 승리한 것입니다

▶ 夫子欲之, 吾二臣者, 皆不欲也.2)[吾]
▷ 선생님께서 하시려는 것이지, 저희 두 신하 모두 하고자 하지 않습니다.

▶ 吾與汝畢力平險.3)[汝]
▷ 나와 너희들은 힘을 다해 험한 산을 평평하게 해야 한다.

▶ 如或知爾, 則何以哉?4)[爾]
▷ 만일 혹시라도 너희들을 알아 준다면 어찌 하겠느냐?

▶ 詩三百, 一言以蔽之, 曰: "思無邪."5)[之]
▷ 시 삼백 편의 뜻을 한 마디의 말로 그것을 대표 할 수 있으니, "생각함에 간사함이 없다."

▶ 故天將降大任於是人也, 必先苦其心志, 勞其筋骨, 餓其體膚, 空乏其身.6)[其]
▷ 하늘이 장차 큰 임무를 이 사람에게 내리려 하실 적에는 반드시 먼저 그 심지를 괴롭게 하며 그 근골을 수고롭게 하며, 그 體膚를 굶주리게 하며, 그 몸을 빈궁하게 한다.

한문에서 인칭대명사의 복수를 표시하는 방법은 또한 인칭대명사 뒤에

---

1) 《左傳 莊公十年》
2) 《論語 季氏》
3) 《列子 湯問》
4) 《論語 先進》
5) 《論語 爲政》
6) 《孟子 告子下》

'儕', '屬', '曹', '輩' 등의 詞를 더한다. 이러한 상황은 先秦시대에는 결코 보편적이지 않았으며, 漢代 이후에야 비로소 점점 많아진다.

▶ 吾儕何知焉? 吾子其早圖之. 7)
▷ 우리들이 어찌 알리요, 그대가 미리 그것을 도모할지를.

▶ 若屬皆且爲所虜.8)
▷ 너희들은 모두 장차 (그에게) 사로잡힐 것이다.

▶ 汝曹怯弱, 爲蛇所食, 甚可哀愍.9)
▷ 너희들은 겁 많고 나약하여 뱀에게 잡아먹힐 것이니 심히 애처롭구나.

▶ 天生汝輩, 固需吾輩食也.10)
▷ 하늘이 너희를 내신 것은, 진실로 우리들의 먹을거리를 충당해 주기 위해서다.

한문의 "儕", "屬", "曹", "輩"와 현대 중국어에서 복수를 나타내는 '們[mén]'은 품사, 의미, 용법에서 다른 점이 있다. 현대 중국어의 '們'은 복수를 나타내는 접미사로 輕聲으로 읽으며, 단지 인칭대명사나 명사 뒤에 덧붙이는 것으로 독립적으로 사용할 수 없다. 한문의 "儕", "屬", "曹", "輩"는 독립명사로, 경성으로 읽지 않으며, 글자자체의 뜻을 가지고 있으며, 하나의 무리를 나타낸다. 이것들은 인칭대명사와 결합하여 전체를 강조하기도 하지만 그 결합은 매우 제한적이다. 예를 들면 "儕"는 "吾"와 결합하여 "吾儕"로 쓰이고, "曹", "屬"은 제1인칭, 제2인칭에만 사용될 수 있고, "輩"는 1, 2, 3인칭에 통용된다. 이밖에 '屬'은 지시대명사 뒤에도 사용되며, '屬', '輩'는 명사 뒤 ('屬'자의 앞에 반드시 '之'자를 사용해야 한다)에도 사용된다.

▶ 陛下起布衣, 以此屬取天下.11)
▷ 폐하께서는 평민의 신분으로 거사하여, 이들로써 천하를 취했습니다.

▶ 後世餘, 其所遣副使通大夏之屬者, 皆頗與其人俱來.12)

---

7) 《左傳 昭公二十四年》
8) 《史記 項羽本紀》
9) 干寶 《搜神記 李寄斬蛇》
10) 馬中錫 《中山狼傳》
11) 《史記 留侯世家》

▷ 그 후 (십년이 지나자), 장건이 처음에 대하 등의 나라에 파견하였던 부사들이 대부분 그 나라 사람들과 함께 돌아왔다.

▶ 天下當無此鼠輩耶?13)
▷ 천하에 이런 쥐와 같은 무리들이 없겠는가?

---

12) 《漢書 張騫傳》
13) 《三國志 魏志 方技傳》

17. 2인칭대명사 여(汝;女) 이(爾) 약(若) 이(而) 내(乃)의 차이점은?

한문에서 상용되는 제2인칭 대명사는 '汝(女)' '爾' '若'으로 문장에서 주어, 목적어, 관형어가 된다.

▶ 五侯九伯, 女實征之, 以來輔周室.1)
▷ 오등 급의 제후이든, 구백이라도 (혹 주 왕실을 배반하는 자가 있으면) 그대는 진실로 그 죄를 정벌하여 주 왕실을 호위하고 보좌하라.

▶ 三歲貫女, 莫我肯顧.2)
▷ 3년 동안 너와 알고 지냈거늘 나를 즐겨 돌아보지 않을진댄.

▶ 汝心之固, 固不可徹.3)
▷ 자네 마음도 어지간히 막혔네, 도저히 뚫리지 않을 듯하군.

▶ 我無爾詐, 爾無我虞.4)
▷ 내가 너를 속이지 않으면, 너도 나를 조심하지 않는다(우리 초나라는 너희 송나라를 속이지 않을 것이니, 너희 송나라도 우리 초나라를 기만하는 일이 없도록 하라).

▶ 爾何知! 中壽, 爾墓之木拱矣.5)
▷ 너희가 무엇을 안다고 하느냐? 중년까지 살다 죽는다면 네 무덤에서 자란 나무가 한 아름은 될 것이다.

▶ 若勝我, 我不若勝, 若果是也, 我果非也邪?6)

---

1) 《左傳 僖公四年》: 管仲對曰, "昔召康公命我先君大公曰, '五侯九伯, 女實征之, 以夾輔周室!' 賜我先君履, 東至于海, 西至于河, 南至于穆陵, 北至于無棣. 爾貢包茅不入, 王祭不共, 無以縮酒, 寡人是徵. 昭王南征而不復, 寡人是問."
2) 《詩經 魏風 碩鼠》: 碩鼠碩鼠, 無食我黍. 三歲貫女, 莫我肯顧. 逝將去女, 適彼樂土. 樂土樂土, 爰得我所.
3) 《列子 湯問》: 北山愚公長息曰 "汝心之固, 固不可徹, 曾不若孀妻弱子. 雖我之死, 有子存焉 子又生孫, 孫又生子 子又有子 子又有孫 子子孫孫 無窮匱也 而山不加增 何苦而不平?'
4) 《左傳 成公元年》: 子反懼, 與之盟, 而告王. 退三十里, 宋及楚平. 華元爲質. 盟曰, 我無爾詐, 爾無我虞.
5) 《左傳 僖公三十二年》: 蹇叔哭之, 曰, "孟子!吾見師之出而不見其入也!" 公使謂之曰, "爾何知?中壽, 爾墓之木拱矣." 蹇叔之子與師, 哭而送之, 曰, "晉人禦師必於殽, 殽有二陵焉. 其南陵, 夏后皐之墓也; 其北陵, 文王之所辟風雨也. 必死是間, 余收爾骨焉!" 秦師遂東.
6) 《莊子 齊物論》: 既使我與若辯矣, 若勝我, 我不若勝, 若果是也, 我果非也邪? 我勝若, 若不吾勝, 我果是也, 而果非也邪? 其或是也, 其或非也邪? 其俱是也, 其俱非也邪? 我與若不能相知也, 則人固受黮闇,

▷ 자네가 나를 이기고, 내가 자네에게 졌다 하면, 자네는 옳고 나는 과연 그른가?

▶ 更若役, 復若賦, 則何如?[7]
▷ 너의 일(뱀 잡는 일)을 바꾸어 주고 조세에 대한 부세를 회복(면제)시켜 준다면 어떻겠는가?

제2인칭 대명사 '而' '乃' 두 자는 쓰이는 정도가 비교적 적다. 그리고 주로 관형어가 되며, 간혹 주어로 쓰일 수는 있지만 목적어는 될 수 없다.

▶ 吾翁卽若翁, 必欲烹而翁, 則幸分我一杯羹.[8]
▷ 나의 아버지가 곧 그대의 아버지이거늘, 그대의 아버지를 반드시 삶고야 말겠다면 내게도 국한그릇 나누어주길 바란다.

▶ 必欲烹乃翁, 幸分我一杯羹.[9]
▷ 그대의 아버지를 반드시 삶고야 말겠다면 내게도 국한그릇 나누어주길 바란다.

▶ 且而與其從辟人之士也, 豈若從辟世之士哉?[10]
▷ 또, 그대는 사람을 피하는 선비를 따르는 것보다는 세상을 피하는 선비를 따르는 것만 하겠는가?

▶ 太后聞之, 大怒曰: "乃欲倚女子邪?"[11]
▷ 태후가 그것을 듣고, 크게 노하여 말하길, '너는 여자에게 의지하려 하는가?

吾誰使正之? 使同乎若者正之? 旣與若同矣, 惡能正之! 使同乎我者正之? 旣同乎我矣, 惡能正之! 使異乎我與若者正之? 旣異乎我與若矣, 惡能正之! 使同乎我與若者正之? 旣同乎我與若矣, 惡能正之! 然則我與若與人俱不能相知也, 而待彼也邪?

7) 柳宗元《捕蛇者說》: 且曰, 若毒之乎. 余將告于蒞事者, **更若役, 復若賦, 則何如**.
8) 《史記 項羽本紀》: 漢王曰, "吾與項羽, 俱北面, 受命懷王曰, 約爲兄弟, 吾翁卽若翁, 必欲烹而翁, 則幸分我一杯羹." 項王怒, 欲殺之. 項伯曰, "天下事未可知, 且爲天下者不顧家, 雖殺之無益, 只益禍耳." 項王從之.
9) 《漢書 項籍傳》
10) 《論語 微子》: 長沮桀溺耦而耕, 孔子過之, 使子路問津焉. 長沮曰, "夫執輿者爲誰?" 子路曰, "爲孔丘." 曰, "是魯孔丘與?" 曰, "是也." 曰, "是知津矣." 問於桀溺, 桀溺曰, "子爲誰?" 曰, "爲仲由." 曰, "是魯孔丘之徒與?" 對曰, "然." "滔滔者, 天下皆是也. 而誰以易之? 且而與其從辟人之士也, 豈若從辟世之士哉?" 耰而不輟. 子路行以告. 夫子憮然曰, "鳥獸不可與同羣, 吾非斯人之徒與而誰與? 天下有道, 丘不與易也."
11) 《漢書 外戚傳》

18. 경칭(敬稱)과 겸칭(謙稱)을 구별하여 이해하는 방법은?

한문 대화 문장에 나오는 '경칭'과 '겸칭'은 모두 禮를 표현하는 용어이다. '경칭'은 2인칭 대명사 또는 다른 사람을 언급할 때 사용되어 존경을 나타낸다. "겸칭"은 제1인칭 대명사를 사용할 때 바꿔 대신 사용하여 존경을 나타낸다. '경칭'과 '겸칭'의 표현방식으로 아래의 몇 가지가 있다.

하나, 다른 사람의 字를 부르는 것은 '경칭'이고, 자신의 이름을 스스로 일컫는 것은 '겸칭'이다.

▶ 今小卿乃敎以推賢進士, 無乃與私心刺謬乎?[1] [少卿]
▷ 지금 소경께서 저에게 현인을 추천하라고 하셨는데, 이는 저의 개인적인 생각과는 상반(상충)되는 일이 아니겠습니까?

▶ 仲尼之徒無道桓文之事者, 是以後世無傳焉.[2] [仲尼]
▷ 중니의 제자들은 제환공과 진문공의 일을 말한 자가 없으니, 이 때문에 후세에 전해진 것이 없습니다.

▶ 子曰: "丘也幸, 苟有過, 人必知之."[3] [丘]
▷ 공자께서 말씀하시길: '나는 다행이다. 만일 잘못이 있으면 남들이 반드시 아는구나.'

▶ 臣密言: 臣以險釁, 夙遭愍凶.[4] [密]
▷ 신 이밀[5] 말씀드리길, "신은 기구한 운명으로 일찍이 딱하고 흉한 일을 당하였습니다."

앞의 4개의 예 중, '少卿'은 任安의 字이며, '仲尼'는 孔丘의 字이다. 모두 '경칭'이다. '丘'는 孔丘의 名이며 '密'은 李密의 名이며, 모두 '겸칭'이다.

---

1) 司馬遷《報任安書》
2) 《孟子 梁惠王上》
3) 《論語 述而》
4) 李密《陳情表》
5) 李密: 東晉의 武陽사람, 자는 영백(令伯). 일찍이 부모를 여의고 조모 밑에서 자랐다. 효성이 지극하여 武帝가 태자 太子洗馬의 벼슬을 내렸으나 이를 사양하였다. 그때 올린 陳情表는 명문으로 일컬어진다.

둘, 미덕을 표시하는 낱말을 사용하여 '경칭'을 만든다. 예를 들면, '子', '吾子', '夫子' 등이다. 無德無才를 표현하는 詞를 사용하여 '겸칭'을 만드는데, 예를 들면, '不穀', '寡人', '孤'(이상 3개의 낱말은 오로지 君王에게만 사용되는 겸칭이다), '不才', '不佞', '不肖', '愚', '蒙' 등이 있다.

▶ 王送知罃曰: "子其怨我乎?"6)[子]
▷ 왕이 지앵을 보내며 말하길 '그대는 나를 원망 하는가?'

▶ (曾晳)曰: "夫子何哂由也?"7)[夫子]
▷ 증석이 말하기를 "선생님께서는 어찌하여 유(자로)를 비웃으셨습니까?

▶ 王曰: "雖然, 必告不穀."8)[不穀]
▷ 왕이 말하길 '비록 그렇더라도, 반드시 나에 고해라.'

▶ 孤違蹇叔, 以辱二三子, 孤之罪也.9)[孤]
▷ 과인이 건숙의 말을 듣지 않다가 여러분을 욕되게 하였으니 이는 과인의 죄요.

▶ 愚謂大計不如迎之.10)[愚]
▷ 제가 말한 계책이 나아가 싸우는 것만 같지 못합니다.

▶ 蒙竊惑焉, 願聞所以辯之之說也.11)[蒙]
▷ 제가 가만히 생각하니 그것에 의혹이 생깁니다. 원컨대 변론하는 말을 듣고 싶습니다.

셋, 높은 작위나 혹은 신분을 사용해 '경칭'을 만드는데, '大王', '王', '君', '公', '卿', '大夫', '將軍', '大人', '先生', '公子', '媼', '叟', '丈人' 등을 예로 들 수 있다. 낮은 작위나 신분을 사용해 '겸칭'을 만드는데, '臣', '老臣', '僕', '小人', '弟子', '賤子', '賤息', '老婦', '妾', '奴家', '婢子' 등이 그 예이다.

▶ 王無異於百姓之以王爲愛也.12)[王]
▷ 왕께서는 백성이 왕을 두고 인색하다고 여기는 것에 괴이하게 여기지 마십시오.

---

6)《左傳 成公三年》
7)《論語 先進》
8)《左傳 成公三年》
9)《左傳 僖公三十三年》
10)《三國志 吳書 周瑜傳》
11) 張衡《西京賦》
12)《孟子 梁惠王上》

▶ 公之視廉將軍孰與秦王?13)[公]
▷ 그대들은 염파(廉頗) 장군과 진나라 왕 중 누가 더 무섭다고 생각하오?

▶ 權知其意, 執肅手曰: "卿欲何言?"14)[卿]
▷ 손권이 그의 생각을 알아차리고 노숙(魯肅)의 손을 잡고 말하길, "경은 무슨 말을 하려 하시오"

▶ 公子若反晋國, 則何以報不穀?15)[公子]
▷ 그대가 만약 진나라에 돌아온다면 무엇으로써 나에게 갚을 것이오?

▶ 君當作磐石, 妾當作蒲葦.16)[君 妾]
▷ 군께서는 석경을 만드시고 저는 자리를 만듭니다.

▶ 僕非敢如此也.17)[僕]
▷ 제가 감히 그럴 수 없다는 것을 아실 것입니다.

▶ 小人有母, 皆嘗小人之食矣.18)[小人]
▷ 소인은 모친이 계신데, 소인의 음식은 모두 드셔보셨습니다.

▶ 老臣賤息舒祺, 最少, 不肖, 而臣衰, 竊愛憐之.19)[老臣 賤息 臣]
▷ 저의 천한 자식 서기는 가장 어리고 불초하며 신 또한 쇠하니 간절히 그를 애처롭고 불쌍히 여기소서.

넷, 帝王, 官員, 尊者 등의 측근 시종의 명칭을 이용하여 '敬稱'을 만든다. 예로 '陛下'는 제왕을 지칭하고, '殿下'는 太后, 皇后, 太子, 公主 및 親王을 칭하고, '執事', 관원을 칭하며, '麾下'는 장군을 일컫는다. '閣下', '足下', '左右'는 일반인 등을 지칭하는데 이는 감히 상대방과 직접 대화하지 못하고, 반드시 帝王, 官員, 尊者의 侍從이나 手下人을 통하여 전달하는데, 낮은 사람이 높은 사람에게 뜻을 전달한다는 의미를 갖고 있다.

---

13) 《史記 廉頗藺相如列傳》
14) 《資治通鑒 第六十五卷》
15) 《左傳 僖公二十二年》
16) 《孔雀東南飛》
17) 司馬遷 《報任安書》
18) 《左傳 隱公元年》
19) 《戰國策 趙策吳》

▶ 願陛下託臣以討賊興復之效, 不效則治臣之罪, 以告先帝之靈.20)[陛下]
▷ 원컨대, 폐하께서는 제게 적을 토벌하여 한 왕실을 부흥시키는 일을 맡기시어. 신이 일을 이루지 못하면 저의 죄를 다스려 선제의 영전에 고하십시오.

▶ 若亡鄭而有益于君, 敢以煩執事.21)[執事]
▷ 만일 鄭나라를 멸망시켜 이익이 된다 여겨지시면 번거롭지만 수고하십시오.

▶ 足下事皆成, 有功.22)[足下]
▷ 당신네들의 일이 모두 성공한다면 커다란 공을 세우는 것입니다.

▶ 是僕終而不得舒憤懣以曉左右.23)[左右]
▷ 이러하기에 저는 저의 마음속에 있는 분노와 고민을 끝내 그대에게 알리지 못합니다.

이밖에, 한문에서 官職, 地望(출생지, 任職地나 居住地), 字號, 諡號, 廟號, 年號 등을 이용하여 '경칭'을 만드는데, 일상적으로 3인칭을 대신하여 사용한다. 특별히 後人이 前人을 언급할 때 사용한다. 예로 관직으로 杜甫를 일컬어 '杜工部'라 하고, 地望으로 王安石을 일컬어 '王臨川'이라 한다. 字號로 陸游를 일컬어 '陸放翁'이라 하고 諡號로 諸葛亮을 일컬어 '忠武侯'라 한다. 廟號로써 李世民을 일컬어 '唐太宗'이라하고, 연호로 淸 高宗 弘歷을 '乾隆皇帝'(1711~1799, 약칭 '乾隆')로 부른다.

한 가지 주의해야 할 것은 대화에서 '경칭'과 '겸칭'은 비록 번역할 때 "爾(그대)"와 "我(제가)"로 되나 '겸칭'과 '경칭' 본래가 명사이지 대명사가 아니므로 그것들은 대명사 어법규율의 제약을 받지 않는다.

---

20) 諸葛亮《出師表》
21) 《左傳 僖公三十年》
22) 《史記 陳涉世家》
23) 司馬遷《報任安書》

19. 방지(旁指)대명사의 유형과 용법은?

旁指대명사(other demonstrative pronoun)는 지시대명사(demonstrative pronoun) 중의 한 대명사이다. 가까운 것을 가리키는 것도 아니고, 먼 것을 가리키는 것도 아니며 옆이나 기타 대상(다른 것)을 가리킨다. 현대 중국어에서 旁指대명사는 주로 '旁(的)[pángde, 다른 것]', '別(的)[biéde, 다른 것]', '其他[qītā, 다른 사람/물건]', '其餘[qíyú, 나머지/남은 것]' 등이다. 한문에서 旁指대명사는 주로 '他', '異', '餘' 3字가 있다. 한문의 방지대명사 '他'는 '它', '佗'로 쓰이기도 한다. 가장 흔히 보는 용법은 관형어로 쓰여 區別作用을 한다.

▶ 他人有心, 予忖度之.1)
▷ 다른 사람에게 생각이 있으니, 내가 그것을 헤아린다.

▶ 豈其有他故兮, 莫好修之害也.2)
▷ 어찌 그것에 다른 연고가 있겠는가. 수양을 잘못한 해가 아닌가!

▶ 佗邑 唯命.3)
▷ 다른 땅이라면 청을 들어 주겠소.

'他'는 또 자주 목적어로 쓰여 代替作用을 하는데, '다른 것', '기타'로 새긴다.

▶ 之死 矢靡他.4)
▷ 죽기에 이를지언정 맹세코 다른 것은 없다.

▶ 王顧左右而言他.5)
▷ 왕이 좌우를 돌아보면서 다른 것을 말씀하셨다.

▶ 學問之道無他, 求其放心而已矣.6)

---

1) 《詩經 小雅 巧言》
2) 屈原 《離騷》
3) 《左傳 隱公元年》
4) 《詩經 鄘風 柏舟》
5) 《孟子 梁惠王下》
6) 《孟子 告子上》

▷ 학문하는 방법은 다른 것이 없다. 오직 잃어버린 마음을 찾아 구하는 것뿐이다.

 '異'는 한문에서 주로 형용사에 속하나, 또한 旁指대명사로 사용되어, 관형어나 목적어 역할을 하며 '다른 것'이란 의미를 나타낸다. 그러나 '異'의 사용 범위는 '他'에 비해서 많이 협소하다. '餘'는 본래 동사이나, 旁指대명사로 쓰여 관형어가 될 수 있다.

▶ 吾以子爲異之問, 曾由與求之問.7)
▷ 나는 그대는 다른 질문을 하리라고 여겼는데, 이에 由와 求에 대한 물음이구나!

▶ 此無異故, 其謀臣皆不盡其忠也.8)
▷ 이것은 다른 까닭이 아닙니다. 일을 하는 신하들이 모두 그의 충성을 다하지 않기 때문입니다.

▶ 餘人各復延至其家, 皆出酒食.9)
▷ 다른 사람은 제각기 그 집에 갈 것을 청해서 모두 술과 음식을 대접했다.

 旁指대명사 '他'와 '異'는 또 시간 명사 '年', '月', '日', '時'를 수식하여, 다른 시간을 가리킬 수 있는데, 과거를 가리킬 수도 있고, 또 장래를 가리킬 수도 있다.

▶ 他日笞子未嘗見泣, 今泣何也?10)
▷ 지난날 너를 때릴 때는 일찍이 우는 것을 본 적이 없는데, 지금 어찌하여 우는가?
☞ '他日'은 '지난 날'을 가리킨다.

▶ 他日, 子夏子張子游以有若似聖人, 欲以所事孔子事之, 强曾子.11)
▷ 그 뒤에 자하, 자장, 자유가 유약이 공자와 유사하다하여 공자를 섬기던 예로써 그를 섬기고자 해서 증자에게 강요했다.
☞ '他日'은 '이후 다른 날'을 가리킨다.

▶ 他年我若爲靑帝, 報與桃花一處開.12)
▷ 만약 장래에 내가 靑帝(봄을 다스리는 신)이 된다면, 복숭아꽃 함께 한 곳에 피도

---

7) 《論語 先進》
8) 《韓非子 初見秦》
9) 陶潛 《桃花源記》
10) 劉向 《說苑 建本》
11) 《孟子 滕文公上》
12) 黃巢 《題菊花》詩

록 알리겠다.
☞ '他年'은 '장래'를 가리킨다.

▶ 諸侯吏卒異時故繇使屯戍過秦中, 秦中吏卒遇之多無狀.13)
▷ 제후군의 군리와 군졸들이 지난번 일찍이 부역과 수자리하면서 진중(秦中; 진나라 영역인 關中 지방) 땅을 지날 때 진중의 군리와 군졸들이 그들을 대부분 무례하게 대우하였다.
☞ '異時'는 '지난 때'를 가리킨다.

▶ 異時豺狼無厭之求, 安知不加我以無禮如劉豫也哉?14)
▷ 장래 승냥이와 이리처럼 그 구함에 끝이 없어서 어찌 내가 무례함이 유예보다 더하지 않음을 알리오?
☞ '異時'는 '장래'를 가리킨다.

한문의 旁指대명사 '他'는 후에 현대 중국어의 3인칭대명사 '他'로 발전되었다. 그러나 旁指용법의 '他'는 成語 중에서 여전히 사용되는데, 예로 '豈有他哉(어찌 다른 일[것이] 있겠는가?)', '別無他求(아무 것도 바랄 것이 없다)'등이다.

---

13) 《史記 項羽本紀》
14) 胡銓《戊午上高宗封事》. 胡銓(1073~138) : 송나라 사람. 字는 邦衡, 號는 澹菴, 謚號는 忠簡. 高帝 때 樞密院編修官이 되어 熱血의 上表文을 올려 유명하며, 저서에 澹菴集이 있다.

20. 특수 지시대명사 언(焉)을 이해하는 방법은?

"焉"은 하나의 특수한 지시대명사인데, 그것은 전치사 '於'와 지시대명사 '是' 혹은 '之'의 기능을 겸하고 있다. "焉"은 주로 문장 끝에 사용되었기 때문에, 어기조사의 기능도 겸하고 있다. "焉"은 주로 자동사 혹은 술+목 구문의 뒤에 사용되어 동작행위가 미치는 인물 사물 혹은 장소를 가리키며 보어가 된다.

▶ 三人行, 必有我師焉.[1]
▷ 여러 사람이 길을 가면, 이 가운데 반드시 나의 스승이 있다.
☞ '焉'은 '세 사람 가운데서'를 가리킨다.

▶ 君何患焉?[2]
▷ 임금께서는 이 일에서 무엇을 근심하십니까?
☞ '焉'은 '이런 상황에서'를 가리킨다.

▶ 積土成山, 風雨興焉: 積水成淵, 蛟龍生焉.[3]
▷ 흙이 쌓여 산이 되면 여기에 바람과 비가 일게 되고, 물이 모여 못이 되면 여기에 교룡이 산다.
☞ '焉'은 '여기(에)서'를 가리킨다.

'焉'은 형용사 뒤에서 보어로 사용되어, 비교 대상을 가리키고, '이것에 비하여'로 새긴다.

▶ 過而能改, 善莫大焉.[4]
▷ 잘못을 저지르고 능히 고친다면 그보다 좋은 것이 없습니다.

▶ 晋國, 天下莫強焉.[5]
▷ 진나라는 천하에 이보다 강한 나라가 없다.

---

1) 《論語 述而》
2) 《左傳 隱公元年》
3) 《荀子 勸學》
4) 《左傳 宣公二年》
5) 《孟子 梁惠王上》

'焉'은 항상 문장 끝에 사용되는데, 어기를 나타내는 기능은 점차 강화되고, 指代를 나타내는 기능은 점차 약화되었다. 경우에 따라서는 '焉'이 가리키는 대상이 이미 문장 가운데 출현하여, 완전히 指代性을 잃어버리고, 순수한 어기사로 굳어져, 가리키거나, 사람으로 하여금 주의하게 하는 陳述語氣를 나타내기도 한다.

▶ 夫子言之, 於我心有戚戚焉.[6]
▷ 선생께서 이를 말하니, 내 마음에 척척(戚戚; 근심스러움)함이 있습니다.

▶ 南方有鳥焉, 名曰蒙鳩.[7]
▷ 남방에 새가 있는데 그 이름을 '몽구'라 한다.

문장에서 동작이 미치는 사람, 일, 혹은 장소가 출현하지 않고, 焉이 가리키는 대상이 명백하지 않을 때, '焉'은 단지 어기사일 뿐이다.

▶ 擊之, 必大捷焉.[8]
▷ 이것을 공격하면, 반드시 크게 이길 것입니다.

▶ 嘩然而駭者, 雖鷄狗不得寧焉.[9]
▷ 시끄럽고 사람을 놀라게 하여 비록 닭이나 개도 편안하지 못하다.

▶ 子曰: "君子病無能焉, 不病人之不己知也."[10]
▷ 공자왈 : 군자는 자기의 무능함을 걱정할 뿐, 남이 나를 알아주지 않음을 걱정하지 않는다.

▶ 君以爲易, 其難也將至矣: 君以爲難, 其易也將至焉.[11]
▷ 임금께서 쉽게 여기면 그 어려움이 장차 이를 것이고, 임금께서 어렵게 여기면 그 쉬움이 장차 이를 것입니다.

이 밖에 '焉'은 문장에서 부사어로 사용되는데, '於是(이에)'의 뜻이 된다. 앞

---

6) 《孟子 梁惠王上》
7) 《荀子 勸學》
8) 《左傳 僖公三十二年》
9) 柳宗元 《捕蛇者說》
10) 《論語 衛靈公》
11) 《國語 晋語》

문장을 받아서 뒤 문장을 잇는 데 쓰인다.

▶ 命舟牧覆舟, 五覆五反, 乃告舟備具于天子, 天子焉始乘舟.12)
▷ 주목에게 명하여 배를 뒤집어 엎고, 배를 다섯 번 엎고 다섯 번 돌이키고 난 이후에야 천자에게 완벽하게 준비되었다고 알리자, 천자가 비로소 배에 오른다.

▶ 順風波以流從兮, 焉洋洋而爲客.13)
▷ 바람 부는 대로 물결치는 대로, 아! 여기 와서 못 돌아갈 나그네 되었네.

---

12) 呂氏 《春秋 季春紀》
13) 屈原 《九章 涉江》

21. '혹(或)'과 '막(莫)'을 왜 무정형 대명사라고 하는가?

소위 無定대명사란 대명사가 가리키는 대상이 일정하지 않는 대명사를 말한다. "或"과 "莫"은 한문에서 특유한 無定대명사이다. 현대 중국어에는 이러한 대명사가 없고, 반드시 詞組를 사용하여 "或", "莫"의 의미를 나타낸다. 현대 중국어에 비록 "或"과 "莫"이 있지만 낱말의 품사와 뜻이 모두 한문과 다르다. "或"은 선택접속사로서 "或者(또는)"의 의미이며 "莫"은 금지성 否定副詞로 "不要(안 된다)"의 뜻이다.

한문에서 "或"은 긍정성 無定대명사로 통상적으로 사람을 가리키나 또한 사물, 시간, 장소를 가리킬 수 있는데, 현대 중국어의 "有人(어떤 사람)", "某人(아무개)", "有的(어떤 것)", "有些(일부/어떤 것들)", "有時(어떤 때)"의 의미가 같으며, 일반적으로 주어로 쓰이고, 시간을 표시할 때 관형어로 쓰인다. "或"은 단독으로 사용되기도 하고, 열거할 때 쓸 수도 있다.

▶ 或謂孔子曰: "子奚不爲政?"[1]
▷ 어떤 이가 공자에게 이르기를 "그대는 어찌하여 정치를 하지 않으십니까?
☞ "或"은 "有人"을 가리킨다.

▶ 爲醫或在齊, 或在趙, 在趙者名扁鵲.[2]
▷ 치료하기 위해 어떤 때는 제나라에 있고, 어떤 때는 조나라에 있으니 조나라에 있는 자는 이름이 편작이라.
☞ "或"은 "有時"를 가리킨다.

▶ 或燕燕居息, 或盡瘁事國: 或息偃在床, 或不已于行.[3]
▷ 어떤 사람은 연나라에 살며 쉬고, 어떤 사람은 전력을 다해 국가를 섬기고, 어떤 사람은 그만두고 침상에서 쉬고, 어떤 사람은 행함에 그치지 않는다.
☞ "或"은 "有的人"을 가리킨다.

---

1) 《論語 爲政》
2) 《史記 扁鵲倉公列傳》. 扁鵲: 勃海郡 사람이며 姓은 秦氏며 이름은 越人
3) 《詩經 小雅 北山》

이상 각 예의 "或"자 앞에 先行詞가 나타나지 않는데 "或"은 泛指性의 "有人", "有時", "有的人"이다. 만약 "或"자 앞에 先行詞가 나타나면, "或"은 곧 그 가운데 어느 하나, 어느 몇 사람이나 사물을 대신하여 가리킨다.

▶ 宋人或得玉.4)
▷ 송나라 사람 중의 어느 한 사람이 옥을 얻었다.
☞ "或"은 송나라 사람 중의 어느 한 사람을 가리킨다.

▶ 回視日觀以西峰, 或得日, 或否.5)
▷ 머리를 돌려 일관봉의 서쪽 봉우리를 바라보니, 약간은 햇빛이 있는 것 같고, 약간은 없는 것 같다.
☞ "혹은" 일관봉의 서쪽 봉우리 중의 어떤 한 산봉우리를 가리킨다.

▶ 自司馬氏去周適晋, 分散, 或在衛, 或在趙, 或在晋.6)
▷ 사마씨로부터 주나라에 가고, 진나라에 가서, 분산되어, 어떤 사람들은 위나라에, 어떤 사람들은 조나라에, 어떤 사람들은 진나라에 있다.
☞ "或"은 사마씨 중의 어느 몇 사람을 가리킨다.

▶ 怪石森然, 周于四隅, 或列或跪, 或立或仆.7)
▷ 괴이한 돌이 빽빽한데 사방으로 빙 둘러있고, 어떤 돌은 늘어서 있고, 어떤 돌은 무릎 꿇고 있고, 어떤 돌은 서 있고, 어떤 돌은 엎어져 있다.
☞ "或"은 괴이한 돌 가운데 돌 몇 개를 가리킨다.

한문에서 "莫"은 否定性 無定대명사이며, 또한 無指대명사라고도 한다. 즉 모든 대상을 배척하여 "아무도 없다(沒有誰)", "아무 것도 없다(沒有什麽東西)", "아무 곳도 없다(沒有什麽地方)"의 뜻과 같다. "莫"은 주어로만 쓰인다. "莫"자 앞에 만약 선행사가 없다면, "莫"은 곧 泛指를 표시하고 "莫"자 앞에 선행사가 있으면, 선행사는 곧 "莫"이 부정하는 바의 범위를 표시한다.

▶ 莫余毒也已!8)

---

4) 《左傳 襄公十五年》
5) 姚鼐《登泰山記》
6) 《史記 太史公自序》
7) 柳宗元《永州韋使君新堂記》
8) 《左傳 僖公二十八年》

▷ 나를 해칠 자가 없어졌구나!

▶ 朝廷之臣, 莫不畏王.9)
▷ 조정의 신하들은 어느 누구도 왕을 두려워하지 않는 이가 없다.

▶ 東西南北, 莫可奔走.10)
▷ 동서남북, 어느 곳도 도망칠 곳이 없다.

한문에서 "莫"용법과 상통하는 否定性 無定대명사에는 "無", "毋"와 "靡"가 있다.

▶ 楚戰士無不一以當十.11)
▷ 초나라의 군사들은 한 사람이 열 사람을 당해내지 못하는 사람이 없다.

▶ 上察宗室諸竇, 毋如竇嬰賢.12)
▷ 왕은 자기 종친과 두씨의 제족들을 살펴보자 아무도 두영 만큼 어진 이가 없었다.

▶ 靡不有初, 鮮克有終.13)
▷ 처음은 있지만, 능히 일을 마치는 경우는 드물다.

---

9) 《戰國策 齊策》
10) 桓寬《鹽鐵論 非鞅》
11) 《史記 項羽本紀》
12) 《史記 魏其武安侯列傳》
13) 《詩經 大雅 蕩》

22. '자(者)'의 사어 성질과 용법은?

일반 대명사의 특징은 다른 낱말의 수식을 받지 않고도, 독립하여 문장 성분을 충당할 수 있으며, 사람, 사건을 대체 혹은 지칭 할 수 있다. 한문의 "者"자 또한 지대기능을 갖고 있으나, 단독으로 사용할 수 없어, 반드시 다른 낱말이나 구문 뒤에 사용되어, 그 수식을 받아 名詞性의 "者"字 구조를 조성해야 비로소 사람, 사실, 사물을 대체하거나 지칭할 수 있다. 그래서 "者"자는 일종의 특수한 대명사로, 郭錫良등이 편찬한《古代漢語》에서 그것은 輔助性 대명사로 일컫는다.

보조성 대명사 "者"의 용법에는 아래와 같이 몇 종류가 있다.

하나. "者"자는 형용사, 동사 혹은 형용사성 구문이나 동사성 구문 뒤에 쓰여 "者"字 구조를 조성하며, "~~한 사람", "~~한 물건", "~~한 상황"을 표시하며, 문장에서 주어, 목적어, 관형어 혹은 판단문의 술어가 된다.

▶ 仁者不憂, 知者不惑, 勇者不懼.[1]
▷ 인자는 근심하지 않고, 지자는 미혹하지 않고, 용감한 자는 두려워 하지 않는다.

▶ 往者不可諫, 來者猶可追.[2]
▷ 지나간 것은 간할 수 없지만, 오는 것은 그래도 따를 수 있다.

▶ 子苟赦越國之罪, 又有美于此者將進之.[3]
▷ 그대가 진실로 월나라의 죄를 용서한다면, 또한 이 중에서 아름다운 자를 바치겠습니다.

▶ 吾未見力不足者.[4]
▷ 나는 아직 힘이 부족한 자를 보지 못했다.

---

1)《論語 憲問》
2)《論語 微子》
3)《國語 越語》
4)《論語 里仁》

▶ 不爲者與不能者之形, 何以異?5)
▷ 하지 않는 것과 할 수 없는 것의 모습이 어떻게 다릅니까?

▶ 客何爲者?6)
▷ 네 놈은 무엇 하는 놈이냐?

　둘. "者"자는 수사의 뒤에 쓰여 "者"字 구조를 조성하여, 몇 사람, 몇 가지 일, 몇 종의 물건, 몇 가지 방면을 표시하고 혹은 연령을 표시한다.

▶ 此五者, 邦之蠹也.7)
▷ 이 다섯 가지는 나라의 좀이다.

▶ 必不得已而去, 于斯三者何先?8)
▷ 반드시 부득이 해서 버린다면, 이 세 가지 중 어느 것을 먼저 버려야 합니까?

▶ 此數者, 用兵之患也.9)
▷ 이 몇 가지 일은 용병의 근심이다.

▶ 五十者可以衣帛矣.10)
▷ 50세 된 자가 비단옷을 입을 수 있다.

　셋. "者"字 구조는 "似", "若", "如"의 목적어로 되어, "似(若, 如)~者"를 만들어, "마치 ~한 모양(像~的樣子)", "마치 ~같은 것(像~似的)"를 표시한다.

▶ 孔子于鄕黨, 恂恂如也 似不能言者.11)
▷ 공자께서 향당에 계실 때는 신실히 하여 말씀을 잘 하시지 못하는 것처럼 하셨다.

▶ 言之, 貌若甚戚者.12)
▷ 그것을 말하는데 모양이 매우 슬퍼보였다.

---

5) 《孟子 梁惠王上》
6) 《史記 項羽本記》
7) 《韓非子 五蠹》
8) 《論語 顔淵》
9) 《資治通鑒 第六十五卷》
10) 《孟子 梁惠王上》
11) 《論語 鄕黨》
12) 柳宗元 《捕蛇者說》

▶ 建爲郞中令, 事有可言, 屛人恣言極切, 至廷見, 如不能者.13)
▷ 건이 낭중령이 되어 말할 일이 있을 때는 사람을 막고 함부로 말하고 절박하게 하였다. 뜰에 이르러 만나보니 말을 못하는 것 같았다.

넷. "者"字 구조 앞에 總體를 표시하는 명사의 수식이 있을 때, "者"字 구조는 總體 중 일부분을 표시한다.

▶ 群臣吏民能面刺寡人之過者, 受上賞.14)
▷ 많은 신하, 관리, 백성이 면전에서 과인의 잘못을 꾸짖을 수 있는 자는 상급상을 받는다.

▶ 使吏召諸民當償者, 悉來合券.15)
▷ 관리로 하여금 부채가 있는 자들을 불러 모두 오자 문서를 대조했다.

다섯. "者"자는 명사 혹은 명사성 구문 뒤에 쓰여 複指作用을 일으킨다.

▶ 亞父者, 范增也.16)
▷ 아보는 범증이다.

▶ 沛公之參乘樊噲者也.17)
▷ 패공의 시종 번쾌라는 자입니다.

▶ 三者出, 曾晳後.18)
▷ 세 제자가 나가자, 증석이 뒤에 남았다.

"者"는 시간 명사 뒤에 쓰일 때도 또한 複指作用을 일으킨다.

▶ 古者丈夫不耕, 草木之實足食也.19)
▷ 옛날에 장부는 밭 갈지 않아도, 초목의 열매는 먹기에 풍족했다.

▶ 今者項莊拔劍舞, 其意常在沛公也.20)

---

13) 《漢書 石奮傳》
14) 《戰國策 齊策》
15) 《戰國策 齊策》
16) 《史記 項羽本紀》
17) 《史記 項羽本紀》
18) 《論語 先進》
19) 《韓非子 五蠹》

▷ 지금 항장은 칼을 뽑아 춤추니, 그 뜻은 언제나 패공에게 있습니다.(패공의 목숨을 노리고 있습니다).

▶ 暮春者, 春服旣成.21)
▷ 늦봄에 이미 봄옷이 이루어지다.

　"者"자는 輔助性 대명사로 쓰이는 것 이외에, 또 어기사로 쓰인다. 어기사 "者"는 假說複文 중 假設分句 끝에 쓰여, 가설어기를 표시하며, "만일 ~라고한다면"로 새길 수 있다.

▶ 若入前爲壽, 壽畢, 請以劍舞, 因擊沛公于坐, 殺之. 不者, 若屬皆且爲所虜.22)
▷ 당신이 (패공) 앞에 들어가 장수를 비는 술잔을 올리시오. 그것을 마치고 칼춤을 청해서 앉은 자리에서 패공을 쳐 죽이시오. 실패하면 당신들은 모두 포로가 될 것이오.

▶ 伍奢有二子. 不殺者, 爲楚國患.23)
▷ 오사에게는 두 아들이 있는데, 죽이지 않으면 초나라의 근심이 될 것입니다.

　어기사 "者"는 또 因果複文 중 結果分句의 끝에 쓰여 원인을 끌어 낼 수 있다.

▶ 雖有槁暴, 不復挺者, 輮使之然也.24)
▷ 비록 볕에 쬐어 말려도 다시 곧게 되지 않는 것은 짓밟아 나무로 하여금 그러하게 되도록 했기 때문이다.

▶ 吾妻之美我者, 私我也.25)
▷ 내 처가 나를 잘 생겼다고 여기는 것은 나를 사랑하기 때문이다.

　어기사 "者"는 또 다른 어기사 뒤에 쓰여, 어기를 강화하거나 혹은 제시 강조의 기능을 하는데 번역할 필요는 없다.

---

20) 《史記 項羽本紀》
21) 《論語 先進》
22) 《史記 項羽本紀》
23) 《史記 楚世家》
24) 《荀子 勸學》
25) 《戰國策 齊策》

▶ 教也者, 長善而救其失者也.26)
▷ 가르친다는 것은, 잘하는 것을 길러주고 잘못을 구하는 것이다.

▶ 安見方六七十如五六十而非邦也者?27)
▷ 사방 60~70리, 또는 50~60리가 되고서 나라가 아닌 것은 어디서 보겠는가?

---

26) 《禮記 學記》
27) 《論語 先進》

23. 보조성 대명사 소(所)의 용법은?

"所"는 "者"와 같이 또한 특수한 대명사인데 郭錫良 등은 이것을 보조성 대명사라 말한다. 흔히 보이는 용법은 아래와 같다.

하나. "所+타동사(혹은 동사성 수식 구문, 연합 구문)", 명사성의 "所"字 구조를 구성하고, 동작이 지배하는 대상을 대신하는데 "~~한 (사람 일 것)"로 번역 할 수 있다.

▶ 吏之所誅, 上之所養也.[1]
▷ 관리로서 벌 주는 이는 위에서 봉양하는 이이다.

▶ 庸主賞所愛而罰所惡, 明主則不然.[2]
▷ 범용한 군주는 아끼는 자에게 상을 주고 미워하는 자에게는 벌을 주나, 명석한 군주는 그렇지 않다.

▶ 王之所大欲, 可得聞與?[3]
▷ 왕의 크게 하고자 하는 바를 얻이 들을 수 있습니까?

▶ 酈元之所見聞, 殆與余同.[4]
▷ 역원[5]의 보고 들은 바는 아마 나와 더불어 같다.

"所"자는 늘 動詞性 단어와 결합하며, "所"자가 명사, 형용사 앞에 쓰일 때, 명사, 형용사는 곧 동사로 활용된다.

▶ 置人所罾魚腹中.[6]

---

[1] 《韓非子 五蠹》
[2] 《史記 范雎蔡澤列傳》. 范雎 : 전국시대의 魏나라 사람. 遠交近功策을 秦의 昭襄王에게 진언하여 재상이 되고 應候에 봉해졌음.
[3] 《孟子 梁惠王上》
[4] 蘇軾 《石鐘山記》
[5] 酈道元: 북위의 지리학자. 자는 善長, 御史中尉가 되어 법을 엄혹하게 다스렸는데 陝西 방면의 행정 시찰을 나갔을 때 암살당했음. 저서에 水經註 40권이 있음.
[6] 《史記 陳涉世家》

▷ 사람이 어망을 쳐서 잡은 고기를 배속에 두었다.

▶ 此六子者, 世之所高也.7)
▷ 이 여섯 사람8)은 세상이 존중하는 사람이다.

  둘. 所+전치사+動詞(或 동사성 구문)는 명사성의 "所"字구조를 구성하여 동작발생의 장소, 시간, 원인, 수단, 도구, 방식 및 동작 발생이 미치는 대상을 지칭한다.

▶ 樂者, 音之所由生也.9)
▷ 음악이란 것은 음이 생겨나는 수단이다.

▶ 刑餘之人, 無所比數, 非一世也, 所從來遠矣.10)
▷ 형을 받은 사람들은 보통 사람과 비교되는 바가 없는 것은 한 시대만이 아니라 먼 옛날부터 지내온 내력이다.

▶ 親小人, 遠賢臣, 此後漢所以傾頹也.11)
▷ 소인을 가까이 하고 현명한 신하를 멀리하니 이에 후한이 기울어져 무너진 까닭이다.

▶ 吾歸破賊, 必滅賀蘭, 此矢所以志也.12)
▷ 내 돌아가 적을 쳐부수고 반드시 하란13)을 멸할 것이니 이는 맹세코 뜻하는 바이다.

▶ 所與游皆當世名人.14)
▷ 함께 교유한 사람은 모두 당대의 이름난 사람이다.

  셋. "所+자동사(또는 동+목 구문)는 명사성의 "所"字 구조를 구성하는데, 동작이 지배의 대상을 지칭하지 않고 동작이 발생의 장소, 원인, 수단, 방식 및 동작의 주체 등을 지칭한다.

▶ 冀土之北, 馬之所生, 無興國焉.15)-예①

---

7) 《莊子 盜跖》
8) 六子: 皇帝, 堯, 舜, 禹, 湯, 武王
9) 《禮記 樂記》
10) 司馬遷《報任安書》
11) 諸葛亮《出師表》
12) 韓愈《張中丞傳後叙》
13) 賀蘭: 寧夏 東部에 있는 산 이름 縣 이름
14) 韓愈《柳子厚墓地銘》
15) 《左傳 昭公四年》

▷ 기라는 땅16) 북쪽은 말이 많이 나오는 곳이어서 나라가 성행하지 않는다.
▶ 其北陵, 文王之所避風雨也.17)-예②
▷ 북쪽의 것은 문왕께서 비바람을 피하신 곳이다.

▶ 彼曾史楊墨師曠工倕離朱, 皆外立其德, 而以爚亂天下者也, 法之所無用也.18)-예③
▷ 저 증삼19), 사추20), 양주21), 묵적22), 사광23), 공수24), 이주25)는 모두 그 덕을 밖으로 내세움으로써 천하를 빛낸 자들이므로, 그 방법을 쓸 필요가 없는 것이다.

▶ 他日, 子夏子張子游以有若似聖人, 欲以所事孔子事之, 强曾子.26)-예④
▷ 훗날, 자하, 자장, 자유가 유약(유자)이 성인과 비슷하다고 하여 공자를 섬기듯이 그를 섬기려고 증자에게 강요하였다.

▶ 諾, 恣君之所使之.27)-예⑤
▷ 옳다, 방자한 군주가 그로 하여금 시킨 것이다.

이러한 "所"字 구조가 표시하는 것은 "所+전치사+동사(혹은 動詞性 詞組)"의 뜻이고 "所"는 "所由", "所以"류의 뜻을 함유하는데, 예를 들면 이상의 예문 중에서 "所生"은 즉 "所由生"이고 "所避風雨"는 즉 "所以避風雨"이고 "所無用"은 즉 "所以無用"이고 "所事孔子"는 즉 "所以事孔子"이고 "所使之"는 즉 "所以使之"인데, 예①과 예②는 장소를 표시하고 예③은 원인을 표시하며 예④, 예⑤는 방식을 표시한다.

---

16) 冀土: 하북성의 다른 이름(하북, 산동, 화남의 경계 지역)
17) 《左傳 僖公三十二年》
18) 《莊子 胠篋》
19) 曾參: 曾子. 춘추 시대 노나라 남무성 사람. 이름은 參, 자는 子輿, 공자의 제자로 효행으로 유명함.
20) 史鰌: 춘추 시대 衛의 대부. 자는 子魚. 위의 靈公이 蘧伯玉을 중용하지 않고 도리어 彌子瑕를 임명하자 누차 간하였으나 듣지 않음으로 죽은 다음에 그 시체로서 임금에게 간하였음. 공자가 그를 가리켜 直哉史魚라 하였음.
21) 楊朱: 전국 초기의 철학자. 저서는 없으며 맹자, 한비자 등에 그에 관한 기록이 있음.
22) 墨翟: 묵자의 본명. 춘추 전국 시대의 제자백가의 하나인 묵가의 시조
23) 師曠: 춘추 시대 진나라의 樂士. 자는 字野로 맹인이었지만 소리를 잘 분별하고 거문고를 잘 탔다고 함
24) 工倕: 요 임금 때의 손재주가 뛰어난 사람
25) 離朱(離婁): 황제 때 사람. 백보나 떨어진 곳에서도 털끝을 구별하였다는 시력이 썩 좋은 사람
26) 《孟子 滕文公上》
27) 《戰國策 趙策》

어떤 경우에, 이런 종류의 "所"字 구조는 "所+타동사"의 형식으로써 출현하고, 뜻에서는 여전히 동작의 근거 혹은 주체를 표시한다. "所"는 여전히 "所由", "所以"류의 뜻을 함유한다.

▶ 夙興夜寐, 無忝爾所生.28)
▷ 아침 일찍 일어나고 밤 늦게 자서 너를 낳아주신 분을 욕되게 하지 말지어다.

▶ 大官大邑, 身之所庇也.29)
▷ 큰 관리와 큰 고을은 몸의 기댈 곳이다.

"所生"의 뜻은 "所由生"이고 "生爾者"을 가리키는 데, 즉 부모이다. "所庇"의 뜻은 "所以庇"이고 즉 "몸을 비호하는 물건"을 가리킨다.

넷. "所"字 구조+"者"는 "所~者"을 구성하고 "者"자는 다시 "所"字 구조를 復指하는 기능을 일으킨다. 그래서 "所~者"의 성질, 의의, 용법 모두 "所~"와 같다.

▶ 臣之所好者道也.30)-예①
▷ 신이 좋아하는 것은 도이다.

▶ 孟嘗君曰: "視吾家所寡有者."31)-예②
▷ 맹상군이 말하길: "우리 집에 없는 것을 살펴보시오(집안에 부족한 것이 있거든 좀 사도록 하시오)."

▶ 兵所自來者久矣.32)-예③
▷ 병사가 온 지 오래되었다.

▶ 其妻問所與飮食者, 則盡富貴也.33)-예④
▷ 그 아내가 남편에게 더불어 마시고 먹은 자를 물었더니 모두 부귀한 사람이었다.

▶ 所愛其母者, 非愛其形也.34)-예⑤

---

28) 《詩經 小雅 小宛》: 題彼脊令, 載飛載鳴. 我日斯邁, 而月斯征. 夙興夜寐, 無忝爾所生. (詩經 小雅 小宛)
29) 《左傳 襄公三十一年》
30) 《莊子 養生主》
31) 《戰國策 齊策》
32) 《呂氏春秋 小類》
33) 《孟子 離婁下》
34) 《莊子 德充符》

▷ 그 어미를 사랑하는 것은 그 외모를 사랑하는 것은 아니다.

▶ 蘭槐之根是爲芷, 其漸之滫, 君子不近, 庶人不服. 其質非不美也, 所漸者然也.35)-예⑤
▷ 난괴의 뿌리는 곧 약용이 되는데 그것을 뜨물에 담그고 보면 군자라도 가까이 하지 않으려 하고 일반인들도 그것을 몸에 차려 하지 않을 것이다. 이는 그 바탕이 아름답지 않아서가 아니라 담근 바의 것이 그러하기 때문이다.

이상 여섯 예"所~者"는 예①, 예②는 첫 번째 류의 "所"字 구조에 속하고, 예③, 예④는 두 번째 류의 "所"字 구조에 속하며 예⑤, 예⑥은 세 번째 류의 "所"字 구조에 속한다.

다섯. "所"字 구조+(之)는 명사성 수식구문을 구성한다. "所"字 구조는 수식성 정어를 만들고 뒤의 중심어는 "所"字 구조가 지칭하는 구체적 대상을 표시한다. 중간에 "之"를 더할 수 있고 또한 "之"를 더하지 않을 수도 있다.

▶ 仲子所居之室, 伯夷之所築與? 抑盜跖之所築與?36)
▷ 중자가 거처 한 집은 백이가 건축한 것인가? 아니면 도척이 지은 것인가?

▶ 和氏璧, 天下所共傳寶也.37)
▷ 화씨의 옥38)은 천하에 보물로 전해지는 것이다.

▶ 此臣所以報先帝而忠陛下之職分也.39)
▷ 이것이 제가 선제의 은혜에 보답하고 폐하께 충성을 다하는 직분인 것이다.

▶ 人亡道, 乃盜先帝器! 吾屬廷尉者, 欲致之族, 而君以法奏之, 非吾所以共承宗廟意也.40)
▷ 그 자는 제멋대로 나쁜 짓을 하여, 이에 선제의 기물을 훔쳤다. 짐이 그대 정위에게 맡긴 것은 그를 멸족시키고자 해서였는데 그대는 법률로써 주청을 하니 이것이 짐이 종묘를 공경하여 받들고자 하는 뜻이 아니로다.

輔助性 대명사 "所"자는 이상의 동사성 詞語와 결합하는 몇 가지 용법 외에

---

35) 《荀子 勸學》
36) 《孟子 滕文公下》
37) 《史記 廉頗藺相如列傳》
38) 和氏璧: 춘추시대 초나라 卞和가 발견한 보옥. 둥글 넓적하며 중앙에 둥근 구멍이 있음.
39) 諸葛亮《出師表》
40) 《漢書 張釋之傳》

또 기타 어떤 형용사 혹은 형용성의 詞語와 결합하여 명사성의 "所"字 구조를 구성하여 묘사의 대상을 지칭한다.

▶ 夫處窮閭陋巷, 困窘織屨, 槁項黃馘者, 商之所短也; 一悟萬乘之主而從車百乘者, 商之所長也.⁴¹⁾

▷ 답답한 촌구석에 박혀 궁색하여 짚신이나 삼아 입에 풀칠하여, 야윌대로 야위어 목뼈가 불거져 나오고 영양실조로 얼굴이 누렇게 뜨는 것에는 저는 서투릅니다. 그렇지만 단번에 만승의 대군주를 깨우쳐 주고 수레 백량을 거느리는 출세하는 일은 제가 가장 잘 합니다.

▶ 荊國有餘于地, 而不足于民, 殺所不足而爭所有餘, 不可謂智.⁴²⁾

▷ 초나라는 여유 있는 땅을 가지고 있으나 백성들이 부족합니다. 많지 않은 백성들을 죽여 여유 있는 땅을 위하여 다툰다는 것은 지혜롭다 말할 수 없습니다.

"所長"은 즉 "長處"이고 "所短"은 즉 "短處", "부족한 점" 즉 "충분하지 못한 백성"이고 "所有餘"은 즉 "넉넉한 토지"이다.

---

41) 《莊子 列御寇》
42) 《墨子 公輸》

24. '소이(所以)'가 '그래서'로 해석되는 이유는?

　　현대 중국어중의 "所以"의 뜻은 "因此(그래서)"로 접속사이고 결과를 나타내며, 因果複文중 結果分句의 앞에 쓰인다. 한문에서는 이런 용법의 "所以"는 매우 드물게 나타난다. 역사적으로는 東漢이후에 비로소 출현하며, 특히 구어에 가까운 작품에서 주로 엿보인다.

▶ 賀內傷太子無辜, 而曾孫孤幼, 所以視養拊循, 恩甚密焉.[1]
▷ 하는 속으로 태자고 무고하고, 일찍이 손이 외롭고 어림을 마음 아파하여, 이 때문에 잘 돌보고 위로하였으니 은혜가 매우 긴밀하다.

▶ 區微節, 無所獲申, 豈得復全交友之道, 重虧忠孝之名乎? 所以忍悲揮戈, 收淚告絶.[2]
▷ 구구히 작은 절개로는 뜻을 펼 바가 없으니, 어찌 다시 교우의 도를 온전히 하고서, 거듭 충효의 명을 어그러뜨리리오. 이 때문에 슬픔을 참아, 창을 휘두르며, 눈물을 거두고 절명할 것을 고한다.

▶ 偸本非禮, 所以不拜.[3]
▷ 훔치는 것은 본래 예가 아닌 까닭으로 절하지 않는다.

　　한문에서 폭넓게 사용된 "所以"는 접속사가 아니고 결과도 표시하지 않으므로 "因此"로 해석할 수 없다. 한문중의 "所以"는 輔助性 대명사이고 "所"와 전치사 "以"로 구성된 凝固구조이고 그것은 동사나 동사성 詞組와 결합하여 명사성 사조를 구성하여 원인을 표시할 수 있는데, 현대 중국어의 "(導致)~的 原因(그렇게 된 원인)"과 가깝다.

▶ 儒以文亂法, 俠以武犯禁, 而人主兼禮之, 此所以亂也.[4]
▷ 유학자들은 문으로써 법을 어지럽히고, 협객은 무로써 금하는 법을 어기는데, 임금은 그 양쪽을 다같이 예우하기 때문에 나라가 어지러워지는 것이 된다.

---

1) 《漢書 張湯傳》
2) 《後漢書 臧洪傳》
3) 《世說新語 言語》
4) 《韓非子 五蠹》

▶ 彼知矉美, 而不知矉之所以美.5)
▷ 추녀는 찡그리는 것이 아름답다고 알았지만 찡그림이 아름다운 까닭을 알지 못했던 것이오.

▶ 所以遣將守關者, 備他盜之出入與非常也.6)
▷ 장수를 보내어 함곡관을 지키게 한 것은 다른 도둑들이 침입과 만일의 경우를 대비하기 위한 것입니다.

　한문에서 "所以"는 또 자주 수단을 나타내는데, "(~하는 데에 필요한) 방법(방식, 물건)", 또는 "(이것을 빌려) ~하는 것"으로 새긴다.

▶ 吾知所以距子矣.7)
▷ 저는 선생님을 막아내는 방법을 알고 있습니다.

▶ 彼兵者, 所以禁暴除害也, 非爭奪也.8)
▷ 저들 병사란 포학을 금하고 해독을 제거하는 것이니 빼앗기 위해 싸우는 것이 아니다.

▶ 書于石, 所以賀玆丘之遭也.9)
▷ 돌에다 새겨서 이 언덕과의 만남을 기뻐한 것이다.

　그래서 한문의 "所以"와 현대 중국어의 "所以"는 같지 않다. 한문 중 현대 중국어의 접속사 "所以"와 대체로 같은 접속사는 "故"이다. 예를 들면 《論語 先進》에 "求也退, 故進之; 由也兼人, 故退之(구는 물러남으로 나아가게 한 것이요, 유는 일반인보다 나음으로 물러가게 한 것이다)"와 같은 것이다.

---

5) 《莊子 天運》
6) 《史記 項羽本紀》
7) 《墨子 公輸》
8) 《荀子 議兵》
9) 柳宗元 《鈷鉧潭西小丘記》

25. 자(者)자 구조와 소(所)자 구조의 차이점은?

"者"字 구조와 "所"字 구조는 모두 輔助性 대명사와 기타 낱말 결합으로 이루어진 명사성 구문이다. 그러나 그것들의 구성 격식과 나타내는 바의 뜻은 같지 않은데, 주요한 차이는 아래와 같은 몇 가지가 있다.

하나. 두 가지 구조의 내부 詞序 배열이 같지 않다. "者"字 구조 중, "者"자는 기타 단어 뒤에 위치한다. "所"字 구조 중, "所"자는 기타 단어 앞에 위치한다.

둘. 두 가지 구조의 구성 격식이 같지 않다. "者"字 구조의 격식은 "動詞+者", "形容詞+者", "數詞+者", "名詞+者"의 네 가지가 있다.

"所"字 구조의 양식은 대부분 "所+動詞"(或 動詞性詞組), "所+전치사+動詞(或 動詞性詞組)"의 두 가지가 있고, "所"字 구조는 또 확장식 "所字 구조+者"와 "所字 구조+(之)名詞"의 두 종류가 있다.

여기에서 "所"字 구조의 두 가지 확장식을 강조하는 것은 그것이 나타낸 뜻이 "所"字 구조와 같거나 혹은 더욱 구체적이기 때문이다.

▶ 始臣之解牛之時, 所見無非全牛者.[1]
▷ 처음 제가 소를 잡았을 때에는 눈에 보이는 것이 전체 소 아닌 것이 없었다.
☞ "所見"은 또한 "所見者" 혹은 "所見之牛"로 쓸 수 있다.

▶ 此寡人之所見者也.[2]
▷ 이것은 과인이 본 것이네.
☞ "所見者"는 또한 "所見" 혹은 "所見之物"로 쓸 수 있다.

▶ 吾王所見劍士, 皆蓬頭, 突鬢, 垂冠.[3]
▷ 우리 임금님께서 만나시는 검객들은 모두 흐트러진 머리에 수염이 치솟고, 갓을

---

[1] 《莊子 養生主》: 庖丁釋刀對曰 臣之所好者道也, 進乎技矣, **始臣之解牛之時, 所見無非全牛者**, 三年之後, 未嘗見全牛也. 方今之時, 臣以神遇而不以目視, 官知之而神欲行.

[2] 《莊子 達生》: 桓公囅然而笑曰 **此寡人之所見者也**, 於是正衣冠與之坐, 不終日而不知病之去也.

[3] 《莊子 說劍》: 太子曰 然**吾王所見劍士, 皆蓬頭突鬢垂冠** 曼胡之纓, 短後之衣, 瞋目而語難, 王乃說之. 今夫子必儒服而見王, 事必大逆.」

푹 숙여 쓴다.
☞ "所見劍士"은 또한 "所見" 혹은 "所見者"로 쓸 수 있다.

"所見之牛", "所見之物", "所見劍士"의 뜻은 곧 "所見", "所見者"보다 더욱 구체적이다.

"所見劍士"과 같은 "所"字 구조의 확장식에서 "所"字 구조는 중심어에 대해 수식성 관형어가 된다. 중심어는 "所"字 구조가 지칭하는 구체적 대상이다. 이러한 용법은 "者"字 구조에는 없고 "者"字 구조 또한 관형어로 쓸 수 있다. 단 領屬(從屬)性 관형어가 된다.

▶ 若是, 名聲日聞, 天下願, 令行禁止, 王者之事畢矣.4)
▷ 이렇게 되면 날로 명성이 드러나고 천하가 그런 정치를 바라게 될 것이며, 명령이 행하여지고 금지령이 없어져서 임금으로서의 일이 완성될 것이다.

▶ 臣願得笑臣者頭5).
▷ 신은 원컨대 신을 보고 웃는 자의 머리를 얻고자 합니다.

"所見者"와 같은 "所"字 구조의 확장식에서 "者"는 또 "所"자 구조의 輔助性 대명사를 複指 한다. 그래서 "所字 구조+者"는 실제로 "所"字 구조 뜻의 "者"字 구조를 나타내고, 이것과 기타 "名詞+者" 류의 "者"字 구조의 성질, 격식과 지칭하는 뜻은 모두 일치한다.

▶ 勝者, 陽城人也.6)
▷ 승은 양성 사람이다.
☞ "者"는 명사 "陳勝"을 複指한다.

▶ 人之所欲者, 吾土地也.7)

---

4) 《荀子 王制》: 賢不肖不雜則英傑至, 是非不亂則國家治. 若是名聲日聞, 天下願, 令行禁止, 則王者之事畢矣. 凡聽, 威嚴猛厲而不好假道人, 則下畏恐而不親, 周閉而不竭.
5) 《史記 平原君列傳》: 躄者至平原君門, 請曰 臣聞君之喜士, 士不遠千里而至者, 以君能貴士而賤妾也. 臣不幸有罷癃之病, 而君之後宮臨而笑臣, 臣願得笑臣者頭.
6) 《史記 陳涉世家》: **陳勝者, 陽城人也.** 字涉. 吳廣者, 陽夏人也, 字叔. 陳涉少時, 嘗與人傭耕, 輟耕之壟上, 悵恨久之, 曰 "苟富貴, 無相忘." 庸者笑而應曰 "若爲庸耕, 何富貴也?" 陳涉太息 曰 "嗟乎, 燕雀安知鴻鵠之志哉!"
7) 《孟子 梁惠王下》: 乃屬其耆老而告之曰 **狄人之所欲者, 吾土地也.** 吾聞之也 君子不以其所以養人者害人. 二三子何患乎無君 我將去之.

▷ 오랑캐가 원하는 것은 우리의 토지이다.
☞ "者"는 또 "所"字 구조 "所欲"을 複指한다.

▶ 所謂明君者, 能畜其臣者也.8)
▷ 위 현명한 임금이란 그의 신하를 잘 기르는 자다.
☞ "者"는 또 '所'字 구조의 확장식 '所謂明君'을 가리킨다.

어법서에서 습관적으로 '所~者'를 '所'字 구조에 포함시키는 것은 '所~者'는 '所~'의 확장식임을 강조하고 '所~者'의 뜻은 "所~"를 강조하기 때문임을 알 수 있다.

"者"字 구조중 단지 "所~者"의 성질, 의의만 "所"字 구조와 서로 같고, 기타 각종 격식의 "者"字 구조의 성질, 의의는 "所"字 구조와 같지 않다.

셋. "者"와 "所"는 모두 타동사와 결합 할 수 있으나, "動詞+者"와 "所+動詞"의 성질, 의의는 매우 서로 다르다. "者"字 구조(動詞+者)는 동작 행위의 주동자를 가리키고, "所"字 구조(所+動詞)는 동작행위의 대상을 가리킨다.

▶ 古之學者必有師.9)
▷ 옛날 배우는 자들은 반드시 스승이 있었다.
☞ "學者"는 "배우는 사람"을 가리키고,

▶ 姑舍女所學而從我.10)
▷ 우선 네가 배운 것을 버리고 나를 따르라.
☞ "所學"은 "배운 내용"를 가리킨다.

▶ 見者驚猶鬼神.11)
▷ 보는 사람들이 모두 신기의 솜씨에 놀랐다.
☞ "見者"는 "사물을 보는 사람"을 가리킨다.

▶ 所見諸物, 與年十歲時所見, 無以異也.12)

---

8) 《韓非子 忠孝》: 夫所謂明君者, 能畜其臣者也. 所謂賢臣者, 能明法辟治官職以戴其君者也.
9) 韓愈《師說》: **古之學者必有師**. 師者所以傳道授業解惑也. 人非生而知之者, 孰能無惑.
10) 《孟子 梁惠王下》: 王曰, 姑舍女所學而從我, 則何如? 今有璞玉於此, 雖萬鎰, 必使玉人彫琢之. 至於治國家, 則曰, 姑舍女所學而從我, 則何以異於敎玉人彫琢玉哉?
11) 《莊子 達生》: 梓慶削木爲鐻, 鐻成, 見者驚猶鬼神. 魯侯見而問焉, 曰, 子何術以爲焉.
12) 王充《論衡 齊世》: 人生一世, 壽至一百歲. 生爲十歲兒時, 所見地上之物, 生死改易者多. 至於百歲,

▷ 여러 사물을 보는 바는 열 살 때 보는 바와 다름이 없다.
☞ "所見"은 "보이는 물건"을 가리킨다.

"者"字 구조와 "所"字 구조의 이러한 구별은 매우 분명한 것이지만 그러나 고문 중에는 우연히 엄격하지 않게 처리된 부분이 있다.

▶ 縛者曷爲者也?13)
▷ 묶인 자는 무슨 이유로 그렇게 된 것인가?
☞ "縛者"는 "사람을 묶은 사람"을 가리키는 것이 아니고, "묶임을 당한 사람"을 가리키므로, 본래 마땅히 "所縛" 혹은 "所縛者"라고 써야 한다.

"所+동사"는 동작 행위의 주동자의 정황을 나타내는 경우가 많은데, 사실 이러한 정황의 "所"자는 "所由", "所以"류의 뜻이다.

▶ 夙興夜寐, 無忝爾所生.14)
▷ 아침 일찍 일어나고 밤늦게 자서 너를 낳아주신 분을 욕되게 하지 말지어다.
☞ "所生"은 즉 "所由生"으로 "너를 낳아준 사람"을 가리킨다.

▶ 所守或匪親, 化爲狼與豺.15)
▷ 지키는 이가 일가 친족이 아니면 언제 이리, 승냥이 될 지 몰라.
☞ "所守"는 즉 "所以守"으로 "지키려 보낸 사람"으로 새긴다.

이와 같은 "所"字 구조가 나타내는 주동자의 정황을 다만 文意를 똑똑히 관찰해야 비로소 판별할 수 있다.

臨且死時, **所見諸物, 與年十歲時所見, 無以異也**. 使上世下世, 民人無有異, 則百歲之間, 足以卜筮. 六畜.

13) 《晏子春秋 內篇雜下》: 晏子至. 楚王賜晏子酒, 酒酣. 吏二縛一人詣王. 王曰, 縛者曷爲者也. 對曰, 齊人也. 坐盜.
14) 《詩經 小雅 小宛》: 題彼脊令, 載飛載鳴. 我日斯邁, 而月斯征. **夙興夜寐, 無忝爾所生**.
15) 李白《蜀道難》

26. 부사는 어떤 특징이 있는가?

부사는 동사 혹은 형용사를 수식해서 정도, 범위, 시간, 부정(否定), 정태(情態) 등을 표시하는 단어로, 문장에서 일반적으로 관형어로 기능한다. 한문 부사의 성질, 기능, 분류는 현대 중국어 부사와 기본적으로 서로 같으나 아래와 같은 특징이 있다.

하나. 어떤 부사는 판단문에 쓰여서, 명사성 술어를 수식, 제한하고 판단 어기를 강화하는 기능을 수행한다. 예로 "非", "卽", "則", "乃", "素", "誠", "皆", "必" 등이 있다.

▶ 是非君子之言也.[1]
▷ 이것은 군자의 말이 아니다.

▶ 神卽形也, 形卽神也.[2]
▷ 신은 바로 형체이고 형체는 바로 신이다.

▶ 此則岳陽樓之大觀也.[3]
▷ 이것이 바로 악양루의 웅대한 경관이다.

▶ 當立者乃公子扶蘇.[4]
▷ 황제는 바로 공자 부소이다.

▶ 且相如素賤人.[5]
▷ 또한 상여는 비천한 사람이다.

▶ 此誠危急存亡之秋也.[6]
▷ 이것은 진실로 위급하여 존망이 달린 때이다.

---

1) 《禮記 檀弓上》
2) 范縝 《神滅論》
3) 范仲淹 《岳陽樓記》
4) 《史記 陳涉世家》
5) 《史記 廉頗藺相如列傳》
6) 諸葛亮 《出師表》

▶ 舍南舍北皆春水.7)
▷ 집 앞도 집 뒤도 온통 봄물이다.

▶ 破趙軍者, 必括也.8)
▷ 조나라 군사를 파멸시키는 자는 반드시 조괄(趙括)이다.

이러한 부사를 번역할 때에는 부사의 뜻을 번역하는 것 이외에, 또한 판단사 "是"를 첨가해야 한다. 예를 들어 "非"는 "~이 아니다"로 번역되고, "卽", "則", "乃"는 "바로 ~이다"로 번역되고, "素"는 "본디 ~이다"로 번역된다. "誠"은 "진실로 ~이다"로 번역되고, "皆"는 "모두 ~이다"로 번역되고, "必"은 "반드시 ~이다"로 번역된다.

그러나 판단사 "是"는 판단문의 문장 방식에 따라 번역되고, 부사는 문장 중에서 판단사의 역할을 할 수 없고, 다만 부정, 긍정 혹은 기타 어떤 각도에서 판단을 강화 할 뿐임을 주의해야 한다.

둘. 한문 부사의 주요 기능은 문장에서 부사어가 될 수 있으며, 補語가 될 수 있는 것은 단지 정도부사 "甚"하나 뿐이다.

▶ 君美甚, 徐公何能及君也!9)
▷ 그대의 아름다움이 대단하니, 서공이 어찌 그대에게 미치리오!

▶ 目似暝, 意暇甚.10)
▷ 눈은 어둠과 같고 마음 속의 한가로움은 대단하다.

이는 "甚"자를 강조하기 위해 "甚"을 술어 앞에서 술어 뒤로 옮긴 것으로, "甚"이 보어로서 표시 하는 정도가 "甚"이 부사어로 사용될 때 보다 더욱 깊다.

예를 들면 "美甚"은 즉 "대단히(지극히) 아름답다", "暇甚"은 즉 "지극히(대단히) 한가롭다"로 새긴다.

개별 부사는 술어도 될 수 있다.

---

7) 杜甫《客至》
8) 《史記 廉頗藺相如列傳》
9) 《戰國策 齊策》
10) 《聊齋志異 狼》

▶ 甚矣, 汝之不惠.[11]
▷ 심하구나, 너의 은혜롭지 못함이.

▶ 子曰: "必也正名乎?"[12]
▷ 공자가 가로대, "반드시 명분을 분명히 할 것인져."

▶ 我倚各族, 亡秦必矣.[13]
▷ 내가 그 종족에게 의지하면 진을 멸망시키는 것은 분명하다.

이는 부사를 강조하기 위해, 부사를 부사어 위치에서 문장 앞이나 문장 뒤에 옮겨서 술어로 만드는 것이다. 예를 들어 "甚矣, 汝之不惠"는 본래 "汝甚不惠"이고, "必也正名乎"는 본래 "必正名乎"이고, "亡秦必矣"는 본래 "必亡秦矣"이다.

어떤 부사는 또한 직접 어기사"也"와 잇달아 사용되어 독립적으로 문장을 이룬다. 예를 들면 "固也"는 대답하는 문장에 사용되어, 위에서 서술한 사실에 대한 긍정을 표시하고, "분명히 이러하다"로 해석 할 수 있다.

▶ 魯仲連曰: "固也! 待吾言之……"[14]
▷ 노중련이 말하기를: "당연하다! 내 말을 기다려……"

▶ 胡亥曰: "固也, 吾聞之, 明君知臣, 明父知子."
▷ 호해가 말하기를: "당연하다! 내가 들으니 좋은 임금은 신하를 알고 좋은 아버지는 아들을 알아본다."

셋. 한문는 일종의 특유의 謙敬부사가 있어서 대화나 혹은 서신 중에 자주 사용되어, 상대방을 높이거나 혹은 자기를 낮춤을 표시한다. 예를 들면 "請", "幸", "謹", "敬", "蒙", "惠", "辱", "竊", "敢", "忝", "猥", "伏"등이다.

▶ 王無怒, 請爲王說之.[15]
▷ 왕이여, 노하지 마소서. 청컨대 왕께 설명드리겠습니다.

▶ 誠若先生之言, 謹奉社稷而以從.[16]

---

11) 《列子 湯問》
12) 《論語 子路》
13) 《史記 項羽本紀》
14) 《戰國策 趙策》
15) 《戰國策 趙策》

▷ 진실로 만약 선생의 말이라면, 정중히 사직을 받들고 따르겠다.

▶ 老臣竊以爲媼之愛燕后賢于長安君.17)
▷ (趙나라 左師 觸龍이 대답하여 말하길) "제 개인적으로는, 太后께서 長安君을 사랑하시는 것보다 燕后를 더 사랑하신다고 생각합니다."

▶ 臣伏計之, 大王奉高帝宗廟最宜稱.18)
▷ 신이 엎드려 생각건대, 대왕께서 고제의 종묘를 받드는 것이 가장 적절할 것 같습니다.

---

16)《史記 平原君列傳》
17)《戰國策 趙策》
18)《史記 孝文本紀》

27. 정도부사 '소(少)', '초(稍)', '파(頗)', '익(益)'의 차이점은?

하나. 少

현대 중국어의 '少'는 형용사이다. 한문의 '少'는 정도부사로 기능하여 정도가 깊지 않음을 표시하고, '稍微(조금, 약간)', '略微(조금 약간)'의 뜻으로 현대 중국어의 '稍[shāo](약간, 조금)'에 상응한다.

▶ 太后之色少解.[1]
▷ 태후의 얼굴빛이 조금 풀렸다.

▶ 當其時, 民治渠少煩苦, 不欲也.[2]
▷ 그때에는 백성들은 관개를 개착하는데 다소의 고통이 있었으므로 하고자 하지 않았다.

둘. 稍

현대 중국어의 정도부사 '稍'는 정도가 깊지 않음을 표시한다. 상고 중국어 중 '稍'는 시간부사로 기능하여 동사를 수식하고 상황이 시간에 따라 완만히 변화함을 표시한다. 현대 중국어의 '逐漸[zhújiàn]', '漸漸[jiànjiàn](점점)'에 해당된다.

▶ 子尾多受邑而稍致諸君.[3]
▷ 공자 미는 제나라 군주에게서 많은 읍을 받았으나, 이내(얼마 후에) 군주에게 도로 반납했었다.

▶ 項羽乃疑范增與漢有私, 稍奪其權.[4]
▷ 항우가 이에 범증이 한나라와 내통이 있다고 의심하고, 차츰(조금씩) 그 권한을 빼앗았다.

'稍'는 정도부사로 기능하여 정도가 깊지 않음을 표시하는 것은 뒤에 생긴 용법이다.

---

1) 《戰國策 趙策》
2) 《史記 滑稽列傳補》
3) 《左傳 昭公十年》
4) 《史記 項羽本紀》

▶ 藥稍鎔, 則以一平板按其面, 則字平如砥.5)
▷ 약이 조금 녹았을 때 평평한 판자로써 그 면을 누르면, 글자가 숫돌과 같이 평평해졌다.

▶ 錄畢, 走送之, 不敢稍逾約.6)
▷ 쓰는 것을 다 마치고 달리듯이 그를 보내는 것은 감히 조금이라도 약속을 어기지 않기 위함이다.

셋. 頗

한문의 정도부사 '頗'는 두가지 뜻이 있는데, 보통 그 정도가 깊지 않거나 수량이 많지 않음을 표시하며 현대 중국어의 '稍[shāo]', '略[lüè]'에 해당한다.

▶ 涉淺水者見蝦, 其頗深者察魚鱉, 其尤深者觀蛟龍.7)
▷ 얕은 물을 건너는 자는 새우를 보고, 그 좀더 깊은 물을 건너는 자는 고기와 자라를 보고, 깊은 곳을 건너는 교룡을 본다.

▶ 自殷以前, 諸侯不可得而譜, 周以來乃頗可著.8)
▷ 은나라 이전에 제후들의 계통을 쫓아 열기할 수 없었고, 주나라 이래에야 대략 기록이 가능해졌다.

'頗'의 그 밖의 다른 하나의 뜻은 현대 중국어의 '很[hěn](매우)' '非常[fēicháng](대단히)'에 상응하며, 정도가 깊음을 표시한다.

▶ 及誅諸呂, 立孝文帝, 陸生頗有力焉.9)
▷ 여씨 일족을 주멸하고, 효문제를 옹립함에 이르러 陸生의 힘이 자못 컸다.

▶ 初至北營, 抗辭慷慨, 上下頗驚動.10)
▷ 처음에 북영에 이르자, 저항하는 말이 강개해서 상하가 자못 놀랐다.

현대 중국어의 정도부사 '頗[pō]'는 단지 정도를 표시하는 뜻으로만 사용된다.

---

5) 沈括(1031~1095)《夢溪筆談 卷十八》
6) 宋濂(1310~1381)《送東陽馬生序》. 宋濂 : 명나라 때 金華浦江 사람. 字는 景濂. 古文에 능했음.
7) 王充《論衡 別通》
8) 《史記 三代世表》
9) 《史記 酈生陸賈列傳》
10) 文天祥《指南錄後序》

넷. 益

현대 중국어의 '益'은 부사로 쓰이지 않는다. 한문의 '益'은 부사로 쓰이며, 두 가지 용법이 있다. 하나는 정도부사로 쓰여 형용사를 수식하여 정도가 원래보다 깊이가 더해진 바가 있음을 표시한다. 현대 중국어의 '更加[gèngjiā](더욱, 훨씬)', '越發[yuèfā](더욱더, 한층)'에 상응한다.

▶ 如水益深, 如火益熱, 亦運而已矣.11)
▷ 만약 물이 더욱더 깊고, 불이 더욱더 뜨거워지는 학정을 한다면 (연나라 백성들의 마음은) 또한 다른 나라로 옮겨 갈 것입니다.

▶ 以故城中益空無人, 又困貧.12)
▷ 이런 이유로 성안에 더욱 사람이 없어서 비게 되고, 또 빈곤합니다.

'益'의 또 다른 용법은 시간부사로 기능하여 동사를 수식하는데, 정도가 시간에 따라 완만히 변화함을 표시하여 현대 중국어의 '逐漸', '漸漸'에 상응한다.

▶ 武益愈, 單于使使曉武會論虞常, 欲因此時降武.13)
▷ 소무가 조금 낫자 선우는 사신으로 하여금 타이르게 했다. 때마침 우상을 논죄하여 이 때에 소무를 항복시키고자 했다.

▶ 益習其聲, 又近出前後, 終不敢搏.14)
▷ 차차 그 소리에 익숙해지고, 또 앞뒤에서 접근해 보았으나 끝내 감히 칠 수가 없었다.

---

11) 《孟子 梁惠王下》
12) 《史記 滑稽列傳補》
13) 《漢書 蘇武傳》
14) 柳宗元 《三戒 黔之驢》

28. 어떤 범위부사를 특히 주의해야 하나?

고문을 읽을 때에 특별히 주의해야 할 범위부사는 아래의 두 종류가 있다.

하나. "具", "俱"

"具"와 "俱"는 모두 총괄(개괄)을 표시하는 범위부사로, 두 글자가 옛날에는 음이 다르고 뜻에서도 구별이 있었다. '具'자가 총괄하는 대상은 일반적으로 사물로, '全[quán](전부)', '都[dōu](모두)'에 해당한다. '俱'자가 총괄하는 대상은 일반적으로 사람이고, '一起[yìqǐ](함께)', '一齊[yìqí](다같이)' 혹은 '一樣[yíyàng](한가지로)에 해당하여, 서로 다른 주체가 함께 같은 동작행위를 행하거나 혹은 서로 다른 주체가 똑같은 성질 특성을 갖고 있음을 표시한다.

▶ 問所從來, 具答之.[1]
▷ 어디에서 왔는가를 물으니 그에게 자세히 대답했다.

▶ 項伯乃夜馳之沛公軍, 私見張良, 具告以事, 欲呼張良與俱去.[2]
▷ 항백이 이에 밤에 패공의 군영으로 달려가서, 개인적으로(몰래) 장량을 만나 사정을 모두 설명하고 장량을 불러 함께 가고자 하였다.

▶ 三王臣主俱賢, 則共憂之.[3]
▷ 삼왕(하의 우왕, 상의 탕왕, 주의 문왕) 신하와 임금이 다 어질어서 함께 그것을 걱정했다.

▶ 曷爲與人俱稱帝王, 卒就脯醢之地也?[4]
▷ 어찌 다른 사람과 더불어 제왕을 칭하여, 마침내는 포 뜨고 젓 담그는 지경에 나아가겠는가?

---

1) 陶潛《桃花源記》
2) 《史記 項羽本紀》
3) 《漢書 晁錯傳》
4) 《戰國策 趙策》

둘. "但", "徒", "特", "獨", "第", "直", "僅"

이 組는 제한을 표시하는 범위부사로 현대 중국어의 '只[zhǐ](다만)'에 해당한다.

▶ 耕者忘其犁, 鋤者忘其鋤, 來歸相怨怒, 但坐觀羅敷.5)
▷ 밭가는 자가 그 밭가는 것을 잊어버리고 김매는 자가 그 김매는 것을 잊어버리고 돌아와, 서로 원망하며 다만 앉아서 나부6)를 바라본다.

▶ 助之長者, 揠苗者也. 非徒無益, 而又害之.7)
▷ 억지로 조장하는 자는 묘를 뽑는 자이다. 비단 유익함이 없을 뿐만 아니라 또 그것을 해치는 것이다.

▶ 今楚國雖小, 絶長續短, 猶以數千里, 豈特百里哉!8)
▷ 지금 초나라가 비록 작으나, 긴 것을 끊고 짧은 것을 이으면, 수천 리와 같으니 어찌 다만 백 리이겠는가!

▶ 非獨內德茂也, 蓋亦有外戚之助焉.9)
▷ 다만 내심의 덕이 많아서일 뿐만 아니라, 아마도 또한 외척의 도움이 있었을 것이다.

▶ 君第重射, 吾能令君勝.10)
▷ 가능한 한 큰돈을 거십시오. 제가 당신을 이기도록 해드리겠습니다.

▶ 直不百步耳, 是亦走也.11)
▷ 다만 백보가 아닐 뿐, 이 또한 달아난 것이다.

▶ 一旦臨小利害, 僅如毛髮比, 反眼若不相識.12)
▷ 하루아침에 겨우 모발에 비할만한 작은 이해가 닥쳐오면 반목하여 서로 모른척 한다.

'僅'은 또 별도의 용법이 있다. 당대(唐代) 詩文 중에서 '僅'이 수사 앞에 사용

---

5) 漢 樂府《陌上桑》
6) 羅敷(나부): 전국시대 趙나라 邯鄲의 여자. 성은 秦. 조왕이 그를 탐내자 陌上桑이란 글을 지어 남편이 있는 몸임을 밝혀 왕을 단념하게 하였다 한다.
7)《孟子 公孫丑上》
8)《戰國策 楚策》
9)《史記 外戚世家》
10)《史記 孫子吳起列傳》
11)《孟子 梁惠王上》
12) 韓愈《柳子厚墓誌銘》

될 때에는 수량이 많음을 표시할 수 있고, 거성(4성)으로 읽히며, 현대 중국어의 '幾乎[jīhū](거의)' '將近[jiāngjìn](거의 ~에 가깝다/거의 ~이르다)'에 해당한다.

▶ 初守睢陽時, 士卒僅萬人. 城中居人, 廬亦且數萬.13)
▷ 처음 수양을 지킬 때 사졸이 거의 만 명에 달했으며 성안에 거하는 사람이 집이 또한 수만이다.

▶ 江國踰千里, 山城僅百層.14)
▷ 강 넘어 나라는 천리나 떨어져있고, 산성의 높이는 백층을 이루네.

---

13) 韓愈《張中丞傳後叙》
14) 杜甫《泊岳陽城下》

29. 부사 '증(曾)'과 '상(嘗)'은 기능상 어떤 차이가 있나?

'曾'과 '嘗'은 모두 시간부사로 쓰여 지나간 시간을 표시하며, 현대 중국어의 '曾', '曾經[céngjīng](일찍이)'과 상응한다. '曾'과 '嘗'은 모두 부정부사 '未'와 붙어 '未曾'과 '未嘗'이 되어 과거에 대한 부정을 표시한다. 현대 중국어의 '不曾[bùcéng](일찍이 ~한 적이 없다)'이나 '沒有~~過(~~한 적이 없다)'에 해당한다.

▶ 孟嘗君曾待客夜食.1)
▷ 맹상군은 일찍이 저녁 식사에 손님을 대접하였다.

▶ 陳涉少時, 嘗與人佣耕.2)
▷ 진섭이 젊은 시절에, 일찍이 다른 사람에게 고용되어 밭을 갈았다.

▶ 至今仍襲陽名, 未曾改正.3)
▷ 아직까지도 여전히 옛 이름을 답습하여, 바르게 고친 적이 없다.

▶ 臣持湯藥, 未嘗廢離.4)
▷ 신이 곁에서 약을 달여 드려야 하기 때문에 잠시도 곁을 떠날 수가 없습니다.

옛날부터 '일찍이'를 나타내는 시간부사는 '嘗'이지 '曾'은 아니다. 부사 '曾'의 주요용법은 정태부사로 작용하여 예상 밖의 결과나 어기를 강조한다. 현대 중국어의 '竟[jìng](뜻밖에)', '然[rán](뜻밖에도)', '居然[jūrán](뜻밖에)'과 비슷하다.

▶ 吾以子爲異之問, 曾由與求之問.5)
▷ 나는 그대가 다른 질문을 할 것이라 여겼더니, 뜻밖에도 중유와 염구에 대해서 묻는구나.

▶ 爾何曾比予於管仲?6)

---

1) 《史記 孟嘗君列傳》
2) 《史記 陳涉世家》
3) 沈括《夢溪筆談 辨証》
4) 李密《陳情表》
5) 《論語 先進》
6) 《孟子 公孫丑上》

▷ 그대는 왜 나를 관중에게 비유하는가?

    情態副詞 "曾"은 否定副詞 "不"과 이어 붙어 "曾不"이7) 되어 부정을 강화하는 어기를 표시하며 현대 중국어의 "竟然不(놀랍게도 ~아니다)", "甚至不(심지어/조차도 ~아니다)", "連~也不(~조차도/까지도 아니다)"과 비슷하다.

▶ 誰謂河廣, 曾不容刀?8)
▷ 누가 하수를 넓다고 말했던고 감히(정말) 쪽배도 뜨게 하지 못하는 것을

▶ 紂貴爲天子, 死曾不如匹夫.9)
▷ 주가 귀하게 천자가 되었건만 죽을 때는 (정말) 필부만도 못하였다.

▶ 汝心之固, 固不可徹, 曾不若孀妻弱子.10)
▷ 네 마음의 굳건함이란, 고집을 꺾을 수 없으니 (정말) 과부 약자만 못하구나.

▶ 老臣病足, 曾不能疾走, 不得見久矣.11)
▷ 臣은 발에 병이 있어 (정말) 빨리 걸을 수 없어, 오랫동안 알현하지 못했습니다.

---

7) "曾不"의 '曾'은 현대중국어 "简直[jiǎnzhí]"(그야말로. 너무나. 전혀. 완전히. 정말로. 참으로. '完全완전히'에 상당하며, 과장의 어기를 내포함)에 가깝다고 생각된다.
8) 《詩經 衛風 河廣》
9) 《漢書 淮南王傳》
10) 《列子 湯問》
11) 《戰國策 趙策》

30. '재(再)'와 '부(復)'는 어떤 점에서 구별되는가?

한문의 '再'와 '復'은 모두 동작의 중복출현을 표시하는 詞이다. 그러나 詞性과 意義는 모두 다르다.

'再'는 수량사로, 보통 전문적으로 동작의 횟수 '두 차례'을 가리킨다.

▶ 季文子三思而後行, 子聞之曰: "再, 斯可矣."[1]
▷ 계문자는 세번 생각한 후에 행하니, 공자께서 들으시고 말씀하시길 "단지 두 번만 생각해도 된다."

▶ 一不朝則貶其爵, 再不朝則削其地, 三不朝則六師移之.[2]
▷ 한번 조회에 나오지 않으면 관직을 강등하고 두 번 조회에 나오지 않으면 그 땅을 삭감하고 세 번 조회에 나오지 않으면 군대를 동원하여 그를 바꾼다.

▶ 田忌一不勝而再勝.[3]
▷ 전기는 한 번 지고 두 번 이겼다.

▶ 代王西鄕讓者三, 南鄕讓者再.[4]
▷ 왕을 대신해서 서향을 양보한 것이 세 번이고, 남향을 양보한 것이 세 번이었다.

당대에 이르러 '再'가 전문적으로 '두 번째'를 가리킬 수 있었다. 가령 杜甫의 《後游修覺寺 다시 수각사를 거닐며》: "寺憶曾游處, 橋憐再渡時(일찍이 노닐던 절이 생각나, 다시 찾아 건너니 다리도 사랑스럽다"에서 '再渡'는 곧 "두 번째로 지나가다."이다.

한문의 '復'은 시간부사로 동작의 중복 출현이나 계속을 표시하는데, 현대 중국어의 '又[yòu](또)', '再[zài](다시)', '重新[chóngxīn](다시)'에 해당하나, 결코 두 번 혹은 두 번째에 한정되지는 않는다.

---

1) 《論語 公冶長》
2) 《孟子 告子下》
3) 《史記 孫子吳起列傳》
4) 《漢書 文帝紀》

▶ 晉侯復假道于虞以伐虢.5)
▷ 진헌공은 다시 虞나라로부터 길을 빌려 괵나라를 쳤다.

▶ 有復言令長安君爲質者, 老婦必唾其面.6)
▷ 다시 장안군을 인질로 하자고 말하는 자가 있으면, 나(노부)는 반드시 그 얼굴에 침을 뱉을 것이다.

▶ 復前行, 欲窮其林.7)
▷ 다시 앞으로 가 그 숲을 끝까지 가보려 했다.

---

5) 《左傳 僖公五年》
6) 《戰國策 趙策》
7) 陶潛 《桃花源記》

31. 부정부사 '불(不)'와 '불(弗)', '무(毋)'와 '물(勿)'은 서로 어떻게 다른가?

　　부정부사 "不"과 "弗"은 모두 부정을 나타내고 뜻은 현대 중국어의 "不"에 해당한다. "不", "弗"은 용법이 다른 곳이 있다. "不"은 동사(타동사와 자동사)나 형용사의 앞에 놓인다. 타동사 앞에 있을 때 동사 뒤에 목적어가 온다. "弗"은 타동사 앞에만 놓이며 또한 동사 뒤에 목적어를 대동하지 않는다.

▶ 緣木求魚, 雖不得魚, 無後災.1)
▷ 나무에 올라가서 물고기를 잡으려 하는 일은 비록 고기를 못 잡아도 뒤에 후환은 없다.

▶ 昭王南征而不復, 寡人是問.2)
▷ 소왕이 남쪽으로 정벌 가신이래 돌아오지 않았는데 내가 묻는 것이 이것이오.

▶ 名不正, 則言不順.3)
▷ 명분이 바르지 못하면 말이 (이치에) 순하지 못하다.

▶ 雖有至道, 弗學, 不知其善也.4)
▷ 아무리 좋은 도가 있다하여도 배우지 않으면 그 선을 모른다.

　　부정부사 "毋(无)"와 "勿"은 모두 명령구에 사용되어 금지 혹은 권고(충고하여 말린다는 의미에 국한됨)를 나타낸다. 그 의미는 현대 중국어의 "不要[bùyào](~하지 마라)"나 "別[bié](~하지 마라)"에 가깝다. "毋(无)", "勿"의 용법 차이는 "不", "弗" 용법 차이와 비슷하다. "毋(无)"는 타동사와 자동사의 앞에 쓰일 수 있고, 타동사 앞에 올 때는 동사 뒤로 목적어를 이끌어 온다. "勿"은 타동사 앞에서만 쓰이고 또한 동사 뒤로 목적어를 이끌어 오지 않는다.

---

1) 《孟子 梁惠王上》
2) 《左傳 僖公四年》
3) 《論語 子路》
4) 《禮記 學記》

▶ 距關, 毋納諸侯, 秦地可盡王也.5)
▷ 함곡관을 막고 제후를 용납하지 마십시오. 진의 땅으로도 충분히 왕노릇을 할 수 있을 것입니다.

▶ 王無怒, 請爲王說之.6)
▷ 왕은 노하지 마십시오. 청컨대 왕께 설명 드리겠습니다.

▶ 急擊勿失.7)
▷ 빨리 공격하면 잃지 않을 것이다.

그러나 위에서 말한 차이는 절대적인 것은 아니다. 先秦 時代에는 "弗", "勿"의 사용 범위가 "不", "毋(无)"에 비해 협소했지만 동사가 목적어를 이끌어 오는 정황은 드물게 보일 뿐이다. 兩漢 이후로는 "弗", "勿" 뒤의 동사가 목적어를 이끌어 오는 것이 많아졌다. 또한 "弗"이 형용사 앞에서도 쓰일 수 있었다.

▶ 雖與之俱學, 弗若之矣.8)
▷ 비록 함께 배우더라도 같지 않을 것이다.

▶ 百畝之田, 勿奪其時.9)
▷ 백묘의 밭에 그 농번기를 놓치지 아니하면.

▶ 今呂氏王, 大臣弗平.10)
▷ 이제 여씨가 왕이 된다면 대신들은 불평할 것이다.

---

5) 《史記 項羽本紀》
6) 《戰國策 趙策》
7) 《史記 項羽本紀》
8) 《孟子 告子上》
9) 《孟子 梁惠王上》
10) 《史記 呂后本紀》

32. 공경과 겸손을 나타내는 부사를 바르게 이해하는 방법은?

　한문으로 대화를 하게 될 때, 부득이 겸손과 공경을 나타내는 부사를 사용하게 된다. 이를 공경부사, 겸손부사라고 한다. 공경을 나타내는 부사는 상대방에 대한 존경을 나타내는데, "請", "幸", "謹", "敬", "蒙", "惠", "辱" 등이 사용된다.

▶ 王好戰, 請以戰喩.[1]
▷ 왕이 싸움을 좋아하시니 청컨대 싸움으로 비유하오리다.
☞ "請[청;qǐng](~하세요)"은 동사 "請求"의 뜻에서 虛化[2]된 것이다. 상대방에게 자기가 어떤 일을 하려는데 이를 허락해 달라고 부탁하는 뜻이 있으므로, "(저에게)~~하는 것을 허락해 주십시오"로 새길 수 있다.

▶ 臣從其計, 大王亦幸赦臣.[3]
▷ 신이 그의 계책대로 하였더니, 대왕께서는 은혜를 베푸시어 다행히 신을 용서하셨습니다.
☞ "幸[행;xìng](다행히/요행으로/바라건대)"은 형용사 "幸運"의 뜻에서 虛化되어 나온 것이다. 상대방의 행위가 자기로 하여금 행운을 느끼도록 한다는 뜻이 있으므로 "幸而[xìng'ér](다행히/운 좋게/요행히)", "幸虧[xìngkuī](다행히/요행으로/운 좋게)"로 새길 수 있다.

▶ 張良曰: "謹諾."[4]
▷ 장량이 말하기를 "삼가 따르겠습니다."
☞ "謹[근;jǐn](공손히/정중히/삼가)"은 "鄭重"의 뜻을 표시한다. 이는 형용사 "謹愼", "小心"의 뜻으로부터 虛化되어 나온 것이다.

▶ 徒屬皆曰: "敬受命."[5]
▷ 부하들은 모두 "경건하게 명령을 받들겠습니다."라고 말하였다.
☞ "敬[경;jìng](삼가/공손하게)"은 "恭敬"의 뜻을 가지고 있는데, 형용사 "공경하다(恭

---

1) 《孟子 梁惠王上》
2) '虛化'란 어떤 어휘가 實詞로서 본래의 의미를 잃거나 혹은 여기에서 파생되어 허사와 같은 기능을 하는 것인데, 문장에서 주로 문법적인 의미를 표현하는 것을 말함.
3) 《史記 廉頗藺相如列傳》
4) 《史記 項羽本紀》
5) 《史記 陳涉世》

敬)", "엄숙하다(嚴肅)"의 뜻에서 虛化되어 나왔으므로 굳이 애써 새길 필요가 없다.

▶ 昨日蒙教.6)
▷ 어제 가르침을 받았다.
☞ "蒙[몽;méng](삼가~입다/敬詞)"은 동사 "蒙受[méngshòu](입다/받다/당하다=receive)"의 뜻에서 虛化되어 나왔다.

▶ 君惠徼福于敝邑之社稷, 辱收寡君, 寡君之願也.7)
▷ 군께서 은혜롭게 저희 고을의 사직에 복을 가져다주시고, 욕되게 寡君을 받아 주신다면 이것이 바로 제가 원하던 것입니다.
☞ "惠[혜;huì](삼가/敬詞/상대방의 행동이 자기에게는 은혜임을 나타내는 공경스러운 말)"는 명사 "恩惠"의 뜻에서 허화되어 나온 것이다.

모두 상대방의 행위가 자기에게 은혜와 배려를 베풀어주었다는 것에 대해 감사하는 의미를 나타내므로 "承蒙[chéngméng](보살핌을 받다/입다)"으로 새길 수 있다. "辱"은 동사 "侮辱"의 뜻에서 虛化되어 나온 것이다. "承蒙(보살핌을 받다/입다)", "屈尊[qūzūn](타인에게 '존귀한 신분을 낮추어 ~해 주세요'라는 의미로/ 참고 억지로 ~하다)"으로 새길 수 있지만, 경우에 따라서는 새기지 않아도 좋다. 이런 부사들은 주로 편지의 인사말에서 즐겨 사용된다. 겸손을 나타내는 부사는 스스로 겸손함을 나타내고 아울러 이로써 상대방에 대한 존경을 표시한다. 주로 "竊", "敢", "添", "猥", "伏" 등이 있다.

▶ 臣聞吏議逐客, 竊以爲過矣.8)
▷ 신은 관리들이 외국출신 관리를 추방하려 논의를 한다고 들었는데 그것은 잘못이라고 생각합니다.
☞ "竊[절;qiè](몰래)"은 부사 "暗中[ànzhōng](암암리에)", "私自[sīzì](관련 부문·조직·구성원 등이 모르게 몰래/불법적으로. 규정이나 제도에 어긋나는 일을 하는 것을 가리킴)"의 뜻에서 파생되어 나왔으며 사견으로 반드시 옳은 것은 아님을 나타내며 "私下[sīxià](남이 모르는 사이에)"로 새길 수 있다. '竊'은, 謙辭로 쓰이면 '自己'

---

6) 王安石《答司馬諫議書》
7) 《左傳 僖公四年》
8) 李斯《諫逐客書》

를 가리켜 '저는(나는)~'으로 새기며, 전후 문맥에 손상을 주지 않을 경우, 생략하고 번역하지 않아도 좋다. 예를 들면, "竊念(남몰래/개인적으로 생각하건대: 개인 의견을 나타내는 겸사)"; "竊惟(남몰래 생각건대)"; "竊比(겸사/속으로 ~에 견주다)"; "竊言(남몰래 말하건대)"; "竊議(가만히 의론하건대)"; "竊謂(나는 조심스럽게 ~과 같이 생각합니다/i venture to think)"; "竊以爲(제 변변찮은 생각으로는/저의 보잘 것 없는 생각으로는 ~같이 생각합니다/in my humble opinion; 주제넘게 ~라고 생각합니다/i presume)" 등이 있다.

▶ 穎考叔曰: "敢問何謂也?"9)
▷ 穎考叔이 말하기를 "어째서 그러신지 감히 여쭈어 보겠습니다."
☞ "敢[감;gǎn](감히)"은 동사 "敢于[gǎnyú](~할 용기가 있다/용감하게도 ~하다/대담하게 ~을 하다)"의 뜻에서 虛化되어 나왔으며 "冒昧[màomèi](외람되다)", "斗膽[dǒudǎn](대담하게/과감히)"의 뜻이 포함되어 있고 실제로 "不敢[bùgǎn](감히 ~하지 못하다/인사말로, 천만의 말씀입니다)", "豈敢[qǐgǎn](어디 감히 ~한단 말인가/천만의 말씀입니다)"의 겸손하고 공손한 태도를 나타낸다.

▶ 臣忝當大任, 義在安國.10)
▷ 신이 분에 넘치게도 큰 일을 맡게 되었으니 뜻이 나라를 편히 하는 데 있다.
☞ "忝[첨;tiǎn](황송하게/분에 넘치게/송구스럽게)"은 동사 "더럽히다/모욕하다/부끄럽게 하다(辱沒: disgrace)"의 뜻에서 虛化되어 나왔고 어떤 일을 하는데 부끄러움이 있고, 직무에 적합하지 않아, 다른 사람을 모욕했음의 뜻한다.

▶ 猥以微賤, 當侍東宮, 非臣隕首所能上報.11)
▷ 외람되게도 미천한 몸으로 동궁을 모시게 되니 목숨을 다한다 하더라도 어찌 은혜에 보답할 수 있겠습니까?
☞ "猥[외;wěi](함부로)"는 형용사 "비루하다(鄙陋)", "보잘 것이 없다/하찮다(猥瑣)"의 뜻에서 虛化되었고, 자기의 신분을 낮추는 것을 나타내고 "忝"과 "猥"는 모두 번역할 필요가 없다.

▶ 伏惟聖主之恩, 不可勝量.12)
▷ 엎드려 생각컨대, 성주의 은혜를 이루다 헤아릴 수 없습니다.

---

9) 《左傳 隱公元年》
10) 《三國志 魏書 三少帝紀》
11) 李密《陳情表》
12) 楊惲《報孫會宗書》

☞ "伏"[복;fú](삼가)은 동사 "땅에 엎드리다(伏地)"의 뜻에서 虛化되었고 신하가 임금을 대할 때, 아랫사람이 윗사람을 대할 때 전용되어 천한 자가 존귀한 사람에 대한 예절과 공경을 표시하고 "恭敬", "虔敬"의 뜻이 있으며 번역하지 않아도 된다.

33. 동사 '청(請)'이 어떤 경우 표경(表敬)부사로 쓰이는가?

"請"은 본래 타동사이고 "拜謁(찾아뵙다)", "邀請(초청하다)", "請求(요청하다)"의 뜻이 있다.

▶ 公子往數請之, 朱亥故不復謝.[1]
▷ 公子가 가서 여러 차례 그에게 청하였지만, 주해가 고의로 답례를 표시하는 것까지 마다하였다.

▶ 乃置酒請之.[2]
▷ 술상을 준비하기를 청하였다.

▶ 齊侯使晏嬰請繼室於晉.[3]
▷ 제나라 임금이 晏嬰을 진나라에 보내어 진나라 (평공의) 후실을 제나라에 청하도록 하였다.

"請"자의 뒤에 동사성 성분이 올 때 두 가지 상황이 생긴다.

하나. "請"이 조동사로 사용된다. 한쪽은 다른 한쪽이 어떤 일을 하기를 바라게 되는데, "請", "請求"의 뜻에 가깝다.

▶ 若弗與, 則請除之.[4]
▷ 만일 넘겨주지 않으신다면 그를 제거하십시오.

▶ 請以秦之咸陽爲趙王壽.[5]

---

1) 《史記 魏公子列》: 侯生謂公子曰 臣所過屠者朱亥, 此子賢者, 世莫能知, 故隱屠間耳. **公子往數請之, 朱亥故不復謝**, 公子怪之.
2) 《漢書 孝宣許皇后傳》
3) 《左傳 昭公三年》: **齊侯使晏嬰請繼室於晉**, 曰, "寡君使嬰曰, '寡人願事君朝夕不倦, 將奉質幣以無失時, 則國家多難, 是以不獲. 不腆先君之適以備內官, 焜燿寡人之望, 則又無祿, 早世隕命, 寡人失望. 君若不忘先君之好, 惠顧齊國, 辱收寡人, 徼福於大公, 丁公, 照臨敝邑, 鎭撫其社稷, 則猶有先君之適及遺姑姊妹若而人. 君若不棄敝邑, 而辱使董振擇之, 以備嬪嬙, 寡人之望也.'"
4) 《左傳 隱公元年》: 公子呂曰, "國不堪貳, 君將若之何? 欲與大叔, 臣請事之 **若弗與, 則請除之**, 無生民心." 公曰, "無庸, 將自及." 大叔又收貳以爲己邑, 至於廩延.
5) 《史記 廉頗藺相如列傳》: 藺相如亦曰 **請以秦之咸陽爲趙王壽**. 秦王竟酒, 終不能加勝於趙. 趙亦盛設兵以待秦, 秦不敢動.

▷ 진나라의 함양을 바쳐서 조나라 왕을 축수해 주기를 바란다.

　둘. "請"은 공경을 나타내는 부사로 사용된다. 대화에 쓰여, 상대방이 자기가 하는 일을 허락해 주기를 바라게 되는데, "(저에게) ~~하는 것을 허락해 주십시오"로 새긴다.

▶ 欲與大叔, 臣請事之.6)
▷ 大叔에게 나라를 넘겨주려 하신다면 저는 그 분을 섬길 것입니다.

▶ 君王與沛公飮, 軍中無以爲樂, 請以劍舞.7)
▷ 군왕과 沛公께서 주연을 여시는데 군중에 취흥을 돋을 만한 것이 없으니 검무를 추고자하나이다.

　"請"자 뒷면의 동작이 말하는 사람에게서 나오면 "請"이 공경을 나타내는 부사가 되고, 동작이 상대방으로부터 나오면 "請"이 조동사가 된다. 예를 들어, "臣請事之"에서 "事之"의 시행자는 말하는 사람 자신("臣")이다. 그러므로 "請"은 表敬副詞이고 "則請除之"에서 "除之"의 시행자는 응당 상대방("君")이다. 그러므로 "請"은 조동사가 된다.

　表敬副詞 "請"은 단지 상대방에 대한 공경 및 자기가 어떤 일을 하기를 바라는 희망을 나타내는데, 굳이 번역할 필요는 없다.

▶ 楚王曰: "善哉! 吾請無攻宋矣."8)
▷ 초왕이 말하길 "좋습니다. 나는 송나라를 공격하지 않겠습니다."

▶ 城入趙而璧留秦, 城不入, 臣請完璧歸趙.9)
▷ 성이 조나라 손에 들어가면 화씨벽을 진나라에 두고 오겠지만, 만약 성이 들어오지 않는다면 화씨벽을 온전하게 그대로 가지고 돌아오겠습니다.

---

6) 《左傳 隱公元年》: 公子呂曰, "國不堪貳, 君將若之何? **欲與大叔, 臣請事之** 若弗與, 則請除之, 無生民心." 公曰, "無庸, 將自及."

7) 《史記 項羽本紀》: 莊則入爲壽, 壽畢, 曰 "**君王與沛公飮, 軍中無以爲樂, 請以劍舞.**" 項王曰 "諾." 項莊拔劍起舞, 項伯亦拔劍起舞, 常以身翼蔽沛公, 莊不得擊.

8) 《墨子 公輸》: 子墨子曰, 公輸子之意, 不過欲殺臣. 殺臣, 宋莫能守, 可攻也. 然臣之弟子禽滑釐等三百人, 已持臣守圉之器, 在宋城上, 而待楚寇矣. 雖殺臣, 不能絶也. **楚王曰. 善哉, 吾請無攻宋矣.** 子墨子歸, 過宋, 天雨, 庇其閭中, 守閭者不內也. 故曰. 治于神者, 衆人不知其功, 爭于明者, 衆人知之.

9) 《史記 廉頗藺相如列傳》: 相如曰 王必無人, 臣願奉璧往使. **城入趙而璧留秦 城不入, 臣請完璧歸趙.** 趙王於是遂遣相如奉璧西入秦.

33. 동사 '청(請)'이 어떤 경우 표경(表敬)부사로 쓰이는가? 155

"請"이 表敬副詞로 쓰이는 것은 한문의 통상적인 용법이나 현대 중국어에서는 더 이상 사용하지 않는다. 그러나 "請問(qǐngwèn)"(말씀 좀 여쭙겠습니다)이라는 말 안에는 아직도 표경부사의 그늘이 남아 있다.

34. '개(蓋)'의 문법적 특징과 용법은 무엇인가?

"蓋[gài]"가 본래 명사로 갈대 혹은 띠로 엮은 덮개를 말한다. 나중에 차 덮개나 각종 용구의 덮개로 파생되었다. "蓋"가 동사로 활용되면 "遮蔽[zhēbì](가리다)", "掩蓋[yǎngài](덮어 씌우다)"로 새긴다. "蓋"가 허사로 쓰일 때는 아래와 같이 몇 가지 용법이 있다.

하나. "蓋"가 정태부사로 되어 추측(예측)의 어기를 나타내는데 "大槪[dàgài](아마도/대개)", "也許[yěxǔ](어쩌면/아마도)"로 새긴다.

▶ 蓋有之矣, 我未之見也.[1]
▷ 아마도 그런 사람이 있을 터인데 나는 아직 보지 못하였다.

▶ 余登箕山, 其上蓋有許由冢云.[2]
▷ 나는 기산[3]에 오른 일이 있는데 그 정상에는 허유의 무덤이 있다고 들었다.

▶ 列禦寇蓋有道之士也.[4]
▷ 열어구[5]는 득도한 선비입니다.

둘. "蓋"는 문장 머리에 어기사로 쓰여, 제시의 어기를 나타내며 아래 문장을 끌어내는 기능을 한다. 어떤 어법 책에서는 이(蓋)를 정태부사에 포함시킨다.

▶ 朕聞, 蓋天下萬物之萌生, 靡不有死.[6]
▷ 짐이 듣기에 천하 만물 가운데 태어나서 죽지 않는 것은 없다 합니다.

▶ 蓋鍾子期死, 伯牙終身不復鼓琴.[7]

---

1) 《論語 里仁》
2) 《史記 伯夷列傳》
3) 箕山: 중국의 하남성 등봉현 동남쪽에 있는 산 이름. 요임금 때 고사 巢父와 許由가 은거하였다고 한다.
4) 《莊子 讓王》
5) 列禦寇 : 전국시대(戰國時代)의 사상가. 列子는 그의 尊稱. 충허 진인(冲虛眞人)은 唐代에, 충허지덕진인(冲虛至德眞人)은 宋代에 각각 붙여진 도교적인 그의 칭호. 黃老의 學을 근본으로 하였으며, 列子 8권을 지었다.
6) 《史記 孝文本紀》

▷ 종자기[8]가 죽자 백아[9]는 죽을 때까지 다시는 거문고를 타지 않았다.

▶ 蓋儒者之爭, 尤在于名實, 名實已明, 而天下之理得矣.[10]
▷ 유학자의 다툼은 특히 명실이 있고 명실이 분명하여 이에 천하의 이치를 얻었을 따름이다.

셋. "蓋"는 인과접속사로 위의 문장을 이어받아 원인 分句에서 이유나 원인을 표시하여 "因爲(왜냐하면/~ 때문에)"로 새긴다.

▶ 丘也聞有國有家者, 不患寡而患不均, 不患貧而患不安. 蓋均無貧, 和無寡, 安無傾.[11]
▷ 내(丘)가 들으니, 나라가 있고 집이 있는 자는 (백성이) 적음을 근심하지 않고 고르지 못함을 근심하며, 가난함을 근심하지 않고 편안하지 못함을 근심한다고 한다. 고르면 가난함이 없고 화하면 적음이 없고, 편안하면 기울어짐이 없기 때문이다.

▶ 屈平之作離騷, 蓋自怨生也.[12]
▷ 굴평[13]이 《이소》[14]를 지은 것은 대체로 원망에서 생겨난 것이다.

▶ 余是以記之, 蓋嘆酈元之簡而笑李渤之陋也.[15]
▷ 이에 내가 그 실상을 적는 것은 역원이 알면서도 간단하게 쓴 것을 감탄하고 이발이 견문이 적었던 것을 비웃었기 때문이다.

넷. "蓋"는 "盍(합)"과 통하며 겸사로 사용되는데, "何不(어찌하여 ~하지 않는가)", "怎麼不(어떻게 ~하지 않는가)"의 뜻과 비슷하다.

---

7) 司馬遷《報任安書》
8) 鍾子期: 春秋時代 楚의 음악가. 伯牙의 거문고 소리를 듣고 그의 樂想을 일일이 알아맞혔다 한다. 知音이란 말이 이에서 비롯되었다.
9) 伯牙絶絃: 知己의 죽음을 슬퍼함을 이르는 말, 백아가 거문고를 타면 종자기만이 그 소리를 알아주었다는데, 종자기가 죽으니 그 거문고 소리를 알아 줄이 없음을 슬퍼하고, 거문고를 깨뜨리고 줄을 끊고 종신토록 타지 않았다는 고사에서 온 말.
10) 王安石《答司馬諫議書》
11)《論語 季氏》
12)《史記 屈原列傳》
13) 屈原: 전국시대의 楚의 문학가, 이름은 平, 자는 原, 호는 靈均, 임금에게 충간이 용납되지 않자 마침내 멱라수에 몸을 던져 죽었다.
14) 離騷: 楚辭의 편명. 離는 罹, 騷는 憂, 근심을 만난다는 뜻, 굴원이 지은 부, 讒訴를 만나 궁중에서 쫓겨난 몸으로 연군의 정을 읊은 일종의 연군시.
15) 蘇軾《石鍾山紀》

▶ 子蓋言子志于公乎?16)
▷ 그대는 어째서 자신의 뜻을 헌공에게 말하지 않습니까?

▶ 蓋亦反其本矣?17)
▷ 어찌하여 또한 그 근본으로 돌아가지 않는가?

---

16) 《禮記 檀弓上》
17) 《孟子 梁惠王上》

35. '상(相)'과 '견(見)'을 왜 특수부사라고 하는가?

하나. 相

相은 指代性을 가진 특수 부사인데, 구체적으로 말하면, 指代性은 互指, 遞指와 偏指 등 세 가지가 있다.

1. 互指 : 이것은 '相'에서 가장 빈번하게 보이는 용법이다. 어떤 행위가 여러 방면에서 함께 발생하여, 서로 관련되는 경우를 말한다. 이 여러 방면은 이미 행위의 주체이면서 또한 행위의 대상이 되므로, '相'은 '서로(mutually/each other/one another)'로 새긴다.[1]

▶ 父子相夷則惡矣.[2]
▷ 부자가 서로 은애의 정을 해치는 것이니 몹시 나쁜 것이다.

▶ 四人相視而笑.[3]
▷ 네 사람이 서로 보면서 웃는다.

▶ 隣國相望, 鷄犬之聲相聞, 民至老死不相往來.[4]
▷ 이웃 나라가 서로 바라보고, 닭과 개의 소리가 서로 들리나 백성들은 늙어 죽음에 이르도록 상호간에 왕래하지 않는다.

2. 遞指 : 어떤 한 행위가 한 방면 한 방면에 연결되어 차례로 발생하는 경우를 말한다. 뒤쪽 한 방면은 이미 앞 행위의 대상이면서, 또한 그 뒤의 한 방면에 대해서는 주체가 된다. 이럴 때 '相'은 '번갈아 가며/이어서/잇달아 서로(alternately/one after the other/continually/by turns)'로 새긴다.

동작이나 행위가 연이어 발생하는 것을 나타낸다. "잇달아"로 새긴다.

동작이나 행위가 몇몇 주체로부터 함께 출현한 것임을 나타낸다. "함께""모두"로 새긴다.

---

1) 동작이나 행위가 몇몇 주체로부터 함께 발생하는 것을 나타낸다. "함께"로 새긴다.
2)《孟子 離婁上》
3)《莊子 大宗師》
4)《老子 第八十章》

▶ 天下者, 高祖天下: 父子相傳, 此漢之約也.5)
▷ 천하는 고조가 세운 나라로서 부자가 대를 이어 전하는 것이다. 이것은 한나라의 약속이다.

▶ 前世不同敎, 何古之法? 帝王不相復, 何禮之循?6)
▷ 전세와 가르침이 같지 않은데 어찌 옛날의 법을 따르는가? 과거 제왕이 대를 이어 답습하지 않았는데, 어찌 예를 따르겠는가?(Former generations did not follow the same doctrines, so what antiquity should one imitate? The emperors and kings did not copy one another, so what rites should one follow?)

▶ 其嶔然相累而下者, 若牛馬之飮於溪.7)
▷ 우뚝 솟은 암석이 잇달아 포개져서 아래로 내려 있는 것이 마치 우마가 시내에서 물을 마시는 것과 같았다.

'相'의 互指와 遞指 용법은 형식상으로는 완전히 같기 때문에 문장의 뜻을 가지고 구별한다.

'父子相夷'는 '아버지가 아들을 멸하고, 아들이 아버지를 멸한다'는 뜻으로 '相'은 互指를 표시한다.

'父子相傳'은 아버지가 아들에게 전하고, 또 아들이 그 아들에게 전한다는 뜻으로 '相'은 遞指를 표시한다.

'相'이 互指나 遞指를 표시할 때 행위의 주체와 대상이 함께 주어로 되어 문장에 나타나기 때문에, '相'의 指代性이 약화되어 주로 '互相'이나 '遞相'의 指向性을 강조한다.

3. 偏指 : 한문에서 '相'은 주로 '서로'로 번역되는 互指용법이 우세하다. 다만 한쪽이 다른 한쪽에 대해 가하는 행위(單向性 행위)를 표시할 때, 역시 '相'이 사용되는데, 이를 偏指용법이라고 한다. 이 경우, '相'은 타동사 앞에 놓여 (相+動詞) 부사어가 되며, 동사 뒤엔 목적어가 나오지 않는다. 이럴 때, 문장에서 주어는 단지 행위의 주체만을 표시하고, 행위의 대상이 보이지 않기 때문에, '相'은 행위의 單向性을 강조하면서 동시에 행위의 대상을 稱代하는 기능을

---

5) 《史記 魏其武安侯列傳》
6) 《商君書 更法》
7) 柳宗元 《鈷鉧潭西小丘記》

아우른다. 구체적으로 말하면 偏指의 '相'은 1인칭의 대칭, 2인칭의 대칭, 3인칭의 대칭 등 세 가지로 나누어 볼 수 있다.[8]

　　1) '相'은 1인칭을 稱代한다.

▶ 始吾與公爲刎頸交, 今王與耳旦暮且死, 而公擁兵數萬, 不肯相救.[9]
▷ 처음에 나와 공은 刎頸之交를 맺었소. 지금 왕과 나는 아침저녁으로 죽어야 할 지경에 빠져 있는데도 군사 수만을 가지고도 우리를 구하려 하지 않소.

▶ 愈貞元中過泗州, 船上人猶指以相語.[10]
▷ 나는(한유) 貞元 연간에 泗州를 지날 때 선상의 사람들이 손가락으로 나에게 말하는 것 같았다.

▶ 至險絶處, 澄源必幷肩手相接.[11]
▷ 매우 험준한 곳에 이르자 징원(程正己의 號)은 반드시 어깨와 손을 나란히 하고 (나와) 접해야만 했다.

　　'相救'는 '나를/우리를 구/구원하다(救我)'로 새기고, '相語'는 '나에게 말하다(告訴我)'로 새기며, '相接'은 '나와 닿다/접촉하다(接我)'로 새긴다.

　　2) '相'은 2인칭을 칭대한다.

▶ 意氣勤勤懇懇, 若望僕不相師, 而用流俗人之言, 僕非敢如此也.[12]
▷ 뜻하는 말씀이 하도 간곡하게 다가와서 마치 제가 당신의 말씀을 따르지 않기라도 바라는 듯 했습니다. 세상 사람들이 쓰는 관용적인 표현을 빌어서 말씀드린다면 제가 감히 그럴 사람은 아니라는 것입니다.

▶ 子敬, 孤持鞍下馬相迎, 足以顯卿未?[13]
▷ 자경! 나는 말안장을 가지고 말에서 내려 그대를 영접했으니 그대를 높인 것이 아닌가?

---

8) 동작이나 행위가 단지 어느 한쪽에만 관련됨을 나타냄과 동시에 대명사의 역할을 겸한다. "나, 너, 그, 그들, 그것" 등으로 해석한다.
9) 《史記 張耳陳餘列傳》
10) 韓愈 《張中丞傳後叙》
11) 徐宏祖(1587~1641) 《徐霞客游記 游黃山日記後》. 徐宏祖 : 명나라 때 江陰 사람. 號는 霞客. 明代 地理學家, 旅行家, 文學家. 澄源 : 명나라 때 사람 程正己(1579~1634)의 號. 兵部侍郎 역임.
12) 司馬遷 《報任安書》
13) 《三國志 吳書 魯肅傳》

▶ 不久當還歸, 誓天不相負.14)
▷ 오래지 않아 마땅히 돌아온다면 하늘에 맹세코 당신을 저버리지 않겠습니다.

'相師'는 '그대의 말을 따르다(聽從你)'로 새기고, '相迎'은 '그대를 맞이하다(迎接你)'로 새기며, '相負'는 '그대를 저버리다(辜負你)'로 새긴다.

3) '相'은 3인칭을 칭대한다.

▶ 聚室而謀曰: "吾與汝畢力平險, 指通豫南, 達于漢陰, 可乎? 雜然相許.15)
▷ 집안사람을 모아 놓고 상의하였다. "나와 너희들은 힘을 다해 험한 산을 평평히 함으로써 예주의 남쪽으로 곧장 통하고, 한수의 북쪽으로 곧장 다다르게 하는 것이 좋겠다. 괜찮겠느냐?" 모두 잡연히 허락하였다.

▶ 卽不幸有方二三千里之旱, 國胡以相恤?16)
▷ 곧 불행히도 사방 2~3천리에 가뭄이 들었는데 나라에서 무엇으로써 그들을 구제하겠는가?

▶ 狼不敢前, 眈眈相向.17)
▷ 이리(늑대)는 감히(선뜻) 앞으로 나아가지(달려들지)도 못하고 (눈을 부라리며) 그를 노려보고 있었다.

'相許'는 '그의 견해에 찬성하다(그: 愚公)'로 새기고, '相恤'은 '그들을 구제하다(그들: 재앙을 입은 백성)'로 새기며, '相向'은 '그를 향하다(그: 도살을 업으로 하는 백정)'로 새긴다. '相'의 상술한 偏指用法은 先秦古書 중에는 별로 보이지는 않고 漢魏 이후로 내려 와서야 비로소 많이 사용되었다. '相'이 제1인칭을 대신 지칭하는지, 제2인칭을 대신 지칭하는지, 아니면 제3인칭을 대신 지칭하는지는 전적으로 위, 아래 문장의 의미에 의해 결정되는 것이다.

둘. 見
'見'도 指代性을 지닌 특수 부사이다. '見'은 단지 偏指만 나타내고 타동사 앞에 쓰인다. 동시에 동작 행위의 대상을 칭대하는 기능을 겸한다. 이 경우 '見'

---

14) 《孔雀東南飛》
15) 《列子 湯問》
16) 賈誼 《論積貯疏》
17) 《聊齋志異 狼》

은 제1인칭에 국한되어 '我'나 '自己'만을 대신 지칭한다.

▶ 自陳卓幾見殺之狀.18)
▷ 동탁이 거의 나를 죽이려고 하는 상황을 진술했다.

▶ 蘭芝初來時, 府吏見丁寧, 結誓不別離.19)
▷ 蘭芝가 처음 올 때 府吏는 나에게 되풀이 하여 알려서 결국 떠나지 않을 것을 맹서했다.

▶ 家叔以余貧苦, 遂見用于小邑.20)
▷ 숙부께서 내가 빈곤하기 때문에 추천해 주셔서 소읍의 벼슬아치로 등용되었다.

▶ 吾相遇甚厚, 何以見負?21)
▷ 내가 그를 대우함이 매우 두터운데 어찌 나를 저버리겠는가?

▶ 生孩六月, 慈父見背.22)
▷ 태어난 지 육 개월 만에 아버지가 나를 저버렸습니다(돌아가셨습니다).

▶ 故今具道所以, 冀君實或見恕也.23)
▷ 그러므로 지금 그 까닭을 갖추어 말하노니 君實이 혹 나를 용서하기를 바란다.

'見殺'은 '나를 죽이다(殺自己)'와 같고, '見丁寧'은 '나에게 되풀이하여 알려주다(丁寧我)'와 같고 '見用'은 '나를 임용하다(任用我)'와 같다. '見負'는 '나를 저버리다(辜負我)'와 같고 '見背'는 '나를 등지고 떠나다(背離我)'와 같고, '見恕'는 '나를 너그럽게 용서하다(寬恕我)'와 같다.

이런 指代性을 지닌 특수 부사 '見'은 피동을 나타내는 조동사 '見'과 혼동되기 쉽다. 이들은 모두 타동사 앞에 쓰이는데, 제대로 구분하자면, 주어가 행위의 주체인지, 아니면 행위의 대상인지 잘 살펴보아야 한다.

주어가 행위의 주체이면 '見'은 칭대를 나타내는 특수부사이고, 주어가 행위의 대상이면 '見'은 바로 피동을 나타내는 조동사이다.

---

18) 《後漢書 呂布傳》
19) 《孔雀東南飛》
20) 陶潛 《歸去來兮辭序》
21) 《晉書 羅企生傳》
22) 李密 《陳情表》
23) 王安石 《答司馬諫議書》

36. 전치사는 어떤 특징이 있나?

전치사의 특징을 몇 가지로 나누어 설명한다면 아래와 같다.

하나. 전치사 목적어가 어떤 때는 앞에 위치한다.

현대 중국어에서 전치사 목적어는 항상 전치사 뒤에 놓인다. 한문에서 전치사 목적어는 아래 두 가지 상황에서는 전치될 수 있다.

1. 의문대명사가 전치사의 목적어가 될 때, 전치사 목적어는 모두 전치된다.

▶ 噫! 微斯人, 吾誰與歸?[1][誰]
▷ 아! 이 사람이 없으니, 나는 누구에게 돌아갈까?

▶ 何由知吾可也?[2][何]
▷ 무슨 이유로 내가 옳음을 아십니까?

▶ 曷爲久居此圍城之中而不去也?[3][曷]
▷ 어찌 이 圍城속에서 오래 살면서 떠나지 않는가?

▶ 彼且惡乎待哉?[4][惡]
▷ 무한한 세계에 노니는 자가 되면 대체 무엇을 의존할 게 있으랴.

2. 전치사 "以"의 목적어는 전치될 수 있다.

▶ 仁以爲己任, 不亦重乎?[5]
▷ 인으로써 자기의 책임을 삼으니 막중하지 않은가?

▶ 江漢以濯之, 秋陽以暴之, 皜皜乎不可尙已![6]
▷ (증자가 말하기를, 공자의 인격은) "마치 江漢(양자강, 한수)으로 씻고, 가을볕으로

---

1) 范仲淹《岳陽樓記》
2) 《孟子 梁惠王上》
3) 《戰國策 齊策》
4) 《莊子 逍遙游》
5) 《論語 泰伯》
6) 《孟子 滕文公上》

쫴여, 희고도 희어 아무 결함이 없나니, (세상에 어느 누구도) 그보다 더 훌륭할 수 없으리라."

이외에 凝固 구조인 "是以", "所以", "所由", "何以……爲" 등의 전치사 목적어는 모두 전치된다.

둘. 전+목구가 보어로 쓰이는 현상은 현대 중국어에 비해 많다.

현대 중국어에서 장소, 시간을 표시하는 전+목구는 보어로 사용될 수 있다. 그러나 그밖에 다른 전+목구는 모두 부사어로 쓰인다. 한문에서 전+목구는 부사어로도 사용되고 보어로도 사용된다. 다만 보어로 쓰이는 현상은 현대 중국어에 비해 훨씬 많이 나타난다.

"乎"의 전+목구는 단지 보어로만 사용되고, 장소와 시간을 나타내는 "于"의 전+목구는 모두 보어로 사용된다. 다만 비교의 대상을 나타내거나 행위의 주동자를 끌어들이는 전치사 "于"의 전+목구는 보어로만 쓰인다. 뿐만 아니라 수단이나 방식을 표시하는 전치사 "以"의 전+목구도 역시 보어로 쓰인다.

▶ 志乎古者必遺乎今.[7]
▷ 옛 것에 뜻을 둔 것은 반드시 지금은 잃어버린다.

▶ 初, 鄭武公聚于申.[8]
▷ 처음에, 정나라 무공이 申나라에서 아내를 맞이했는데.

▶ 楚國之食貴于玉, 薪貴于桂.[9]
▷ 초국의 음식은 옥보다 귀하고, 땔나무는 계수나무 보다 귀하다.

▶ 兵破于陳涉, 地奪于劉氏.[10]
▷ 병사는 진섭에게 격파되고, 땅은 류씨에게 빼앗겼다.

▶ 加之以師旅, 因之以饑饉.[11]
▷ 전쟁이 더해지고 기근이 이어지다.

---

7) 韓愈《答李翊書》
8) 《左傳 隱公元年》
9) 《戰國策 楚策》
10) 《漢書 賈山傳》
11) 《論語 先進》

한문 번역에서 보어를 구성하는 전+목구는 현대 중국어의 습관에 따라 부사어로 새겨야 한다. 예컨대, "娶于申"는 응당 "從申國娶妻"로 새겨야 한다.

셋. 어떤 전+목구는 부사어나 보어를 구성하지 않을 수 있다.

현대 중국어의 전+목구는 모두 부사어나 보어이다. 한문에서 어떤 전+목구는 동사 없이 독립적으로 문장을 이루거나, 또는 앞의 명사에 접근하고 나서 중간에 접속사 "之"를 끼워 넣어, 주어와 목적어를 충당하게 한다.

▶ 豈不穀是爲? 先君之好是繼.12)
▷ 어찌 나 하나를 위해서 이겠는가 선군이래의 우호를 계속하고자 함이다.

▶ 寡人之於國也, 盡心焉耳矣.13)
▷ 과인이 나라에 대해 마음을 다하고 있습니다.

▶ 今秦之與齊也, 猶齊之與魯也.14)
▷ 지금 진나라와 제나라는 마치 제나라와 노나라의 관계와 같습니다.

넷. 어떤 전치사의 목적어는 생략될 수 있다.

현대 중국어에서 전치사의 목적어는 생략할 수 없다. 한문에서 전치사 "以", "與", "爲"의 목적어는 생략할 수 있다.

▶ 旣濟而未成列, 又以[ ]告.15)
▷ (초의 군대가 홍수를) 완전히 건너와 아직 진을 완성하지 못했을 때 사마가 또 공격하자고 고했다.

▶ 竪子不足與[ ]謀. 16)
▷ 그 녀석과는 (일을) 도모하기에 부족합니다.

▶ 禹之時, 十年九潦, 而水弗爲[ ]加益; 湯之時, 八年七旱, 而崖不爲[ ]加損.17)
▷ 우임금 때에는 10년 동안에 아홉 번이나 홍수가 났지만 그 때문에 물이 불어나지

---

12) 《左傳 僖公四年》
13) 《孟子 梁惠王上》
14) 《史記 張儀列傳》
15) 《左傳 僖公二十二元年》
16) 《史記 項羽本紀》
17) 《莊子 秋水》

않았고 임금 탕 때에는 팔 년 동안에 일곱 번이나 가뭄이 들었지만 그 대문에 기슭의 물이 줄지도 않았다.

다섯. 어떤 전치사는 생략할 수 있다.

한문중 전치사 "于"는 종종 생략되고, 전치사 "以"도 가끔 생략 할 수 있다.

▶ 公輸盤曰: "吾旣而言之[ ]王矣."[18]
▷ 공수반이 말하기를: "내 이미 왕에게 그것을 말했다."

▶ 晉軍[ ]函陵, 秦君[ ]汜南.[19]
▷ 진나라 군대는 함릉에 주둔하고 진군은 사남에 주둔했다.

▶ 死馬且買之[ ]五百金, 況生馬乎?[20]
▷ 죽은 말도 또한 오백금에 사는데, 하물며 살아있는 말에 있어서랴?

▶ 于是乃以田忌爲將, 而[ ]孫子爲師.[21]
▷ 이에 田忌를 장군으로 삼고, 그리고 孫子를 군사로 삼았다.

첫 번째 예문과 두 번째 예문에서는 "于"가 생략되었고 세 번째, 네 번째 예문에서는 "以"가 생략되었다.

---

18) 《墨子 公輸》
19) 《左傳 僖公三十年》
20) 《戰國策 燕策》
21) 《史記 孫子吳起列傳》

37. '우(于)'의 용법이 '호(乎)'와 다른 점은 무엇인가?

여기서 말하는 전치사 "于"는 "于", "於" 두 글자를 가리킨다. "于[yú]"와 "於[yú]"는 古音이 서로 가깝고, 용법이 기본적으로 같다. 중국에서 한자가 簡化된 후 "於"는 "于"로 통합되어 쓰였다.

"于"는 네 가지 용법을 가지고 있다.

하나. 행위의 장소, 시간을 끌어 들인다. 현대 중국어의 "在", "從", "到" 등에 가깝다.

▶ 公與之乘, 戰于長勺.1)
▷ 그리하여 장공은 조귀와 함께 병거를 타고 제나라와 장작(長勺)에서 싸웠다.

▶ 夫鵷鶵, 發于南海, 而飛于北海.2)
▷ 무릇 봉황이 남해에서 길을 떠나 북해까지 날아간다.

▶ 子于是日哭, 則不歌.3)
▷ 공자께서는 이날에 곡을 하시고 부터는 노래를 부르지 않으셨다.

▶ 自吾氏三世居是鄕, 積于今六十歲矣.4)
▷ 저의 집안이 이곳에서 삼대 째 살면서 지금에 이르기까지 60년이 되었습니다.

장소를 끌어들이는 것에서 어느 한 방면이나 범위를 끌어들이는 것으로 확장될 수 있다. 이때 "于"는 "在"와 같다. 또한 원인을 끌어들이는 것으로 확장될 수 있는데, 이때 "于"는 "由于"와 같다.

▶ 敏於事而愼於言, 就有道而正焉.5)
▷ 일을 민첩히 하고 말을 삼가며, 도가 있는 이에게 찾아가서 질정한다.

---

1) 《左傳 莊公十年》
2) 《莊子 秋水》
3) 《論語 述而》
4) 柳宗元《捕蛇者說》
5) 《論語 學而》

▶ 燕于姬姓獨後亡.6)
▷ 연나라는 희씨 성을 가진 나라(周) 중에서 최후에 망하였다.

▶ 業精于勤荒于嬉, 行成于思毁于隨.7)
▷ 학문은 근면해야 정해지고 노는 데에서 거칠어지고, 행실은 신중한 생각에서 제대로 이루어지고 따라함으로 훼손된다.

   둘. 행위가 미치는 대상을 끌어들이는데, 현대 중국어의 "向[xiàng](~로/~에게/~을 향하여)", "給[gěi](~에게)", "對[duì](對于[duìyú];~에 대해서)"등과 같다.

▶ 趙氏求救於齊.8)
▷ 조씨는 제나라에 구원을 요청했다.

▶ 堯讓天下於許由.9)
▷ 요가 허유에게 세상을 물려 주려하다.

▶ 當仁, 不讓於師.10)
▷ 인을 행함에 있어서는 스승에게도 양보하지 않는다.

   셋. 비교의 대상을 끌어들이며, 현대 중국어의 "比"와 같다.

▶ 青, 取之於藍而青於藍; 冰, 水爲之而寒於水.11)
▷ 푸른색은 쪽빛에서 얻어낸 것이지만 쪽빛보다 더 푸르고, 얼음은 물이 변해서 된 것이지만 물보다 더 차다.

   넷. 행위의 주동자를 끌어 들이는데, 현대 중국어의 "被"와 같다.

▶ 先發制人, 後發制於人.12)
▷ 선수를 쓰면 기선을 제압할 수 있는데, 늦으면 남에게 제압을 당한다.

   "于"와 "乎"는 아래 두 방면에서 차이를 보인다.

---

6) 《史記 燕召公世家》
7) 《韓愈 進學解》
8) 《戰國策 趙策》
9) 《莊子 逍遙游》
10) 《論語 衛靈公》
11) 《荀子 勸學》
12) 《漢書 項羽傳》

1). "于"는 중국어에서 가장 순수한 전치사이다. 그것은 단지 전치사 기능만 수행하는 가장 일상적으로 사용되는 전치사이다. "乎"는 兼類詞로써, 전치사 기능이나 어기사 기능도 수행할 수 있다. 전치사로써 "乎"의 네 가지 주된 용법은 "于"와 같을 지라도, "于"처럼 그렇게 자주 사용되지는 않는다.

2). "于"와 "乎"는 모두 반드시 명사성 낱말과 결합하여 전+목구를 만들지만 목적어는 생략할 수 없다. 그러나 전+목구의 위치가 완전하게 같지는 않다. "于"의 전+목구는 대다수가 동사, 형용사 술어 뒤에 쓰여 보어가 된다. 다만 장소와 시간을 끌어들이고, 행위의 대상을 끌어들이는 전+목구는 또한 동사술어 앞에 쓰여, 부사어로 될 수 있다. 특히 "于"가 "對(對于)"와 서로 같은 뜻일 때, 전+목구는 동사술어 앞에 쓰여 부사어로 기능할 수 있다. 뿐만 아니라, 또한 동사술어에서 벗어나 독립적으로 分句를 만들거나 앞부분에 명사와 접속사 "之"를 더하여 주어나 목적어를 충당할 수 있다.

▶ 不義而富且貴, 於我如浮雲.13)
▷ 의롭지 못한 부와 귀함은 나에게 있어 뜬구름과 같으니라.

▶ 始吾於人也, 聽其言而信其行; 今吾於人也, 聽其言而觀其行.14)
▷ 내가 처음에는 남에 대하여 그의 말을 듣고 그의 행실을 믿었으나 이제 나는 남에 대하여 그의 말을 듣고 다시 그의 행실을 살펴보게 되었다.

▶ 墨子之于道也, 猶瞽之于白黑也, 猶聾之于淸濁也.15)
▷ 묵자의 도는 마치 소경에게 흑백을 논하는 것과 같고, 벙어리에게 청탁을 논하는 것과 같다(진리에서 멀다).

"乎"의 전+목구는 반드시 동사술어, 형용사술어 뒤에 쓰여 보어가 된다.

▶ 千乘之國, 攝于大國之間.16)
▷ 천승의 제후국이 대국의 사이에서 속박을 받다.

▶ 生乎吾前.17)

---

13) 《論語 述而》
14) 《論語 公冶長》
15) 《荀子 樂論》
16) 《論語 先進》

▷ 내 이전에 살았다.

▶ 或問乎曾西曰.18)
▷ 어떤 이가 증서에게 물어 말하다.

▶ 以吾一日長乎爾.19)
▷ 내 나이가 너희들보다 다소 많다.

▶ 刑賞已諾, 信乎天下矣.20)
▷ 형벌과 상을 분명하게 따르니, 천하 사람에게 믿음을 보이는구나.

---

17) 韓愈《師說》
18) 《孟子 公孫丑上》
19) 《論語 先進》
20) 《荀子 王霸》

38. '이(以)'의 전치사용법과 접속사용법을 구별하는 방법은?

전치사 "以"의 주요 용법으로 네 가지가 있다.

하나, 동작행위에 사용되는 도구나 미치는 대상을 끌어들인다. 이 경우 "~로", "~을 가지고", "~을(를)"로 새긴다.

▶ 許子以釜甑爨, 以鐵耕乎?[1]
▷ 허 선생은 가마솥과 시루로써 밥을 지으며, 쇠붙이로써 밭을 가는가?

▶ 五畝之宅, 樹之以桑.[2]
▷ 5묘의 집 가장자리에 뽕나무를 심다.

둘, 동작행위의 근거가 되는 사물이나 어떤 자격 신분 지위 혹은 어떤 전제 방식을 끌어들인다. 이 경우 "~에 근거하여", "~에 따라", "~을 인솔하여" 등으로 새긴다.

▶ 儒以文亂法, 俠以武犯禁.[3]
▷ 유학자는 문으로써 법을 어지럽히고, 협객들은 무로써 금하는 법을 어긴다.

▶ 騫以郞應募使月氏.[4]
▷ 장건은 낭으로써 모집에 응해 월지에 사신 갔다.

▶ 餘船以次俱進.[5]
▷ 남은 배로 차례를 갖추어서 나아갔다.

▶ 四年春, 齊侯以諸侯之師侵蔡.[6]
▷ 4년 봄에, 제나라의 환공은 제후의 군대를 인솔하고 채나라를 침략하였다.

---

1) 《孟子 滕文公上》
2) 《孟子 梁惠王上》
3) 《韓非子 五蠹》
4) 《漢書 張騫傳》
5) 《資治通鑒 卷六十五》
6) 《左傳 僖公四年》

셋, 시간을 끌어들인다. 이 경우 "于", "在"에 가깝다.

▶ 武以始元六年春至京師.7)
▷ 무는 시원 6년 봄 수도에 이르렀다.

넷, 원인을 끌어들인다. 이 경우 "因", "因爲", "由于"에 가깝다.

▶ 君子不以言擧人, 不以人廢言.8)
▷ 군자는 말을 잘 한다고 해서 그 사람을 쓰지 않으며 사람이 나쁘다 하여 그의 좋은 말을 버리지 않는다.

접속사 "以"의 용법은 네 가지이다.

하나, 병렬 관계를 표시하고 형용사성 연합 구조에 주로 쓰인다. 때로는 명사성이나 동사성 연합구조에도 쓰인다.

▶ 夫夷以近, 則游者衆; 險以遠, 則至者少.9)
▷ 무릇 평탄하고 가까운 곳에는 노니는 자가 많고, 위험하고 먼 곳에는 오는 자가 적다.

▶ 賦《常棣》之七章以卒.10) [卒 : 末章]
▷ 《常棣》의 7장과 마지막 장을 읊었다.

▶ 忽魂悸以魄動, 怳驚起而長嗟.11)
▷ 갑자기 마음이 두근거리고 몸이 떨려 멍하니 놀라 일어나 길게 탄식했다.

둘, 순접관계를 표시하고 연동구조나 복문에 쓰인다. 뒤의 동작행위는 종종 앞의 동작행위의 목적이나 결과이다.

▶ 齊因乘勝盡破其軍, 虜魏太子申以歸.12)
▷ 제나라는 승기를 잡아 그 군대를 모두 격파하고 위나라 태자 申을 사로잡아 귀국했다.

▶ 日夜思竭其不肖之才力, 勞一心營職, 以求新媚于主上.13)

---

7) 《漢書 蘇武傳》
8) 《論語 衛靈公》
9) 王安石 《游褒禪山記》
10) 《左傳 襄公二十年》
11) 李白 《夢游天姥吟留別》
12) 《史記 孫子吳起列傳》

▷ 밤낮으로 저의 능력을 다하고 한결같은 마음으로 직무에 힘써 임금님께 잘 보이려 했다.

셋, 수식관계를 나타내고, 동사성 수식구조로 쓰인다.

▶ 船載以入.14)
▷ 배에 싣고 들어왔다.

▶ 舟遙遙以輕颺, 風飄飄而吹衣.15)
▷ 배는 흔들흔들 가볍게 흔들리고, 바람이 살랑살랑 옷깃에 불어온다.

▶ 其後楚日以削, 數十年, 竟爲秦所滅.16)
▷ 그 후 초나라는 나날이 쇠퇴하여 수십 년 뒤에 마침내 진나라에게 멸망당했다.

넷, 뒷부분에 "來", "往", "上", "下", "東", "南", "西", "北" 등의 단어를 연결하여, 시간, 장소와 범위를 나타낸다.

▶ 自有生民以來, 未有孔子也.17)
▷ 백성이 있은 이래로, 공자 같은 분은 계시지 않았다.

▶ 由山以上五六里, 有穴窈然.18)
▷ 산을 따라서 5~6리를 올라가면 깊은 동굴이 있다.

전치사 "以"와 접속사 "以"의 판별 방법은 아래와 같다.

하나. 전치사 "以"는 일반적으로 명사나 대명사의 전+목 구문을 만들어 (어떤 때는 목적어가 전치되기도 한다.) 부사어나 보어로 기능한다. 접속사 "以"는 연접 동사성 성분, 형용사성 성분을 연결하거나 부사어와 술어를 연결하는데 쓰인다.

▶ 以羽爲巢, 而編之以髮.19)

---

13) 司馬遷《報任安書》
14) 柳宗元《黔之驢》
15) 陶潛《歸去來兮辭》
16)《史記 屈原列傳》
17)《孟子 公孫丑》
18) 王安石《游褒禪山記》
19)《荀子 勸學》

▷ 깃털로 둥우리를 만들고 머리털로써 그것을 엮었다.

▶ 詩三百, 一言以蔽之, 曰: "思無邪."20)
▷ 시경 3백편의 뜻을 한마디 말로 대표할 수 있으니, "생각에 간사함이 없다"이다.

▶ 余折以御.21)
▷ 저는 (화살을) 꺾고 말을 몰았습니다.

▶ 治世之音安以樂, 亂世之音怨以怒.22)
▷ 치세의 소리는 편안하고 즐거우며, 난세의 소리는 원망스럽고 노엽다.

▶ 木欣欣以向榮, 泉涓涓而始流.23)
▷ 나무는 생기 있게 무성하게 자라고, 샘물이 졸졸 흐르기 시작한다.

앞의 두 예문에 보이는 "以"는 전치사이고 뒤 세 가지 예문에 나오는 "以"는 접속사이다.

둘, 전치사 "以"와 접속사 "以"는 모두 원인을 나타낼 수 있다. 전치사 "以"는 문장 가운데 쓰여, 전+명구를 만들어 원인을 나타낸다. 접속사 "以"는 因果 복문의 原因 分句 첫머리에 쓰여 원인을 나타낸다.

▶ 且吾不以一眚掩大德.24)
▷ 나는 한 가지 잘못으로써 (맹명의)큰 덕을 가리지는 않는다.

▶ 晋侯秦伯圍鄭, 以其無禮于晋, 且貳于楚也.25)
▷ 晉나라의 문공과 秦나라의 목공은 정나라를 포위하였는데, 그것은 진나라에 무례하게 대했고, 초나라에 두 마음을 가져서이다.

앞 예문의 "以"는 전치사이고, 뒤 예문의 "以"는 접속사이다.

셋, 전치사 "以"의 목적어가 생략될 때, "以+동사" 중의 전치사 "以"는 접속사와 쉽게 혼동된다. 판별방법은, 첫째 어의상으로 분석할 때 반드시 전치사목

---

20) 《論語 爲政》
21) 《左傳 成公二年》
22) 《禮記 樂記》
23) 陶潛 《歸去來兮辭》
24) 《左傳 僖公三十三年》
25) 《左傳 僖公三十年》

적어 "之"의 의미를 채워 넣어야 한다면 그런 "以"는 전치사이다. 둘째 구조를 분석하여 다음에 열거할 특징을 가진 "以"는 전치사이다. ①"以"자 앞에 조동사나 부사가 있다. ②"以"자 앞에 접속사가 있다. ③"以"자 앞에 주어가 있다.

▶ 忠之屬也, 可以一戰.26)
▷ 충실한 것에 속합니다. 한 번 싸울 만합니다.

▶ 小人有母, 皆嘗小人之食矣, 未嘗君之羹, 請以遺之.27)
▷ 소인에게는 어머니가 계시는데 제가 먹는 음식은 모두 맛보았습니다. 임금님의 고기국은 맛보지 못했습니다. 청컨대 그것을 어머니께 보내 주십시오.

▶ 今也, 滕有倉廩府庫, 則是厲民而以自養也, 惡得賢?28)
▷ 지금에 등나라에는 창름과 부고가 있으니, 이는 백성을 해쳐서 자기를 봉양하는 것이지, 어찌 어질 수 있겠습니까?

▶ 宅邊有五柳樹, 因以爲號焉.29)
▷ 집 옆에 버드나무 다섯 그루가 있어 그것으로써 호를 삼았다.

▶ 孝公用商鞅之法, 移風移俗, 民以殷盛, 國以富强.30)
▷ 효공이 상앙의 법을 써서 낡은 풍속을 고치니 백성들은 이로써 번성해지고 나라는 이로써 부강해졌다.

"以"가 문장 첫머리 혹은 分句의 첫머리에 쓰일 때, "以" 앞에 주어가 생략되었는지 아닌지 분석해야 한다. "以" 앞에 주어가 생략되었다면 어의상 또한 반드시 "以之"를 강조하게 되는데, 이럴 경우 "以"는 전치사이다.

▶ 太史書曰: "趙盾弒其君." 以示于朝.31)
▷ 태사가 "조돈이 그의 임금을 시해했다"고 써서 조정에 보였다.

▶ 明日, 子路行, 以告.32)

---

26)《左傳 莊公十年》
27)《左傳 隱公元年》
28)《孟子 滕文公上》
29) 陶潛《五柳先生傳》
30) 李斯《諫逐客書》
31)《左傳 宣公二年》
32)《論語 微子》

▷ 다음날 자로가 돌아와서 아뢰다.

▶ 苟粟多而財有餘, 何爲而不成? 以攻則取, 以守則固, 以戰則勝.[33]

▷ 만약 곡식이 많고 재물도 넉넉한데 무엇을 한들 이루지 못할까? 공격하여 취하고 지켜서 견고히 하고 싸워서 이긴다.

---

33) 賈誼 《論積貯疏》

39. 겸류사 '위(爲)'의 용법을 판별하고 분석하는 방법은?

"爲"는 광범위하게 사용되는 겸류사이다. 주로 동사와 전치사로 쓰이거니와 또한 어기사와 접속사로도 쓰일 수 있다.

하나. "爲"는 동사가 된다.

"爲"의 기본 뜻은 "되다", "만들다"이다. 《論語 爲政》: "見義不爲, 無勇也."("의를 보고도 행하지 않음은, 용기가 없는 것이다.")를 예로 들 수 있다.

"爲"의 파생어는 매우 광범위하다. 구체적인 문장 속에서 "爲"자는 갖가지 구체적인 뜻을 표시할 수 있다. 건설노동의 "만들다", "다스리다", "수리하다", "건축하다"("造", "治", "修", "築"), 사회활동의 "다스리다", "연구하다", "제정하다", "안배하다", "처리하다"("治理", "硏究", "制定", "按排", "處理"), 인사관계의 "충당하다", "담당하다", "~으로 여기다", "~으로 칭하다"("充當", "擔任", "作爲", "稱作"), 사물변화의 "~으로 변하다", "조성하다"("變爲", "造成") 등과 같이 뜻이 다양하다.

▶ 爲壇而盟, 祭以尉首.[1] [爲: 건설하다]
▷ 단을 쌓고 맹서를 하였는데, 장위의 머리를 제품으로 사용하였다.

▶ 有爲神農之言者許行.[2] [爲: 연구하다]
▷ 신농[3]의 가르침을 실천하는 허행[4]이라는 사람.

▶ 潁考叔爲潁谷封人.[5] [爲: 담당하다]
▷ 영고숙[6]을 영곡의 봉인으로 삼는다.

---

1) 《史記 陳涉世家》
2) 《孟子 滕文公上》
3) 神農: 중국 고대의 전설신 炎帝 神農氏
4) 許行: 墨子의 제자 許犯이라는 일설도 있는데 원래 墨家의 한 분파로 볼 수 있는 한 農家에 속한 인물.
5) 《左傳 隱公元年》
6) 潁考叔: 춘추 시대 鄭나라의 현인

▶ 化而爲鳥, 其名爲鵬.7)[爲: ~으로 되다, 爲: ~라고 부르다]
▷ 변하여 새가 되면, 그 이름을 붕이라 하였다.

"爲"의 "作爲(~으로 되다)", "叫作(~라고 부르다)"이라는 뜻은 의미가 파생된 것이고, 현대 중국어에서 판단을 표시하는 "是"의 뜻을 상당히 내포하고 있으며, 문장 안에서 주어와 술어를 연결하는 기능을 수행한다. 예를 들면 《論語 微子》: "子爲誰?"에서 "爲"는 "是"로 번역할 수 있다.

둘. "爲"가 전치사가 될 때, 용법은 아래와 같다.
1) 동작행위가 미치는 대상이나 服務하는 대상을 이끌어 낸다. "向", "對", "替", "爲"로 번역한다.

▶ 然此可爲智者道, 難爲俗人言也.8)
▷ 그러나 이것은 智者에게는 말할 수 있지만, 俗人에게는 말하기 어렵다.

▶ 於是爲長安君約車百乘, 質于齊.9)
▷ 이에 장안군을 위해 수레 百乘을 준비하여, 齊나라에 人質로 보냈다.

2) 동작행위의 목적이나 원인을 나타낸다. "爲了[wèile](~을 하기 위하여)", "因爲[yīnwèi](~때문에)", "由於[yóuyú](~으로 인하여)"로 번역한다.

▶ 天下熙熙, 皆爲利來: 天下攘攘, 皆爲利往.10)
▷ 천하 사람이 북적거리는 것은 모두가 利益을 위해서 모여들고, 천하 사람이 소란스러운 것은 모두가 利益 때문에 떠난다.

▶ 天行有常, 不爲堯存, 不爲桀亡.11)
▷ 자연의 運行에는 일정한 규칙이 있는데, (이것은) 堯임금 때문에 존재하는 것이 아니고, (폭군인) 桀왕 때문에 없어지는 것도 아니다.

3) 被動을 표시하여, 동작행위의 주체를 이끌어 낼 수 있다. "被"로 번역한다.

---

7) 《莊子 逍遙游》
8) 司馬遷 《報任安書》
9) 《戰國策 趙策》
10) 《史記 貨殖列傳》
11) 《荀子 天論》

▶ 戰而不克, 爲諸侯笑.12)
▷ 싸워서 이기지 못하면, 제후들로부터 비웃음을 받게 될 것이다.

▶ 有一於此, 將爲戮乎?13)
▷ 여기 그와 같은 자가 한 사람 있는데, 장차 죽음을 당하겠는가?

▶ 是狼爲虞人所窘, 求救於我, 我實生之.14)
▷ 이 이리가 사냥꾼에게 곤궁함을 당하여 나에게 도움을 청하기에, 나는 실제로 그를 살려 주었다.

▶ 不者, 若屬皆且爲所虜.15)
▷ 죽이지 않으면, 너희들은 모두 그에게 사로잡힐 것이다.

　셋. "爲"는 語氣詞가 되어, 反問語氣나 感歎語氣를 표시한다. 주로 "何", "何以"나 "奚", "奚以"와 호응하여 反問句의 일정한 문장형식 "何("奚, 何以, 奚以)~爲"를 조성한다.

▶ 如今人方爲刀俎16). 我爲魚肉. 何辭爲?17)
▷ 지금 저들이 바야흐로 칼과 도마가 되고, 우리는 그 위에 놓인 물고기의 신세가 될 지경에 무슨 인사말을 하시려고 합니까?

▶ 奚以之九萬里而南爲?18)
▷ 어찌하여 구만리를 날아올라 남쪽으로 가는 것일까?

▶ 予無所用天下爲!19)
▷ 나는 천하가 아무 쓸데가 없구나!

　넷. "爲"는 접속사로 假定을 표시한다. "如果", "假若"으로 번역한다.

▶ 王甚喜人之掩口也. 爲近王, 必掩口.20)

---

12)《左傳 襄公十年》
13)《左傳 成公二年》
14) 馬中錫《中山狼傳》
15)《史記 項羽本紀》
16) 刀俎: 칼과 도마. 生殺與奪을 마음대로 할 수 있는 지위에 있는 자. 극히 위험한 곳
17)《史記 項羽本紀》
18)《莊子 逍遙游》
19)《莊子 逍遙游》

▷ 임금께서는 사람들이 입을 가리는 것을 매우 좋아하시니, 만약 임금을 가까이 모시게 되면 반드시 입을 가리세요.

▶ 孫叔敖戒其子曰: "爲我死. 王則封汝. 汝必無受利地!"[21]
▷ 손숙오가 그 아들에게 경계하여 이르길, "만일 내가 죽게 되면 임금께서는 너를 封할 것이니, (그 때) 너는 반드시 이로운 땅을 받아서는 안 된다."고 했다.

　　兼類詞 "爲"의 辨析에 관해서는 뜻의 차이를 주의하는 것 이외에도, 어법 구조상의 구별에 주의해야 한다.

　　하나, 동사 "爲"와 전치사 "爲"의 辨析: 동사 "爲"는 動賓구조나 雙賓語구조에 사용되고, 전치사 "爲"는 副動구조에 사용되며, 그 중에 雙목적어구조 "爲之~"와 副動구조 "爲之~"는 형식이 서로 비슷하다. 辨析요령은 "爲+之+名詞"는 雙목적어구조이고, "爲+之+動詞"는 副動구조임에 주의해야 한다는 것이다. 예를 들어《左傳 隱公元年》"不如早爲之所"에서 "爲"는 동사이고,《戰國策 趙策》 "持其踵爲之泣"에서 "爲"는 전치사이다.

　　둘, 접속사 "爲"와 전치사 "爲"의 辨析: 접속사 "爲"는 假定을 표시하며, 複句 가운데 假定 分句의 文頭에 사용되어, 문장 성분이 되지 않으며, "爲"자 뒤가 문장이다. 전치사 "爲"는 副動구조 중에 사용되어, 전치사구조(혹은 목적어 省略)를 만들어 부사어가 된다.

　　셋, 語氣詞 "爲"의 辨識: 語氣詞 "爲"는 언제나 反問句나 感歎句의 文尾에 사용되어, 反問이나 感歎語氣를 표시할 뿐, 語彙意義는 없다. 動詞, 전치사, 접속사의 "爲"는 모두 文尾에 사용되지 않으며, 게다가 모두 사로 다른 語彙意義를 가지고 있다.

　　넷, 관용구를 통한 "爲"의 詞性 辨析: 被動句 "爲+動詞"식, "爲+名詞+動詞"식, "爲+所+動詞"식, "爲+名詞+所+動詞"식 가운데 있는 "爲"는 전치사이고, 反問句 "何~爲", "何以~爲", "奚~爲", "奚以~爲" 가운데 있는 "爲"는 語氣詞이다.

---

20)《韓非子 內儲說下》
21)《列子 說符篇》

40. '이(以)'의 고정구조를 이해하는 방법은?

"以"의 고정구조는 아래와 같은 모습을 보인다.

하나. "是以", "以是"

"是以"는 전치사 "是"와 지시대명사 "以"가 굳어져 완성된 전+목구이다. "是以"는 곧 "以是"인데, 왜냐하면 전치사 "以"의 목적어는 무조건 앞당겨 쓸 수 있기 때문이다. "是以"는 因果複句에 사용되어 결과나 결론을 표시하며, 동시에 因果접속사의 역할을 하고 있어, "因此"에 가깝다.

▶ 太伯不從, 是以不嗣.[1]
▷ 太伯은 부친의 명을 따르지 아니하고, 吳나라로 도망쳤기 때문에, 虞仲도 周나라 왕실을 계승하지 않고, 吳나라로 도망쳤습니다.

▶ 仲尼之徒, 無道桓文之事者, 是以後世無傳焉.[2]
▷ 仲尼의 門徒들은 齊桓公과 晉文公의 일을 만 한 자가 없습니다. 이 때문에 후세에 전해진 것이 없습니다.

"是以"도 "以是"로 쓸 수는 있으나 찾아보기는 힘들다.

▶ 然公子遇臣厚, 公子往而臣不送, 以是知公子恨之復返也.[3]
▷ 公子께서는 신을 후하게 대접하셨지만, 신은 공자께서 가시는데도 마중하지 않았으니 이로 인해 공자께서 원망하여 다시 돌아올 줄 알았던 것입니다.

▶ 錄畢, 走送之, 不稍逾約, 以是人多以書假余.[4]
▷ 기록하기를 마치면 재빨리 보내주어서 조금도 약속을 어김이 없었다. 이 때문에 사람들은 대부분 나에게 책을 빌려주었다.

---

1) 《左傳 僖公五年》
2) 《孟子 梁惠王上》
3) 《史記 魏公子列傳》
4) 宋濂《送東陽馬生序》

둘. "以~故", "以故"

"以~故"는 전치사 "以"와 목적어 "~(之)故"로 굳어져 이루어진 전+목구이다. 사건 발생 원인을 설명하는 데 쓰이며 "因果~ 的緣故"(~의 이유로 인해)와 비슷하다. "以~故"는 부사어로 쓰이거나 원인과 결과를 나타내는 複文에서 원인을 나타내는 단문으로 쓰인다.

▶ 主上幸以先人之故, 使得奏薄技, 出入周衛之中.5)
▷ 다행히 임금께서 저의 선친의 연고로, 태사의 일을 이어받게 하시어 궁중을 출입할 수 있게 되었습니다.

▶ 諸侯伐鄭, 以其逃首止之盟故也.6)
▷ 제후들이 정나라를 정벌한 것은 수지에서 동맹을 맺을 때 도망갔기 때문이다.

"以故"는 "以~故"가 줄어들어 굳어진 구조로 "因此"와 가깝다. "以故"는 구 가운데 부사어가 되고 因果 複文에서 결과를 나타내는 단문의 문두에 쓰여 결과를 나타낸다. 이때 "以故"는 동시에 접속사 기능을 수행한다.

▶ 韓, 魏以故至今稱東藩.7)
▷ 한, 위는 이 때문에 지금 東藩이라 칭해진다.

▶ 其人家有好女者, 恐大巫祝爲河伯娶之, 以故多持女遠逃之, 以故城中益空無人.8)
▷ 아름다운 딸을 가진 집에서는 무당이 河伯을 위하여 딸을 데려갈 것을 두려워하여 딸을 데리고 멀리 도망가는 자가 많아졌습니다. 이 때문에 성안은 더욱 비어 사람이 없어졌습니다.

셋. "得以", "足以"

"得以"는 조동사 "得"과 전치사 "以"가 굳어져 이루어진 助動詞性 구조이다. 어떤 조건에 의해 어떤 일을 할 수 있다는 것을 나타낸다. "得以"는 부사어로 쓰이고 "~할 수 있다"로 번역된다.

---

5) 司馬遷《報任安書》
6)《左傳 僖公六年》
7)《戰國策 中山策》
8)《史記 滑稽列傳補》

- 騫以校衞從大將軍擊匈奴, 知水草處, 軍得以不乏.9)
- 장건은 교위로서 대장군을 따라 흉노를 공격하였는데, 장건은 사막 가운데 수초가 있는 곳을 알고 있었기 때문에 군대는 곤란을 겪지 않을 수 있었다.

"足以"는 조동사 "足"과 전치사 "以"가 굳어져 이루어진 助動詞性 구조이다. 완전한 조건과 능력이 있어 어떤 일을 할 수 있음을 나타낸다. "足以"는 부사어로 쓰여 "쓰기에 충분하다", "가능하다"로 번역된다.

- 是故明君制民之產, 必使仰足以事父母, 俯足以畜妻子.10)
- 그러므로 현명한 군주는 백성의 생업을 재정해 주되, 반드시 위로는 족히 부모를 섬길만하며, 아래로는 족히 처자를 기를 만하다.

"足以"는 또한 사물의 가치에 대한 긍정을 나타낸다. "~할 만하다"로 번역되는데, 항상 부정구와 반문구에 쓰인다.

- 寡君之師徒, 不足以辱君矣.11)
- 우리 임금의 군대로는 그대를 욕보일 수 없습니다.

- 孔子曰: "吾何足以稱哉? 勿已者, 則好學而不厭, 好敎而不倦, 其惟此邪!"12)
- 공자가 대답하기를 "제가 어떻게 족히 칭송 받을 수 있겠습니까? 그만두지 말라하신다면, 배움을 좋아하는 데에 물리지 않고, 가르침을 좋아하는 데에 게을리 하지 않으니 단지 이것이 칭송받는 일일 것입니다."

넷. "有以", "無以"("亡以")

"有以"는 동사 "有"와 전치사 "以"가 굳어져 이루어진 助動詞性 구조이다. "할 수 있다", "방법이 있다", "조건이 있다", "기회가 있다" 등으로 번역되며 상황어로 쓰인다.

- 信喜, 謂漂母曰: "吾必有以重報母."13)
- 한신이 기뻐하며 표모에게 이르기를 "나는 반드시 그대에게 크게 보답하리라."

- 項王未有以應.14)

---

9) 《漢書 張騫傳》
10) 《孟子 梁惠王上》
11) 《國語 越語上》
12) 《呂氏春秋 尊師》
13) 《史記 淮陰侯列傳》

▷ 항왕은 이에 대해서 아무런 응답을 할 수 없었다.

"無以"는 동사 "無"와 전치사 "以"로 굳어져 이루어진 助動詞性 구조이다. "할 수 없다", "방법이 없다", "아무런 용도가 없다" 등으로 번역되며 부사어로 쓰인다.

▶ 故不積跬步, 無以至千里: 不積小流, 無以成江海.15)
▷ 그러므로 반걸음을 거듭해 나가지 않으면, 천리의 길에 이를 수 없고, 작은 흐름을 쌓아가지 않으면 강이나 바다를 이룰 수 없다.

▶ 河曲智叟亡以應.16)
▷ 하곡의 지혜 있는 늙은이는 아무 말도 못했다.

어떤 학자들은 "有以", "無以"는 "有所以", "無所以"의 관용적 생략이며, "有以"는 바로 "~할 방법이 있다"로 "無以"는 바로 "~할 방법이 없다"라고 번역해도 의미는 통한다.

다섯. "所以"(제24장 참조)

여섯. "以~爲~"(제63장 참조)

---

14) 《史記 項羽本紀》
15) 《荀子 勸學》
16) 《列子 湯問》

41. 접속사 '而'의 특징은 무엇인가?

"而"는 한문에서 가장 광범위하게 사용되고, 용법이 가장 원활한 접속사이다. 낱말과 구의 연결이 가능하며 또한 문장과도 연접이 가능하다. "而"의 특징은 아래와 같다.

하나. "而"는 형용사, 동사 혹은 형용사성사조, 동사성사조 및 문장과 연결하는 접속사이다. 일반적으로 명사 혹은 명사성사조를 연결하지는 않는다. 물론, "而"가 명사성사조와 연결할 때, 이 결합(연합)구조는 때때로 술어의 기능을 하여 주어 성질의 특징에 대한 묘사 또는 설명을 나타낸다.

▶ 蟹六1)跪而二螯.2)
▷ 게는 여섯 개의 발과 두 개의 가위를 가지고 있다.

▶ 魏公子無忌者, 魏昭王少子而魏安釐王異母弟也.3)
▷ 위나라의 공자 무기는 위 소왕의 막내아들이며, 위 안희왕의 이복 동생이다.

둘. "而"와 연접하는 두 항은 어법상 다음 몇 가지 관계를 구성할 수 있다.
1) 병렬관계

"而"는 연합구조 혹은 복문에 사용되어, 두 가지 성질, 두 가지 상황, 혹은 두 가지 행위, 두 가지 사건을 포함하는 병렬관계를 나타낸다. "而"는 "且", "而且"로 해석 할 수도 있고 그렇게 해석되지 않을 수도 있다.

▶ 美而艶.4)
▷ 아름답고 어여쁘다.

▶ 敏於事而愼於言.5)

---

1) 盧文弨의 《荀子箋釋》은 〈說文〉에 '蟹有二敖八足'이라 하였고,《大戴禮》도 또한 같다고 하여 '六'은 '八'의 잘못이라 하고 있다.
2) 《荀子 勸學》: 蟹六跪而二螯, 非蛇蟮之穴, 無可寄託者, 用心躁也.
3) 《史記 魏公子列傳》: 魏公子無忌者, 魏昭王少子而魏安釐王異母弟也. 昭王薨, 安釐王卽位, 封公子爲信陵君. 是時范雎亡魏相秦, 以怨魏齊故, 秦兵圍大梁, 破魏華陽下軍, 走芒卯. 魏王及公子患之.
4) 《左傳 桓公元年》: 宋華父督見孔父之妻于路, 目逆而送之, 曰, "美而艶."

▷ 일을 민첩히 하고, 말을 삼간다.

▶ 任重而道遠.6)
▷ 책임이 무겁고 길이 멀기 때문이다.

▶ 詠而歸.7)
▷ 노래하면서 돌아오겠다.

▶ 察言而觀色8)
▷ 남의 말을 살피고 얼굴빛을 관찰한다.

▶ 明者遠見於未萌, 而智者避危於無形.9)
▷ 선견지명이 있는 자는 싹이 트기 전에 일을 미리 알고, 지혜가 있는 자는 위험을 미연에 피하는 것입니다.

　2) 수식관계

　"而"는 부사+동사구조에 사용되어, 수식관계를 나타내는데, 앞항은 뒤항의 시간이나 방식이다. 이런 "而"는 현대 중국어에 있어서 상응하는 사에 관계없이 번역 할 수 있다.

▶ 長驅到齊, 晨而求見.10)
▷ 먼 거리를 말을 몰고 齊에 이르러 새벽에 뵙기를 청했다.

▶ 子路率爾而對.11)
▷ 자로가 경솔히 대답했다.

▶ 妻側目而視, 傾耳而聽.12)

---

5) 《論語 學而》: 子曰 君子食無求飽, 居無求安, 敏於事而愼於言, 就有道而正焉, 可謂好學也已.
6) 《論語 泰伯》: 曾子曰 士不可以不弘毅, 任重而道遠. 仁以爲己任, 不亦重乎? 死而後已, 不亦遠乎?
7) 《論語 先進》: 子曰 何傷乎? 亦各言其志也. 曰 莫春者, 春服旣成. 冠者五六人, 童子六七人, 浴乎沂, 風乎舞雩, 詠而歸. 夫子喟然歎曰 吾與點也!
8) 《論語 顏淵》: 子曰 是聞也, 非達也. 夫達也者, 質直而好義, **察言而觀色**, 慮以下人. 在邦必達, 在家必達. 夫聞也者, 色取仁而行違, 居之不疑. 在邦必聞, 在家必聞.
9) 《史記 司馬相如列傳》: 蓋明者遠見於未萌而智者避危於無形, 禍固多藏於隱微而發於人之所忽者也.
10) 《戰國策 齊策》: 長驅到齊, 晨而求見. 孟嘗君怪其疾也, 衣冠而見之, 曰 "責畢收乎? 來何疾也!" 曰 "收畢矣." "以何市而反?"
11) 《論語 先進》: 子曰 以吾一日長乎爾, 毋吾以也. 居則曰 不吾知也! 如或知爾, 則何以哉? 子路率爾而對曰 千乘之國, 攝乎大國之間, 加之以師旅, 因之以饑饉 由也爲之, 比及三年, 可使有勇, 且知方也. 夫子哂之.

▷ 처가 눈을 찡그려 보고, 귀를 기울여 들었다.

  3) 순승관계

  "而"는 연동구조 혹은 복문에서 사용되어 순승관계를 나타낸다. 뒤항은 앞항에 대해 시간상에 있어서 순응성이 있고 또한 때때로 앞항의 목적이나 결과이기도 하다. "而"는 "就", "便"로 해석 될 수도 있고, 해석되지 않을 수도 있다.

▶ 入而徐趨, 至而自謝13)
▷ 들어가서는 천천히 종종걸음, 이르러서는 스스로 사죄하다.

▶ 虎求百獸而食之14)
▷ 호랑이는 온갖 짐승들을 잡아서 먹었다.

▶ 倉廩實而知禮節, 衣食足而知榮辱.15)
▷ 곡식창고가 가득 차야만 예절을 알며, 의식이 풍족해야만 영욕을 알게 된다.

  4) 전환관계

  "而"는 연합구조나 복문에 사용되어, 두 가지 성질, 두 가지 행위, 두 가지 상황을 포함하는 전환관계를 표시한다. "而"는 "却", "但是", "然而"로 해석 할 수 있다.

▶ 子溫而厲, 威而不猛, 恭而安.16)
▷ 공자께서는 온화하면서도 엄숙하시며, 위엄이 있으면서도 사납지 않으시며, 공손하면서도 편안하셨다.

▶ 人不知而不慍.17)
▷ 사람들이 알아주지 않더라도 서운해 하지 않는다.

---

12) 《戰國策 秦策》: 將說楚王, 路過洛陽, 父母聞之, 淸宮除道, 張樂設飮, 郊迎三十里 妻側目而視, 傾耳而聽. 嫂蛇行匍伏, 四拜自跪而謝. 蘇秦曰 "嫂何前倨而後卑也?" 嫂曰 "以季子之位尊而多金."
13) 《戰國策 趙策》: 左師觸讋願見太后. 太后盛氣而楫之. 入而徐趨, 至而自謝, 曰 "老臣病足, 曾不能疾走, 不得見久矣. 竊自恕, 而恐太后玉體之有所隙也, 故願望見太后."
14) 《戰國策 楚策》: 虎求百獸而食之, 得狐, 狐曰 子無敢食我也. 天帝使我長百獸, 今子食我, 是逆天帝命也.
15) 《史記 管晏列傳》: 管仲旣任政相齊, 以區區之齊在海濱, 通貨積財, 富國彊兵, 與俗同好惡. 故其稱曰 "**倉廩實而知禮節, 衣食足而知榮辱**, 上服度則六親固, 四維不張, 國乃滅亡. 下令如流水之原, 令順民心."
16) 《論語 述而》: 子曰 君子坦蕩蕩, 小人長戚戚. 子溫而厲, 威而不猛, 恭而安.
17) 《論語 學而》: 子曰 學而時習之, 不亦說乎? 有朋自遠方來, 不亦樂乎? 人不知而不慍, 不亦君子乎?

▶ 舟已行矣, 而劍不行.[18]
▷ 배는 이미 진행하였고 칼은 진행하지 않았다.

　셋. "而"는 연합구조, 편정구조, 연동구조와 복문에 사용되는 것 외에도 또 주술구조에 사용되어 전환관계를 나타낼 수 있다. 술어가 당연한 이치에 따라 해서는 안 되는, 원하지 않는, 혹은 출현할 수 없는데 출현한 상황임을 강조한다. "而"는 "却"으로 해석 할 수 있다.

▶ 人役而恥爲役, 猶弓人而恥爲弓, 矢人而恥爲矢也.[19]
▷ 사람에게 사역되어 사역하는 것을 부끄러워하는 것은, 마치 활 만드는 사람이 활 만드는 것을 부끄러워하며, 화살 만드는 사람이 화살 만드는 것을 부끄러워함과 같은 것이다.

▶ 十人而從一人者, 寧力不勝, 智不若耶.[20]
▷ 열 사람이 한 사람을 쫓는 것이 어찌 힘이 부족해서인가? 지혜가 그만 못해서이다.

▶ 匹夫而爲百世師, 一言而爲天下法.[21]
▷ 필부로서 백세의 스승이 되고, 한마디 말로 천하의 법이 된다.

　이런 주술구조가 가정 分句(단문)에 사용될 때, "而"는 가정을 표시하며 "如果(만약~한다면)"으로 새긴다. 실제로 "而"는 여전히 전환을 표시하고, 술어의 특수성을 강조한다.

▶ 相鼠有皮, 人而無儀. 人而無儀, 不死何爲.[22]
▷ 쥐를 보건대 가죽이 있으니 사람으로서 威儀가 없단 말인가? 사람으로서 威儀가 없으면 죽지 않았다 한들 무엇하리오.

---

18) 《呂氏春秋 察今》: 舟止, 從其所契者入水求之. 舟已行矣, 而劍不行, 求劍若此, 不亦惑乎?
19) 《孟子 公孫丑上》: 孔子曰 里仁爲美. 擇不處仁, 焉得智? 夫仁, 天之尊爵也, 人之安宅也. 莫之禦而不仁, 是不智也. 不仁 不智 無禮 無義, 人役也. 人役而恥爲役, 由弓人而恥爲弓, 矢人而恥爲矢也. 如恥之, 莫如爲仁. 仁者如射, 射者正己而後發. 發而不中, 不怨勝己者, 反求諸己而已矣.
20) 《戰國策 趙策》: 辛垣衍曰 "先生獨未見夫僕乎? 十人而從一人者, 寧力不勝, 智不若耶? 畏之也" 魯仲連曰 "然梁之比于秦, 若僕耶?" 辛垣衍曰 "然" 魯仲連曰 "然吾將使秦王烹醢梁王" 辛垣衍怏然不悅, 曰 "嘻! 亦太甚矣, 先生之言也. 先生又惡能使秦王烹醢梁王?"
21) 蘇軾《潮州韓文公廟碑》: 匹夫而爲百世師, 一言而爲天下法, 是皆有以參天地之化, 關盛衰之運, 其生也有自來, 其逝也 有所爲. 故申呂自嶽降, 傳說爲列星, 古今所傳, 不可誣也.
22) 《詩經 鄘風 相鼠》: 相鼠有皮, 人而無儀. 人而無儀, 不死何爲. 相鼠有齒, 人而無止. 人而無止, 不死何俟. 相鼠有體, 人而無禮. 人而無禮, 胡不遄死.

▶ 我有子弟, 子産誨之 我有田疇, 子産殖之. 子産而死, 誰其嗣之23)
▷ 내 자식을 자산이 가르치고 우리들이 땅을 가지면 자산이 그것을 늘려주니, 자산이 죽는다면 누가 뒤를 이을 것인가?

▶ 假令晏子而在, 余雖爲之執鞭, 所欣慕焉.24)
▷ 만약 안자가 지금 있다면, 그를 위해서 마부가 되어 채찍을 드는 일이라도 할 정도로 나는 안자를 흠모하고 있다.

"人而無儀"는 앞 문장 "人而無儀"을 이어받은 것으로 "사람은 마땅히 위의가 있어야 하는데 위의가 없다(人應有威儀却無威儀)"는 뜻이다. "子産而死"는 "자산은 죽지 말아야 하는데 결국 죽을 것이다(子産不該死却究會死去)"는 의미가 함축되어 있다. "假令晏子而在"을 가설하고 있는 의미는 "假令"으로부터 나타난다. "而"는 단지 가정적으로 "안자가 여전히 살아 있다(晏子還活着)"는 특수한 경우를 강조한다.

---

23) 《左傳 襄公三十年》: 及三年, 又誦之, 曰, "**我有子弟, 子産誨之 我有田疇, 子産殖之. 子産而死, 誰其嗣之?**"
24) 《史記 管晏列傳》: 方晏子伏莊公尸哭之, 成禮然後去, 豈所謂"見義不爲無勇"者邪? 至其諫說, 犯君之顏, 此所謂"進思盡忠, 退思補過"者哉! **假令晏子而在, 余雖爲之執鞭, 所欣慕焉**.

42. 접속사 '則'의 용법은 무엇인가?

"則"은 복문에 사용되며 分句를 이어주는 접속사이다. 주요 용법은 아래와 같다.

하나. 복문을 연결하는데 사용하며, 앞뒤 두 항은 시간적으로 서로 연결된다. "則"은 순접관계를 나타낸다. "就", "便"로 번역된다.

▶ 聞令下, 則各以其學議之.[1]
▷ 법령을 들으면 각자 자기의 학문으로써 그 법령을 의논한다.

▶ 旣其出, 則或咎其欲出者.[2]
▷ 동굴에서 나온 후 나가자고 했던 사람을 탓하는 사람이 있었다.

둘. 조건복문이나 가정복문에 사용하며, 앞뒤 두 항은 이치상 서로 관련이 있다. 앞의 문장은 뒷 문장의 원인, 조건 혹은 가설의 조건이고, 후항은 전항의 결과이다. "則"은 결과관계를 나타내고 "就", "那(麽)", "那(麽) ~就"로 번역된다.

▶ 水之積也不厚, 則其負大舟也無力.[3]
▷ 물이 고인 곳이 깊지 않으면 큰 배를 띄울 힘이 없다.

▶ 父母之愛子, 則爲之計深遠.[4]
▷ 부모가 자식을 사랑한다면 그를 위해 깊고 원대한 계획을 세워야 한다.

▶ 王如知此, 則無望民之多於鄰國也.[5]
▷ 왕께서 만일 이와 같은 것을 아신다면 백성이 이웃나라보다 많아지는 것을 바라지 마소서.

셋. 전환복문에 사용하며, 앞뒤 두 항은 이치상 상충한다. "則"은 전환관계

---

1) 《史記 秦始皇本紀》
2) 王安石《游褒禪山記》
3) 《莊子 逍遙遊》
4) 《戰國策 趙策》
5) 《孟子 梁惠王上》

를 나타내고, "却"로 번역된다.

▶ 滕, 小國也. 竭力以事大國, 則不得免焉.6)
▷ 우리 등나라는 작은 나라라 힘을 다해 대국을 섬기더라도 화를 면할 수 없습니다.

▶ 至則無可用, 放之山下.7)
▷ 도착하였으나 가히 쓸 만한 데가 없어 산 아래에 풀어놓았다.

때때로 "則"자로 연결되는 문장에서, 뒷문장이 나타내주는 일이 실제로 먼저 일어났고, 전항이 나타내는 일이 나중에 일어난 경우도 있다. "則"이 전환관계를 나타낼 때는 이미 일어난 사건을 발견했다는 의미도 담겨 있다.

▶ 使子路反見之至則行矣.8)
▷ 자로로 하여금 돌아가 그들을 보게 했는데 도착해 보니 떠나고 없었다.

▶ 其子趨而往視之苗則槁矣.9)
▷ 그 아들이 달려가 그것을 보니 싹은 말라 있었다.

접속사 "則"이 이치가 상관됨이나 이치가 상충됨을 나타낼 때는 주로 몇 가지 사건을 열거할 때 사용하거나 두 가지 사건을 대조할 때 사용하며, 단문이 축약문으로 바뀐다.

▶ 布帛長短同, 則賈相若; 麻縷絲絮輕重同, 則賈相若, 五穀多寡同, 則賈相若, 屨大小同, 則賈相若.10)
▷ 포백의 길이가 같으면 값이 서로 같으며, 삼과 실 혹은 생사와 솜의 무게가 같으면 값이 서로 같으며, 오곡의 양이 같으면 값이 서로 같으며 신의 크고 작음이 같으면 값이 서로 같을 것이다.

▶ 學而不思則罔, 思而不學則殆.11)
▷ 배우고 생각하지 않으면 망령되고, 생각하고 배우지 않으면 위태롭다.

---

6) 《孟子 梁惠王下》
7) 柳宗元 《三戒 黔之驢》
8) 《論語 微子》
9) 《孟子 公孫丑上》
10) 《孟子 滕文公上》
11) 《論語 爲政》

▶ 應之以治則吉, 應之以亂則凶.12)
▷ 치도로 대응하면 길하고, 난도로 대응하면 흉하다.

▶ 求牛則名馬, 求馬則名牛, 所求必不得矣.13)
▷ 소를 찾을 때에는 말의 명칭으로 부르고, 말을 찾을 때에는 소의 명칭으로 부르니 그 찾는 바를 결코 알지 못할 것이다.

▶ 實欲言十則言百, 百則言千矣.14)
▷ 실제 십이면 백을 말하고 백이면 천이라고 한다.

"則"자가 두 가지 일을 대조하여 제시한 병렬복문에 사용되어 대조를 나타낼 때는 전항이 때때로 시간, 장소, 상황을 나타내는 수식성 단어 일수도 있다.

▶ 鄒魯之臣, 生則不得事養, 死則不得飯含.15)
▷ 鄒魯의 신하는 살아서는 섬기고 봉양함을 얻지 못하고, 죽어서는 염습함을 얻지 못했다.

▶ 內則百姓疾之, 外則諸侯叛之.16)
▷ 안으로는 백성들이 미워하고 밖으로는 제후들이 배반한다.

▶ 是故無事則國富, 有事則兵强, 此之謂王資.17)
▷ 그러므로 아무 일이 없을 때에는 나라가 부해지고, 일이 있을 때에는 군대가 강해진다. 이것을 일컬어 왕의 바탕이라고 한다.

"則"이 접속사로 사용될 때를 제외하고는 "卽"과 뜻이 통한다. 가정을 나타내고, 가정복문에 사용되며 "如果[rúguǒ](만일)", "假如[jiǎrú](가령)"로 번역된다.

▶ 彼則肆然而爲帝, 過而遂正于天下, 則連有赴東海而死矣.18)
▷ 저들이 방자한데 황제가 된다면 시간이 지나 천하를 바로 잡더라도 나(노중련)는 곧 동해로 가서 죽을 것이다.

---

12) 《荀子 天論》
13) 《呂氏春秋 審分》
14) 王充 《論衡 儒增》
15) 《戰國策 趙策》
16) 《荀子 正論》
17) 《韓非子 五蠹》
18) 《戰國策 趙策》

▶ 大寇則至, 使之持危城, 則必畔, 遇敵處戰, 則必北, 勞苦煩辱則必奔, 霍焉離耳, 下反制其上.19)

▷ 큰 적이 닥쳐 그들로 하여금 위태로운 성을 지키게 한다면, 반드시 배반할 것이요, 적을 만나 전투에 나가게 하면 반드시 패배할 것이요. 힘들고 괴롭고 번거롭고 욕스러우면 반드시 도망갈 것이요. 뿔뿔이 흩어지고 오히려 위를 먹으려 들 것이다.

▶ 今聞章邯降項羽, 項羽乃號爲雍王, 王關中. 今則來, 沛公恐不得有此.20)

▷ 지금 듣기로는 장한이 항우에게 항복하자, 항우는 그를 옹왕으로 부르고 관중의 왕이 되게 했다고 하는데, 지금 만약 온다면 패공께서는 아마 이곳을 차지하지 못하게 될 것입니다.

---

19) 《荀子 議兵》
20) 《史記 高祖本紀》

43. 접속사 '여(與)'와 전치사 '여(與)'를 어떻게 구별하는가?

접속사 '與'는 병렬 관계를 나타내는데, 명사, 대명사를 연접하는 데 가장 많이 쓰인다. 전치사 '與'는 늘 명사, 대명사와 함께 전+목 구문을 조성하는데 접속사 '與'와 전치사 '與'는 뒤섞여서 혼동되기 쉽기 때문에 변별할 때 다음에 주의해야 한다.

하나. 전+목 구문, '與+명사'는 통상 서술구의 위어 앞에 쓰여 부사어가 된다. 이로 인하여 만약 '명사+與+명사' 판별구, 묘사구에 쓰여 서술구의 관형어, 목적어로 쓰인다. 곧 뒤에 동사가 나오지 않을 때 쓰인다.

'與'는 접속사인데 '명사+與+명사'는 연합 구조이다.

▶ 爲湯武敺民者, 桀與紂也.[1]
▷ 탕왕과 무왕을 위하여 백성을 몰아넣는 것은 걸왕과 주왕이다.

▶ 禮與食, 孰重?[2]
▷ 예의를 지키는 것과 음식을 먹는 것은 어느 쪽이 소중하니까?

▶ 陵與衛律之罪, 上通於天.[3]
▷ 이릉과 위율의 죄는 위로는 하늘에 달했다.

▶ 老賊欲廢漢自立久矣, 徒忌二袁, 呂布, 劉表與孤耳.[4]
▷ 늙은 도적(조조)은 한나라를 업신여기고 스스로 임금이 되려고 한 지가 오래이다. 한갓 二袁(원소, 원술), 呂布, 劉表 그리고 나(손권)를 꺼려했을 따름이다.

둘. '명사(대명사)+與+명사(대명사)'는 동사 앞에 올 때 쓰이기 쉬운데 전치사 '與'와 접속사 '與'는 대략 서로 섞여 쓰이기 쉬운데 전치사의 어법 조건으로 아래의 몇 가지가 있다.

---

1) 《孟子 離婁上》
2) 《孟子 告子下》
3) 《漢書 蘇武傳》
4) 《資治通鑒》卷六十五.

1) '與'자 앞에 조동사, 부사 등 수식 성분이 있을 때 '與'는 전치사이다. 접속사 앞에 수식 성분이 올 수 없기 때문이다.

▶ 邂逅不如意, 便還就孤, 孤當與孟德決之.5)
▷ (손권이 周瑜에게 말하기를:) "(조조 군을) 만나 일이 뜻대로 되지 않거든 바로 나에게 돌아오시오. 내(孫權)가 맹덕(曹操의 字)과 결판을 짓겠소."

▶ 孫臏嘗與龐涓俱學兵法.6)
▷ 손빈은 일찍이 방연과 함께 병법을 배웠다.

2) '與'자 뒤에 대명사 '之'가 있으면, '與'는 전치사인데 왜냐하면 대명사 '之'는 오로지 목적어가 될 수밖에 없기 때문이다.

▶ 公與之乘, 戰于長勺.7)
▷ 장공은 조귀와 함께 수레를 타고 장작에서 싸웠다.

3) '與'자 전후 항목이 불안전할 때, 즉 앞의 항목을 생략했거나, 혹은 뒤의 항목을 생략했거나, 또는 두 개의 항목 모두를 생략했을 경우 '與'는 전치사이다. 왜냐하면 접속사로 연결된 두 항목은 결코 생략할 수 없기 때문이다.

▶ 齊侯陳諸侯之師. [ ]與屈完乘而觀之.8)
▷ 제나라 군주가 제후들의 군사를 도열시켜 놓고 굴완과 더불어 수레를 타고 열병을 했다.

▶ 攻陳, 陳守令皆不在, 獨守丞與[ ]戰譙門中.9)
▷ 진을 공격했을 때 진의 수령들은 모두 있지 아니했고, 오직 수승(군의 부장관)이 더불어 초문 가운데서 싸웠다.

▶ 旦日, 客從外來, [ ]與[ ]坐談.10)
▷ 다음날 아침 내객이 있었다. 추기는 손님과 좌담했다.

셋. 완전한 '명사(대명사)+與+명사(대명사)+술어(動詞)'의 문장에서 '與'가

---

5) 《資治通鑑》卷六十五
6) 《史記 孫子吳起列傳》
7) 《左傳 莊公十年》
8) 《左傳 僖公四年》
9) 《史記 陳涉世家》
10) 《戰國策 齊策》

전치사인지 접속사인지 구분하기 어렵다. 먼저, 구조를 분석해서, '與'자 앞뒤 두 항의 위치를 바꾸어도 문제가 없고, '與'자를 頓號(작은 쉼표)로 대체해도 문장의 의미에 영향을 주지 않는다면, 그 '與'는 접속사이다. 그런데 만일 그 반대의 경우가 발생한다면 '與'는 전치사로 봐도 좋다.

그런 다음 의미를 분석해 들어갈 때, 아래 몇 가지 상황에 주의해야 한다.

1) 동작 행위가 '與'자 앞의 항이 뒤의 항에 대하여 작용할 때, '與'는 전치사로 봐야 한다.

▶ 來! 予與爾言.11)
▷ 이리 오시오! 내가 그대와 말을 하겠소.

▶ 今者有小人之言, 令將軍與臣有郤.12)
▷ 지금 소인배들의 말로 장군과 저는 틈이 생겼습니다.

"予與爾言"에서 '爾'는 전혀 말이 없고, "令將軍與臣有郤"에서 '臣'은 '將軍'에 대해 전혀 틈이 생기지 않았다.

2) 동작 행위가 '與'자 앞뒤 두 항에 공통으로 작용하는 것이 아닐 경우, '與'자 앞항만 강조하는데 그친다면 그 '與'자는 전치사로 봐야 한다.

▶ 賢者與民幷耕而食, 饔飧而治.13)
▷ 어진 사람은 백성들과 함께 농사지어서 먹으며, 아침저녁을 손수 지어먹으면서 정치를 하는 것입니다.

문장에서 '與民'은 다만 '幷耕'을 수식할 뿐이요, '與' 뒤의 '民食'이나 '民饔飧'을 강조하지 않거니와 '民治'는 더 말할 것이 없다.

3) 동작 행위가 비록 '與'자 앞뒤 두 항에 공통적으로 발생할 경우, 주된 것과 부차적인 것의 구분이 생긴다. 이 때 '與'자 앞항이 주된 것이 되면 '與'는 전치사이다. 반드시 상하 문장을 연계해서 분석해야만 무엇이 주된 것이고 무엇이 부차적인 것인지 따지는 主次性의 파악이 가능해진다.

---

11) 《論語 陽貨》
12) 《史記 項羽本紀》
13) 《孟子 滕文公上》

▶ 夸父與日逐走, 日入, 渴, 欲得飲.14)
▷ 과보가 해를 따라서 쫓아갔다. 날이 저물자 목이 말라 물을 마시고 싶었다.

문장에서 과보와 태양의 달리기 경주는 과보가 태양을 쫓아감을 강조하고 있다. 고전에서 '與'자가 '~與~與~'로 연달아 쓰이는 상황도 있는데, 이 역시 앞서 논의한 방법을 통하여 '與'가 접속사인지 전치사인지 감별할 수 있다.

▶ 子罕言利與命與仁.15)
▷ 공자께서는 利와 命과 仁에 대해서는 드물게 말씀하셨다.

▶ 凡有爵者與七十者與未齓者, 皆不爲奴.16)
▷ 무릇 벼슬하는 자와 칠 십된 자와 어린 아이는 모두 노비가 될 수 없다.

▶ 子布元表諸人, 各顧妻子, 挾持私慮, 深失所望; 獨卿與子敬與孤同耳, 此天以卿二人贊孤也.17)
▷ (손권이 주유에게 말하기를:) "자포(張昭), 원표(秦松) 등은 다만 자기 처자를 돌아보며 사사로운 생각을 하고 있으니 (나를) 크게 실망시켰소. 오로지 경(주유)과 자경(노숙)만이 내(손권) 마음과 같을 뿐이오. 이것은 하늘이 경 두 사람(주유와 노숙)으로 하여금 나를 돕게 하려는 것이오."

첫 번째 예에서, '利與命與仁'은 동사 '言'의 목적어다. 따라서 두 개의 '與'는 모두 접속사이다.

두 번째 예에서, '皆不爲奴'는 앞의 세 항(爵者, 七十者, 未齓者)에 대해서 말한 것이다. 세 항은 서로 위치를 바꾸거나 '與'를 제거하더라도 전체 문장의 의미에 영향을 주지 않는다. 따라서 두 '與'는 접속사이다.

세 번째 예에서, 우리는 전후 문맥을 통하여 살펴본 바, "卿和子敬兩人的看法與孤相同(경과 자경 두 사람의 관점이 나와 같다)"는 점을 강조했다는 사실을 알 수 있다. 따라서 첫 번째 '與'는 접속사이고, 두 번째 '與'는 전치사이다.

---

14) 《山海經 北山經》
15) 《論語 子罕》
16) 《漢書 刑法志》
17) 《資治通鑑 第六十五卷》

44. 접속사 '수(雖)'·'수연(雖然)'·'연(然)'· '연이(然而)'·'연즉(然則)'의 차이점은?

"雖"는 양보 접속사로 두 가지 뜻과 용법이 있다. 하나는 양보를 표시한다는 것인데, 이런 점에서 현대 중국어 "雖然[suīrán](비록 ~하지만)" "儘管[jǐnguǎn](비록~라 하더라도)"과 비슷하다. 먼저 사실을 인정하고, 뒤의 단문(分句: 복문을 구성하는 단문)이 바른 뜻으로 전환하여, 상반된 뜻을 표현한다. 전체 문장은 轉換 복문이 된다.

▶ 楚雖有富大之名, 而實空虛: 其卒雖多, 然而輕走易北.1)
▷ 초나라는 비록 부유하고 강대하다는 명성이 있으나 실제로는 속이 텅 비었습니다. 그 군사들의 수효는 비록 많다고는 하나 경솔하게 달아나 무너져 흩어지기 쉽습니다.

다른 하나는 가설을 나타내는데, 현대 중국어 "卽使[jíshǐ](설령 ~하더라도)", "纵然[zòngrán](설령 ~하더라도)"과 비슷하다. 먼저 인정받은 사실을 가설하고, 뒤에 일부의 중요한 뜻으로 전환해서, 상반된 의사를 나타낸다. 전체 문장은 假設 복문이 된다.

▶ 亦余心之所善兮, 雖九死猶未悔.2)
▷ 그래도 또한 내 마음에 좋게 여기는 바이니, 설사 아홉 번 죽는다 해도 후회하지 않으리.

"雖然"은 접속사 "雖"와 지시대명사 "然"을 이어붙인 것이다. 현대 중국어의 "雖然如此"나 "卽使如此"와 비슷하다. 양보나 가설을 의미한다. "雖然"은 문장 속에 스스로 하나의 分句(단문)를 만들고, 쉼표를 통해 뒤 단문과 격리되면, 뒤 단문이 바른 뜻으로 전환하여 상반된 의미를 나타낸다. 전체 문장은 전환 복문이나 가설 복문이 된다.

▶ 彼其於世, 未數數然也. 雖然, 猶有未樹也.3)-예문①

---

1) 《史記 張儀列傳》
2) 屈原 《離騷》
3) 《莊子 逍遙遊》

▷ 그(宋榮子)는 시류(세상사)를 따라 허둥거리지 않는다. 그렇다 해도 아직 지극한 덕을 세웠다고 할 수는 없다(아직 의미 있는 삶을 찾지 못했다; 세상의 평가에 흔들리지 않는 무명의 경지에 이르렀지만, 여전히 내심과 외물을 분별하고 영예와 치욕을 구분하고 있다는 점에서, 지극한 덕을 세우지 못한 것으로 비판하고 있음).

▶ 王曰 : "善哉! 雖然, 公輸盤爲我爲雲梯, 必取宋."4)-예문②
▷ 왕이 말하길 "옳다. 설사 그러할지라도 공수반은 나를 위해 운제(성을 공격하는 기계)를 만들었으니 반드시 송을 빼앗아야 하겠소.

문장의 의미에 따라, 예문 ①의 雖然은 "雖然這樣(비록 이러하지만)"으로 새기고, 예문 ②의 雖然은 "卽使這樣(이렇다 하더라도)"라고 새긴다. '然'은 전환접속사로서 복문 가운데 전환관계를 표시하며, 현대 중국어 "可是[kěshì](그렇지만)", "但是[dànshì](그러나)", "然而[rán'ér](하지만)"와 비슷하다.

▶ 夫楊橫樹之卽生, 倒樹之卽生, 折而樹之又生, 然使十人樹之, 而一人拔之, 則無生楊矣.5)
▷ 무릇 수양버들은 옆으로 심어도 살고, 거꾸로 심어도 살며, 꺾어 심어도 또한 잘 자랍니다. 그러나 열 사람이 심더라도, 한사람이 이를 뽑아버린다면, 살아남을 버들은 없을 것이오.

然而는 지시 대명사 然과 접속사 而가 결합한 것으로 현대 중국어 "如此"(이와 같지만), "却"(도리어) 혹은 "雖然這樣(비록 이러하지만), "可是"(그러나)" 등과 비슷하다. 然은 위 문장이 진술한 사실을 指代하면서 아울러 긍정한다. 而는 전환관계를 나타내어 아래 문장의 의미가 상반되도록 유도한다.

▶ 夫環而攻之, 必有得天時者矣 : 然而不勝者, 是天時不如地利也.6)-예문①
▷ 무릇 둘러싸서 그것을 공격한다면 반드시 천시(좋은 시기)를 얻을 것이다. 그러나 승리하지 못함은 좋은 시기가 지세의 험준함만 못해서이다.

▶ 汝潁以爲險, 江漢以爲池, 限之以鄧林, 緣之以方城, 然而秦師至而鄢郢擧, 若振槁然.7)-예문②

---

4)《墨子 公輸》
5)《韓非子 說林上》
6)《孟子 公孫丑下》
7)《荀子 議兵》

▷ 여와 영으로 험준함을 삼고, 강과 한으로 못을 삼고, 등림으로 한계를 삼고, 방성으로 둘레를 삼았건만, (그러나) 진나라 군대가 이르자 언과 영이 마치 마른 잎이 떨어지듯 함락되었다.

문장의 의미에 따라, 예문 ①의 然而는 전환 정도가 조금 가볍기 때문에 "如此, 却(이와 같지만 그러나)"으로 새길 수 있고, 예문 ②의 然而는 전환 정도가 조금 무겁기 때문에 "雖然這樣, 可是(이렇지만 그러나)"로 새길 수 있다.

然則은 지시대명사 然과 접속사 則이 결합한 것인데, 현대 중국어의 "如此, 就"와 비슷하다.

然은 위 문장이 진술한 사실을 대신 지칭하면서(指代) 아울러 긍정하거나 가설적으로 위 문장이 진술했지만 아직 실현되지 않은 일을 긍정한다. 則은 아래 문장을 이끌어 내어, 추론을 표시하며 응당 있을 결과를 거듭 설명한다. 然則은 자주 "旣然如此, 那麼(이미 이와 같지만 그러면)" 혹은 "儻若如此, 那麼(만일 이와 같지만 그러면)"로 새긴다.

▶ 王送知罃曰 " 子其怨我乎?' 對曰 "…臣實不才, 又誰敢怨?' 王曰 "然則德我乎?'8)-예문①
▷ 왕이 지앵을 보내며 말하길 "그대는 나를 원망하는가?" 대답하여 말하길 "…신은 진실로 재주가 없는데, 또한 누구를 감히 원망하겠습니까?" 왕이 말하길 "그럼 나를 은혜롭게 생각하는가?"

▶ 蘇秦謂薛公曰 "君何不留楚太子, 以市其下東國?" 薛公曰 "不可, 我留太子, 郢中立王. 然則是我抱空質而行不義于天下也."9)-예문②
▷ 소진이 설공(제나라 재상으로 있던 孟嘗君 田文)에게 말하길 "그대는 어찌 楚나라 태자를 억류시켜 그를 이용하여 초나라와 하동국 땅을 교환하지 않습니까?"라 하자, 설공(맹상군)이 말하기를 "그렇게 할 수 없습니다. 만일 내가 초나라 태자를 억류시키면 영중(초나라)에서는 따로 새로운 임금을 세울 것입니다. 그렇게 되면, 인질의 가치가 없어질 뿐 아니라 도리어 천하 사람들에게 不義를 저질렀다는 비난을 듣게 될 것입니다."라 했다.

문장의 의미에 따라, 예문 ①의 然則은 자주 "旣然如此, 那麼(이미 이와 같지만 그러면)"로 새기고, 예문 ②의 然則은 "儻若如此, 那麼(만일 이와 같지만

---

8)《左傳 成公三年》
9)《戰國策 齊策》

그러면)"로 새긴다.

　그런데 주의할 것이 있다. 先秦시기에 나온 "然而", "然則"은 이미 복합접속사로 굳어지기 시작했다. "然"이 앞 문장을 이어받아 대신 지칭하는 역할이 현저하게 약화되었다가 마침내 없어져 버리고, 단지 "而", "則"에 의지하여 간신히 연접기능만 수행한다. 그리고 "雖然"이 복합 접속사로 사용된 것은 대략 六朝시기부터였다.

▶ 夫垂泣不欲刑者, 仁也. 然而不可不刑者, 法也.10)
▷ 눈물을 흘리면서 형벌의 집행을 바라지 않는 마음은 어짊이지만 그러나 형벌을 집행하지 않으면 안 되는 것이 법이다.

▶ 或曰: "管仲儉乎?" 曰: "管氏有三歸, 管事不攝, 焉得儉?", "然則管仲知禮乎?"11)
▷ 혹자가 관중은 검소했습니까? 하고 묻자 공자께서 말씀하시기를 "관중 그자는 삼귀대(三歸臺; '부인 셋을 둠'으로 보기도 함)를 세웠고, 가신에게 겸직을 안 시켰으니(대부분의 가신은 혼자서 여러 일을 맡아보는 것이 원칙임), 어찌 검소하다 할 것인가?" "그러면 관중은 예를 알았습니까?"

▶ 予此衰矣, 雖然有以, 非鬼非魃, 乃心憂矣.12)
▷ 내가 이렇게 쇠하여서 비록 방법이 있을 지라도 귀신으로 변할 수 없고 물 여우로도 변할 수 없으니 이내 마음 근심스럽다.

---

10) 《韓非子 五蠹》
11) 《論語 八佾》
12) 庾信(513~581) 《竹枝賦》

45. 문미 어기사 '야(也)'와 '의(矣)'는 어떻게 다른가?

　　어기사 也와 矣는 문장 끝에 사용되어 모두 진술어기를 표시한다. 그러나 그 기본기능은 분명히 구별된다.

　　하나. 也는 정적인 성격의 어기사에 속하고 그것의 역할은 사물의 정태를 확인하고 本然, 定然, 不然, 未然의 사물 상태를 긍정하는데 시간요소는 포함하지 않는다. 矣는 동적인 어기사에 속하고 그것의 기능은 사물의 동태를 알리고 已然, 將然한 사물의 변화 발전을 서술하는데 시간요소를 포함한다. "也"는 번역에 적합한 현대 중국어 어기사가 없고 "矣"는 了[le] 또는 啦[la]로 번역할 수 있다.

▶ 今君有一窟, 未得高枕而臥也.[1]
▷ 지금 군께서는 하나의 굴만 있으니 베개를 높이 베고 편안하게 눕지 못한다.
☞ "也"는 단지 하나의 굴이 있다는 상황아래 아직 베개를 높이 하고 걱정 없이 잘 잘 수 없는 사실의 확인을 표시하며, "不然"을 나타낸다.

▶ 三窟已就, 君姑高枕爲樂矣.[2]
▷ 이제 세 개의 굴이 완성되었으니, 군께서는 잠시 베개를 높이 하고 즐길 수 있게 되었습니다.
☞ "矣"는 세 개의 굴이 이미 마련되었다는 정황아래 장차 베개를 높이 하여 즐겁게 되었다는 사실의 확인을 표시하며, "將然"을 나타낸다.

▶ 俎豆之事, 則嘗聞之矣; 軍旅之事, 則未之學也.[3]
▷ 제기에 관한 일은 일찍 들었거니와, 군대에 관한 일은 아직 배운 적이 없다.
☞ "矣" "也"는 같은 문장에 사용되어 더욱 대조 비교가 편하다. "矣"는 "已然"을 나타내고 동태적이며 시간요소를 가진다. "也"는 "未然"을 나타내고 정태적이며 시간요소가 없다. '제기의 일(제사지내는 일)'은 아직 듣지 못한 상태로 있다가 들어 본 적

---

1) 《戰國策 齊策》
2) 《戰國策 齊策》
3) 《論語 衛靈公》

이 있었고 군대에 관한 일은 과거 현재 모두 아직 배운 적이 없다.

둘. "矣"는 동태를 나타낸다. 주로 서술문에 사용하고, 시간부사 "嘗", "已", "旣", "將"등과 어울린다. "也"는 정태를 나타내는데 늘 판단문에 사용하고 또한 정태부사 "乃", "卽", "必" 및 부정부사 "非" 등과 어울린다.

▶ 昔齊威王嘗爲仁義矣.4) [嘗……矣]
▷ 옛날 제 위왕은 일찍이 인의를 행하였다.

▶ 平原君曰 "勝5)已泄之矣".6) [已……矣]
▷ 평원군이 말하기를 제가 이미 그것을 발설했습니다.

▶ 秦晋圍鄭, 鄭旣知亡矣.7) [旣……矣]
▷ 진(秦)과 진(晋) 두나가 정나라를 포위하고 있기 때문에 정나라는 곧 망할 것입니다.

▶ 孔子曰: "諾, 吾將仕矣."8) [將……矣]
▷ 공자께서 말씀하시기를, "알았습니다. 나는 장차 벼슬을 할 것입니다."라고 했다.

▶ 吾乃梁人也.9) [乃……也]
▷ 내가 바로 양나라 사람이다.

▶ 梁父卽項燕 爲秦將王翦所戮者也.10) [卽……也]
▷ 항량의 부친은 항연이었는데, 진나라 장군 왕전에게 죽임을 당한 사람이다.

▶ 奪項王天下者, 必沛公也.11) [必……也]
▷ 항왕의 천하를 빼앗을 자는 반드시 패공이 될 것이다.

▶ 是非君子之言也.12) [非……也]
▷ 이것은 군자의 말씀이 아니다.

---

4)《戰國策 趙策》
5) 勝 : 평원군의 이름
6)《戰國策 趙策》
7)《左傳 僖公三十年》
8)《論語 陽貨》
9)《戰國策 趙策》
10)《史記 項羽本紀》
11)《史記 項羽本紀》
12)《禮記 檀弓上》

셋. "也"와 "矣"는 모두 묘사문에 사용된다. "也"는 묘사문에 사용되어 사물 性狀의 정태를 묘사한다. "矣"는 묘사문에 사용되어 단순히 사물 性狀을 묘사하는 것이 아니라 사물 성상의 변화를 알려준다.

▶ 苛政猛於虎也.13)
▷ 가혹한 정치는 범보다 더 무섭다.

▶ 生之書辭甚高 而其問何下而恭也.14)
▷ 당신의 편지는 문사가 매우 고고한데 그러나 그 질문은 어찌 자기를 낮추어 그리 공손한가?

▶ 吾君已老矣, 已昏矣.15)
▷ 우리의 주군은 이미 늙어서 이미 혼미하도다.

▶ 甚矣! 吾衰也. 久矣! 吾不復夢見周公.16)
▷ 심하도다. 나의 쇠함이여. 오래되었구나! 내가 다시는 꿈속에 주공을 뵙지 못할 것이다(심하도다, 나의 노쇠함이여! 오래되노라, 내가 주공을 꿈에 다시 못 본 것이).

넷. "也"와 "矣"는 모두 복문에 사용된다. "也"는 인과복문의 끝에 사용되어 일의 발생 원인이나 발전 결과에 대한 긍정과 확인을 표시하며, "不然"이나 "定然"을 나타낸다. "矣"는 자주 가설 복문 혹은 조건 복문의 끝에 사용되어 이런 가설이나 조건 아래에서 일의 변화와 발전의 추측에 대해 표시하는데 "已然"이나 "將然"을 나타낸다.

▶ 賞罰不信, 故士民不死也.17)
▷ 상벌을 미덥게 하지 않았으니 백성들이 죽으려고 하지 않을 것입니다.

▶ 螾無瓜牙之利·筋骨之强, 上食埃土, 不飮黃天, 用心一也.18)
▷ 지렁이는 발톱과 어금니의 날카로움과 근골의 강함이 없으나, 위로 올라가서는 흙을 먹고 아래로 내려가서는 땅 속의 물을 마시는데 마음 쓰는 것이 한결같기 때문이다.

---

13) 《禮記 檀弓下》
14) 韓愈 《答李翊書》
15) 《穀梁傳 僖公十年》
16) 《論語 述而》
17) 《韓非子 初見秦》
18) 《荀子 勸學》

▶ 微管仲, 吾其被髮左衽矣.19)
▷ 관중이 아니었다면 나는 머리를 풀고 옷깃을 왼쪽으로 여미는 오랑캐가 되었을 것이다.

▶ 君能補過, 袞不廢矣.20)
▷ 임금께서 제대로 자신의 허물을 보완한다면 임금의 직무가 황폐해지지 않을 것입니다.

    정리하면, 문장 끝에 오는 어기사 "也"와 "矣"의 기본기능은 다르다. 바로 《淮南子 說林訓》에서 "'也'는 '矣'와 거리가 천리나 떨어진다(也之與矣, 相去千里)"고 말한 것과 같다.

---

19) 《論語 憲問》
20) 《左傳 宣公二年》

46. 문미 어기사 '호(乎)', '야(邪;耶)', '여(與;歟)'는 어떻게 다른가?

"乎[hū]", "邪(耶)[yé]", "與(歟)[yú]"는 한문에서 가장 주요한 세 개의 문미 의문어기사이다. 그 중 "乎"는 의문어기가 가장 강하며 사용빈도도 가장 높다. "邪(耶)"와 "與(歟)"는 고대의 음이 서로 가깝고, 어법기능도 같았다. 그런데 방언이 다름에 따라 고대인들의 사용 습관에도 차이가 생긴 것 같다. 예를 들어, 《論語》와 《孟子》에서는 다만 "與"를 사용하고 "邪"는 사용하지 않았지만, 《莊子》에서는 "邪"를 사용하는 빈도가 "與"를 사용하는 것보다 훨씬 높았다.

의문문은 特指, 是非, 選擇, 反問 등 네 가지로 나눌 수 있다. 의문어기는 의문이 들어 물어 회답을 기다리는 質問어기와 빤히 알면서도 일부러 물어 회답을 기다리는 反問어기, 그리고 반신반의하면서 확인을 요구하는 測量어기 등 세 가지가 있다.

"乎", "邪(耶)", "與(歟)"는 각종 의문어기에 통용된다. 그러나 각각의 사용빈도 및 나타내는 의문어기의 종류는 조금씩 다르다.

이를 나누어 서술해 본다.

하나. "乎", "邪(耶)", "與(歟)"는 모두 特指의문문에 사용될 수 있는데, 모두 질문어기를 포함한다. "呢[ne]"로 번역된다.

▶ 子墨子曰: "然, 胡不已乎?"[1]
▷ 묵자가 말했다. "그런데 어찌 그만두지 않습니까?"

▶ 子之師誰邪?[2]
▷ 당신의 스승은 누구인가?

▶ 子云神滅, 何以知其滅耶?[3]
▷ 그대는 신이 죽었다고 말했는데 무엇으로 신이 죽었음을 아는가?

---

1) 《墨子 公輸》
2) 《莊子 田方子》
3) 《范縝 神滅論》

▶ 是誰之過與?⁴⁾
▷ 이것은 누구의 책임이겠느냐?

▶ 大闍之難, 縉紳而能不易其志者, 四海之大, 有幾人歟?⁵⁾
▷ 대환관의 난에 고관이면서 능히 그 뜻을 바꾸지 않는 자가 큰 세상에 몇 명이나 있겠는가?

특지의문문의 질문 내용은 의문대명사가 제기한 것이다. 따라서 이 문장은 자체적으로 이미 강렬한 질문어기가 들어있기 때문에 의문어기를 사용하지 않을 수 있다. 그래서 의문어기를 사용할 때, 선진시대에는 의문어기가 강렬한 "乎"자를 사용하는 경우가 매우 드물어 "邪(耶)"와 "與(歟)"를 주로 사용하였고, 진한 이후부터 특지의문문에서 점차적으로 "乎"를 사용하는 빈도가 높아져갔다.

▶ 軫不之楚, 河歸乎⁶⁾
▷ 제(陳軫: 유세객)가 초나라에 돌아가지 않고서 어디에다 몸을 의탁하겠습니까?

▶ 若如君言, 劉豫州, 何不遂事之乎⁷⁾
▷ (손권이 제갈량에게 말하길:) "만약 그대의 말과 같다면, 유예주(豫州刺史로 있던 劉備를 말함)는 어째서 그(조조)에게 항복하지 않는가(가서 신하가 되어 그를 섬기지 않는가)?"

둘. "乎", "邪(耶)", "與(歟)"는 모두 시비의문문에 사용되어 "嗎[ma]" 혹은 "吧[ba]"로 번역된다.

▶ 壯士, 能復飮乎?⁸⁾
▷ 장사로다. 다시 마실 수 있는가?

▶ 治亂, 天邪?⁹⁾
▷ 다스려지고 어지러워지는 것은 하늘에 매인 것인가?

---

4) 《論語 季氏》
5) 張溥 《五人墓碑記》
6) 《史記 陳軫列傳》
7) 《資治通鑑 第六十五卷》
8) 《史記 項羽本紀》
9) 《荀子 天論》

▶ 歲亦無恙邪? 民亦無恙邪? 王亦無恙邪?[10]
▷ 농사는 어떻습니까? 백성들은 편안하십니까? 임금님께서도 별고 없으십니까?

▶ 然則廢釁鍾與?[11]
▷ 그러시다면 종에 피 바르는 것을 폐지하오리까?

▶ 子非三閭大夫與?[12]
▷ 그대는 삼려대부가 아니십니까?

"乎"가 시비의문문에 사용되면 단순한 질문을 나타내고 "嗎"로 번역된다. 묻는 사람은 의문이 들어 묻기에 옳다거나 그르다고 하는 명확한 대답을 기다린다. "邪(耶)"와 "與(歟)"가 시비의문문에 사용되면, 추측어기를 표시하고, "吧"로 번역된다. 묻는 사람은 문제 답안에 대해 이미 자기생각을 가지고 있지만, 자신할 수 없기 때문에 상대방에게 實證을 요구하는 것이다.

셋. "乎", "邪(耶)", "與(歟)"는 모두 선택의문문에 사용되어 질문어기를 나타낸다. "呢"로 번역된다.

▶ 王以天下爲尊秦乎? 且尊齊乎?[13]
▷ 왕이 생각하기에 천하는 진나라를 존경한다고 여기십니까? 또한 제나라를 존경한다고 여기십니까?

▶ 天之蒼蒼, 其正色邪? 其遠而無所至極邪?[14]
▷ 하늘이 파란 것은 하늘의 본래 색깔인가? 멀어서 그 끝에 이를 수 없어서인가?

▶ 夫子之於是邦也, 必聞其政, 求之與? 抑與之與?[15]
▷ 부자께서 이 나라에 이르시면 반드시 그 정사를 듣는데, 그것을 구한 것입니까? 그렇지 않으면 준 것입니까?

"乎", "邪(耶)", "與(歟)"는 선택의문문에 사용될 때, 어법적인 기능은 대체로

---

10) 《戰國策 齊策》
11) 《孟子 梁惠王上》
12) 《史記 屈原列傳》
13) 《戰國策 齊策》
14) 《莊子 逍遙游》
15) 《論語 學而》

같다. 다만 어기의 경중에 차이가 있는데, "乎"의 의문어기가 가장 무겁다.

넷. "乎", "邪(耶)", "與(歟)"는 모두 반문의문문에 사용되어, 반문어기를 나타낸다. "嗎"나 "呢"로 번역된다.

▶ 王侯將相寧有種乎?16)
▷ 왕후장상이 어찌 종자가 있느냐?

▶ 子之客妄人耳, 安足用邪?17)
▷ 그대의 식객은 망령된 사람인데 어찌 임용할 수 있겠는가?

▶ 唯求則非邦也與?18)
▷ 오직 구가 말한 것은 나라를 다스리는 것이 아닙니까?

"乎", "邪(耶)", "與(歟)"는 반문의문문에 사용되어, 의문대명사, 정태부사 혹은 부정부사와 배합되어, 강렬한 반문어기를 표시한다. 앞에 제시된 세 가지 예에서와 같이 "寧", "安", "非"가 함께 사용되기도 한다.

이 밖에도 "乎"(어떤 때는 "邪"나 "與"가 사용되기도 함)는 부정부사 "不"과 함께 자주 보이는 반문격식 "不亦~乎"를 구성하여 완곡한 반문어기를 표시할 수도 있다. 또한 문두, 문중 어기사 "其" 및 "得無", "無乃" 등과 같은 詞組와 서로 호응하여 완곡한 추측어기를 표시한다.

▶ 學而時習之, 不亦說乎?19) [不亦……乎]
▷ 배우고 때때로 익히면 또한 기쁘지 아니한가?

▶ 大義滅親, 其是之謂乎?20) [其……乎]
▷ 대의 때문에 육친을 죽인다 함은 이를 두고 이름인가?

▶ 日食飮得無衰乎?21) [得無……乎]
▷ (趙나라 左師 觸龍이 말하길:) "매일의 음식은 줄어들지 않겠지요?"라고 했다.

---

16) 《史記 陳涉世家》
17) 《史記 商君列傳》
18) 《論語 先進》
19) 《論語 學而》
20) 《左傳 隱公四年》
21) 《戰國策 齊策》

▶ 師勞力竭, 遠主備之, 無乃不可乎?²²⁾ [無乃……乎]

▷ (秦나라 大夫 蹇叔이 穆公에게 말했다;) "군대를 수고롭게 하여 원방의 나라를 습격한다는 말은 들어보지 못했습니다. 장거리 행군으로) 군사들이 피로해서 기진맥진해 있고, 원방(鄭國)의 임금이 (또한) 이를 대비할 것이니, 불가하지 않겠습니까?"

---

22) 《左傳 僖公三十二年》

47. '부(夫)'는 문두, 문중, 문미에서 어떻게 사용되는가?

어기사 "夫"는 文頭, 文中과 文尾에 사용될 수 있는데, 그 실질적 기능은 다음과 같다.

하나. "夫"는 문두에 사용되어, 의론을 발표하고자 한다는 뉘앙스를 나타내어 다음 문장을 이끌어내는 기능을 수행하므로 고대에는 이를 '發語詞'라 불렀다. "夫"가 끌어낸 의론이 우선 판단구를 이용하여 사물의 성질이나 특성을 개술한 다음에 의론을 심화시키는 경우가 있는가 하면, 직접 복문을 이용하여 모종의 이치를 설명하는 경우도 있다.

▶ 夫戰, 勇氣也. 一鼓作氣, 再而衰, 三而竭. 彼竭我盈, 故克之.[1]
▷ 대체로 전쟁은 용기가 제일입니다. 첫 번째 북소리에 적은 용기로 가득 차나 이에 응하지 않고, 두 번째 북소리에도 응하지 않으면 적병의 용기는 쇠퇴합니다. 세 번째 북소리에 적병의 용기는 다해 버립니다. 그래서 적은 기운이 지쳐있고 아군은 용기로 충만하게 됩니다. 그러므로 승리한 것입니다.

▶ 夫積貯者, 天下之大命也. 苟粟多而財有餘, 何爲而不成?[2]
▷ (漢나라 賈誼가 上을 설득하여 말했다:) "무릇 저축이라는 것은 천하의 대명(큰 생명: 大事)이니, 만일 곡식이 많고 재물이 넉넉하다면, 무슨 일을 한들 이루지 못하겠습니까?"

▶ 夫人必自侮, 然後, 人侮之, 家必自毀而後, 人毀之: 國必自伐而後, 人伐之.[3]
▷ 사람은 반드시 자신을 모욕한 뒤에야 남이 그를 모욕하고, 가문은 반드시 그 자신들이 파괴한 뒤에야 남이 그 가문을 파괴하고, 나라는 반드시 그 자신들이 自伐한 뒤에야 남이 그 나라를 친다.

---

1) 《左傳 莊公十年》
2) 賈誼《論積貯疏》: 가의는 전한 때의 문인. 시문에 뛰어나고 제자백가에 정통하여 문제 때 박사에서 太中大夫가 되었으며, 후에 周勃 등의 시기로 長沙王의 太傅로 좌천 되었다가 다시 문제의 막내아들 梁王의 태부가 되었으나 왕이 낙마하여 급서하자 이를 애도한 나머지 1년 후 33세로 죽었다.
3) 《孟子 離婁上》

"夫"는 또한 "且", "故", "若", "今" 등과 붙어 "且夫", "故夫", "若夫", "今夫"로 되는데, 문두에 사용되어 의론을 설명하고자 하는 어기를 강화시킨다.

▶ 且夫水之積也不厚, 則其負大舟也無力.4)
▷ 또한 물이 깊지 않다면, 큰 배를 띄울 수 없을 것이다.

▶ 故夫知效 一官, 行比一鄕, 德合一君, 而徵 一國者, 其自視也, 亦若此矣.5)
▷ 그러므로 지혜는 하나의 관직을 맡아 볼만하고, 행실은 한 고을 정도에 합당하며, 덕은 한 임금을 모시기에 알맞고, 능력은 한 나라의 신임을 받을 정도인 사람이 그 자신을 보는 것도 역시 그러하다.

▶ 若夫霪雨6)霏霏7), 連月不開.8)
▷ 장맛비가 부슬부슬 계속 내려 여러 달 동안 개이지 않는다면.

▶ 今夫顓臾, 固而近於費, 今不取, 後世必爲子孫憂.9)
▷ 전유는 성이 견고하고 費邑에 가까우니, 지금 취하지 않으면 후세에 반드시 자손들의 걱정거리가 될 것이다.

이상 네 가지 예문에서 "且夫" "故夫"는 대체로 "且" "故"와 같고, "若夫"는10) 대체로 "~대해 말하면"과 같은데, 문장 첫머리에 사용되어 의미의 큰 전환을 나타낸다. "今夫"는11) 대개 "이제 말하면"과 같은데, "今"은 이미 虛化하여, 구체적인 시간을 나타내지 않고, 별도의 의론이 제기됨을 표시한다.

둘. "夫"는 문장 중간에 사용되지만, 가끔은 複文에서 마지막 分句(단문) 머리에 사용되어, 위 대문에 대한 결어나 추론을 이끌어낸다.

▶ 慮必先事, 而申之以敬, 愼終如始, 終始如一, 夫是之爲大吉.12)

---

4) 《莊子 逍遙游》
5) 《莊子 逍遙游》
6) 霪雨 ; 장마
7) 霏霏 : 비나 눈이 부슬부슬 오는 모양, 미세한 것이 날아 흩어지는 모양
8) 范仲淹《岳陽樓記》
9) 《論語 季氏》
10) 若夫 : 접속사 "若夫"가 허화하여 뜻이 없는 것으로 바뀐 것이다. 문장 머리에 쓰여 문제를 제시하여 이론을 제기하려는 것을 나타낸다. 해석하지 않지만 문맥에 따라 "~으로 말하면" 정도로 해석하기도 한다.
11) 今夫 : 문장 머리에 쓰여 전술한 사실을 토대로 아래 문장에서 의논이나 관점을 제시함을 나타낸다. 이 경우 해석하지 않는다.

▷ 생각은 반드시 일보다 우선하지만 공경하는 마음으로 이를 되풀이하고 끝이 처음과 들어맞도록 신중하게 처리하여 한결 같도록 하는 것, (무릇) 이것을 일러 大吉이라 한다.

▶ 居積習之中, 見生然之事, 夫孰自知非者也?13)
▷ 오랜 습관에 젖어 살면서, 평소 생활습관에서 비롯된(生然=生習使之然也) 일을 보고, 대저 누가 스스로 잘못 된 점을 지각하겠는가(알아내겠는가)?

셋. "夫"는 문장 말미에 사용되어, 감탄어기를 나타내고, "啊", "吧" 등으로 번역할 수 있다. 왜냐하면 "夫"는 대부분 안타까움과 탄식을 표현한 문장에 사용되기에 그것이 표현하는 감탄어기는 매우 침울하다.

▶ 子在川上曰:"逝者如斯夫! 不舍晝夜."14)
▷ 공자께서 시냇가에 계시면서 말씀하시길 : "가는 것이 이 물과 같구나!(흐르는 물과 같구나) 밤낮을 그치지 않는구나!"

▶ 悲夫! 本細末大, 弛必至心.15)
▷ 슬프도다! 근본(朝廷)은 약소하고 말단(地方)은 강대하니, 해이한 형세가 반드시 왕실에까지 미치게 될 것이다.

▶ 一人飛升, 仙及鷄犬, 信夫!16)
▷ (어느 날) 한 사람이 득도하여 날아올라 신선이 되었는데, (덩달아 그 집의) 닭과 개까지도 따라 신선이 되었다고 하니(귀뚜라미가 받은 총애 덕분에 다른 관리들까지 덕을 본 것을 풍자/한 사람이 득세하면 그와 관계되는 사람들이 따라서 모두 출세한다는 것을 비유), 믿어지는가!

본래 어기사 "夫"는17) 지시대명사 "夫"가 허화되어 생겨난 것이다. 그래서

---

12) 《荀子 議兵》
13) 賈思勰(6세기 생존, 北魏 農學家)《齊民要術 序》: 仲長子曰: "鮑魚之肆, 不自以氣爲臭 ; 四夷之人, 不自以食爲異 : 生習使之然也. 居積習之中, 見生然之事, 夫孰自知非者也? 斯何異蓼中之蟲, 而不知藍之甘乎?"
14) 《論語 子罕》
15) 《賈誼集 大都》
16) 《聊齋志異 促織》: 淸 初의 작가 포송령이 지은 괴기 소설(단편 400편 수록)
17) 夫 : 대명사로 쓰일 경우 ; 가까운 곳에 있는 사람을 가리켜 관형어가 되며 "이"로 새긴다. 먼 곳에 있는 사람이나 사물을 가리켜 관형어가 되며 "그", "그러한"으로 새긴다. 일반적인 사람을 가리켜 관형어가 되며 "모든"으로 새긴다. 어기사로 쓰일 경우 ; 문중에 쓰여 어기를 자연스럽게 해주는데 뜻을 새기지 않는다. 감탄문 끝에 쓰여 감개, 칭송, 비애 등의 어기를 도와주는데, "~~구나"로 새긴다. 진술문 끝에 쓰여 긍정의 어기를 도와주기도 하고 판단이나 종결의 어기를 도와주기도 한다.

47. '부(夫)'는 문두, 문중, 문미에서 어떻게 사용되는가?

문장 머리나 중간에 있는 어기사 "夫"는 문두, 문중에 나오는 지시대명사 "夫"와 혼동되기 쉽다. 그렇다면 이 두 가지를 어떻게 구별해야 할까?

▶ 子曰: "夫人不言, 言必有中."18)-예문①
▷ 공자가 말씀하시길: "그 사람이 말을 하지 않을지언정, 말을 하면 반드시 도리에 맞음이 있다"

▶ 長沮曰: "夫執輿者爲誰?"19)-예문②
▷ 장저가 말하시길: "저 수레 고삐를 잡고 있는 자가 누구시오?"

▶ 食夫稻, 衣夫錦, 於女安乎?20)-예문③
▷ 쌀밥을 먹고, 비단옷을 입는 것이 너에게는 편안하냐?

▶ 而予亦悔其隨之, 而不得極夫游之樂也.21)-예문④
▷ 나 역시 따라 나와 유람의 즐거움을 실컷 누리지 못한 것을 후회했다.

네 문장에서 "夫"는 모두 지시대명사이다. 어법의미와 어법기능으로 분석하면, 지시대명사 "夫"의 지시성이 "彼"보다 가벼워 때에 따라서는 굳이 번역할 필요조차 없다. 그러나 또한 번역해 낼 수 있어야 하고, 어떤 때는 반드시 "那[nà](그, 저)"로 번역해야만 한다. 이런 경우가 바로 예문①과 예문②이다. 문두, 문중 어기사는 구체적인 의미를 번역해 낼 수는 없다. 단지 의론을 선도하거나 결어나 추론을 이끌어 내는 작용을 할 수 있다. 지시대명사 "夫"가 문장에서 정어가 되면, 뒤쪽의 명사성 성분에 대해서 일정한 지시기능을 한다. 문두, 문중 어기사 "夫"가 문장성분이 되지 못하면, 뒤의 단어 앞에 붙지 못하고, 전체 문장의 앞이나 뒤 分句의 앞에 붙는 것이다. 따라서 만약 그것을 제거한다 해도 전체 문장의 구조와 의미에는 전혀 영향을 주지 못한다. 그러나 지시대명사 "夫"를 제거한다면, 전체 문장의 구조와 의미에 영향을 줄 수 있다.

새기지 않거나 필요시 "~하였다"로 새긴다. 의문문 끝에 쓰여, 의문어기를 도와주는데 "~인가"로 새긴다. 또한 추측어기를 도와줄 때는 "~할 것이다"로 새긴다. 문두에 와서 문장을 이끄는 어기를 표시할 때는 새기지 않는다.

18) 《論語 先進》
19) 《論語 微子》
20) 《論語 陽貨》
21) 王安石 《遊褒禪山記》

48. 문미 어기사가 잇달아 사용되는 현상을 어떻게 이해할까?

한문에서 두세 개의 文尾 어기사1)가 잇달아 사용되는 경우가 있다. 어기사가 잇달아 사용될 때, 어기사마다 각자의 어기를 표시한다. 왜냐하면 어기사는 각각 특정한 어기를 가지고 있기 때문이다. 그러나 어기의 중점은 일반적으로 맨 마지막 어기사 하나에 두어져 있다. 문장 말미에 잇달아 사용되는 어기사는 아래와 같이 몇 가지 격식을 보여준다.

하나. 동적인 성질을 지닌 陳述語氣詞 "矣(已)"가 정적인 성질을 지닌 진술어기사 뒤에 붙어서 "也矣", "也已", "焉矣", "耳矣", "而已矣", "也已矣", "焉耳矣" 등과 같이 되는데, 동적인 성질을 지닌 진술어기를 중점적으로 표시한다.

▶ 今世近習之請行, 則官爵可買: 官爵可買, 則商工不卑也矣.2)
▷ 요즘 시대는 임금을 가까이 모시는 벼슬아치들의 청탁이 통해져서, 관작을 돈으로 살 수 있으니 관작을 살 수 있기에 상공인도 천하지 않게 되었다.

▶ 臣之壯也, 猶不如人: 今老矣. 無能爲也已.3)
▷ (燭之武가 사양하면서 말했다:) "저는 장년 시절에도 오히려 남만 못했는데, 이젠 늙어버렸으니 아무 일도 할 수 없습니다."

▶ 公爵爲執圭, 官爲柱國, 戰而勝, 則無以加焉矣.4)
▷ (왕께서는 景翠에게 말하기를) "공의 작위는 집규(초나라의 작위)5)이며, 관직도 이미 주국(초나라 무관)에 올랐으니, 설사 전쟁에 나아가 승리한다고 해도 관작을 더 올려 줄 수 없을 것이다."고 했다.

▶ 代翕代張, 代存代亡, 相與雌雄耳矣.6)

---

1) 語助辭와 語氣辭 : 語助詞[an auxiliary word that indicates mood]는 말 가운데 語氣를 표시하는 助詞로 문장 중간이나 말미에 놓인다. 語氣詞는 語氣를 표시하는 虛詞로 句尾에 놓여서 어기를 표시하고 句中에 놓여서 멈춤(강조)을 표시한다.
2) 《韓非子 五蠹》
3) 《左傳 僖公三十年》
4) 《戰國策 東周策》
5) 執圭 : 춘추전국시대 제후국의 작위로 조회 때 옥으로 만든 규를 들게 했기 때문에 집규라 했다.

▷ 어떤 대는 쇠약했다가 어떤 대는 강성하고, 어떤 대는 보존되었다가 어떤 대는 멸망한다. (이렇게) 서로 자웅을 겨룰 뿐이다.

▶ 子曰: "辭達而已矣"7)
▷ 공자가 말씀하시길: "말과 글은 뜻이 통하면 그만이다."

▶ 子曰: "亦各言其志也已矣."8)
▷ 공자가 말씀하시길 "저마다의 뜻을 말했을 뿐이다."

▶ 寡人之於國也, 盡心焉耳矣.9)
▷ 과인은 나라에 대하여 마음을 다 하고 있습니다.

　　둘. 의문어기사 "乎", "邪", "與"는 진술어기사 뒤쪽에 붙어서 "也乎", "也邪", "也與", "矣乎", "焉耳乎" 등과 같이 되는데, 의문어기를 중점적으로 표시한다.

▶ 晉師歸, 范文子後入, 武子曰: "無爲吾望爾也乎?"10)
▷ 진나라 군대가 도성으로 귀환할 때, 범문자가 가장 늦게 입성하였다. 그러자 무자가 말하길 "(그대는) 내가 그대를 기다리고 있다는 것을 생각하지 않았는가?"라고 했다.

▶ 旣使我與若辯矣, 若勝我, 我不若勝, 若果是也, 我果非也邪? 我勝若, 若不吾勝, 我果是也, 而果非也邪?11)
▷ 나와 그대가 변론을 했다고 할 때 그대가 나를 이기고, 내가 그대를 이기지 못했다면 그대가 과연 옳고 나는 그른 것인가? 내가 그대를 이기고 그대가 나를 이기지 못했다면 내가 과연 옳고 그대는 그른 것인가?

▶ 唯求則非邦也與?12)
▷ 求가 말한 것도 나라를 다스리겠다는 뜻이 아닙니까?

▶ 女聞六言六蔽矣乎?13)
▷ 유야! 너는 여섯 가지 말 속에 숨은 여섯 가지 폐단에 대해 들었느냐?

---

6) 《荀子 議兵》
7) 《論語 衛靈公》
8) 《論語 先進》
9) 《孟子 梁惠王上》
10) 《左傳 成公二年》
11) 《莊子 齊物論》
12) 《論語 先進》
13) 《論語 陽貨》

▶ 子游爲武城宰, 子曰: "女得人焉耳乎?"14)
▷ 자유가 무성의 읍재가 되었을 때 공자께서 말씀하셨다. "그대는 좋은 사람을 구했는가?"

    셋. 감탄어기사 "哉", "夫"는 진술어기사 뒤에 붙어 "也哉", "也夫", "矣哉", "矣夫", "焉哉"와 같이 되는데, 감탄의 어기를 중점적으로 나타낸다.

▶ 九世之卿族, 一擧而滅之, 可哀也哉!15)
▷ 9대 째 내려오는 경의 집안이 한 번의 잘못으로 멸하게 되었으니, 그것이 애달프다!

▶ 子曰: "莫我知也夫!"16)
▷ 공자께서 말씀하셨다; "나를 알아주지 않는구나!"

▶ 飽食終日, 無所用心, 難矣哉!17)
▷ 하루 종일 배부르게 먹기만 하고, 마음 쓰는 데가 없으면 참으로 딱하다.

▶ 無禮必食言, 吾死無日矣夫!18)
▷ 예를 지키지 않는 자는 반드시 식언하는 법이다. 내가 죽을 날도 멀지 않았다.

▶ 反是不思, 亦已焉哉!19)
▷ 뒤집힐 줄이야 생각도 못했는데, 이젠 모두 끝났도다!

    넷. 감탄어기사 "哉"는 의문어기사 "乎" 뒤에 붙어서 감탄어기를 중점적으로 나타낸다.

▶ 董生勉乎哉!20)
▷ 동생은 힘쓸지어다!

    경우에 따라 "乎哉"와 반문을 나타내는 "豈", "何爲"가 호응하여 반문의 어기를 나타낸다.

▶ 若寡人者, 可以保民乎哉?21)

---

14) 《論語 雍也》
15) 《左傳 襄公二十五年》
16) 《論語 憲問》
17) 《論語 陽貨》
18) 《左傳 成公十二年》
19) 《詩經 衛風 氓》
20) 韓愈 《送董邵南序》
21) 《孟子 梁惠王上》

- ▷ 과인 같은 사람도 백성들을 보호할 수가 있겠습니까?
- ▶ 故君子誠乎此而有乎彼, 感乎己而發乎人, 豈必强說乎哉?22)
- ▷ 고로 군자는 한 곳에 참마음이 통하면, 다른 곳에 깨달음이 있게 되고, 자신에게 감동이 있으면 다른 사람에게서 나타나는 것이 있으니, 어찌 반드시 억지로 말을 해야만 하리오.
- ▶ 桓公曰: "吾聞君人者, 勞于索人, 逸于使人. 吾得仲父已難矣, 得仲父之後, 何爲不易乎哉?"23)
- ▷ 환공이 이르기를 : "내가 듣기로는 임금이란 쓸 만한 사람을 찾기는 힘들지만 찾은 뒤에 그를 부리면 편안한 것이다. 내가 중보를 얻는 데는 어려움이 많았지만 이미 중보를 얻은 뒤니 어찌 편안하지 않을 수 있겠는가?

다섯. 진술어기사와 의문어기사는 감탄어기사와 차례로 붙어서 "也乎哉", "也與哉"와 같이 되는데, 반문의 어기를 중점적으로 나타낸다.

- ▶ 吾罪也乎哉?24)
- ▷ 나에게 죄가 있느냐?
- ▶ 郤至曰: "然則王者多憂乎?" 文子曰: "我王者也乎哉?"25)
- ▷ 극지가 이르기를: "그러면 왕은 근심이 많다는 것입니까?" 문자가 이르기를: "우리 왕께서도 그러하시겠는가?"
- ▶ 鄙夫可與事君也與哉?26)
- ▷ 비루한 사람과 함께 임금을 섬길 수 있겠는가?

---

22) 《呂氏春秋 精通》
23) 《韓非子 難二》
24) 《左傳 襄公二十五年》
25) 《國語 晋語》
26) 《論語 陽貨》

49. 겸사(兼辭) '저(諸)', '언(焉)', '합(盍)', '파(叵)'의 용법은 무엇인가?

하나의 낱말이 두 가지 품사 성질과 두 가지 뜻을 동시에 겸하는 것을 兼詞라고 한다. 겸사는 合音詞이다. 한문에서 兼詞는 몇 개가 되지 않는다. 주로 "諸(저)", "焉(언)", "盍(합)", "叵(파)", "旃(전)", "耳(이)" 등이 있다.

하나. "諸[저 zhū]"

"諸"는 "之於"혹은 "之乎"의 合音 및 兼義이다.

"諸"는 叙述句 중간에 사용되며, 대명사 "之"에 전치사 "於"("乎")를 붙인 것과 같다. "諸"는 疑問句의 끝에 사용되며, 대명사 "之"에 어기사 "乎"를 붙인 것과 같다.

▶ 穆公訪諸蹇叔.[1]
▷ 목공은 건숙에게 찾아가서 물어보게 했다.

▶ 文王之囿, 方七十里, 有諸?[2]
▷ 문왕의 동산은 사방 칠십 리였다는데, 그런 사실이 있습니까?

둘. "焉[언 yān]"

"焉"은 전치사 "於"와 대명사 "是" 혹은 "之"의 결합이다. "焉"은 문장 중간에 사용되어 부사어가 되기도 하고, 문장 끝에 사용되어 보어가 되기도 한다. "焉"은 주로 문장 끝에 사용되기 때문에, 句末의 "焉"은 語氣詞의 성질을 겸한다.

▶ 公輸子自魯南游楚, 焉始爲舟戰之器.[3]

---

[1] 《左傳 僖公三十二年》: 杞子自鄭使告于秦曰, "鄭人使我掌其北門之管, 若潛師以來, 國可得也." 穆公訪諸蹇叔. 蹇叔曰, "勞師以襲遠, 非所聞也. 師勞力竭, 遠主備之, 無乃不可乎? 師之所爲, 鄭必知之, 勤而無所, 必有悖心. 且行千里, 其誰不知?"

[2] 《孟子 梁惠王下》: 齊宣王問曰 **文王之囿方七十里, 有諸?** 孟子對曰 於傳有之. 曰 若是其大乎? 曰 民猶以爲小也. 寡人之囿方四十里, 民猶以爲大, 何也? 曰 文王之囿方七十里, 芻蕘者往焉, 雉兔者往焉, 與民同之. 民以爲小, 不亦宜乎? 臣始至於境, 問國之大禁, 然後敢入. 臣聞郊關之內有囿方四十里, 殺其麋鹿者如殺人之罪. 則是方四十里, 爲阱於國中. 民以爲大, 不亦宜

[3] 《墨子 魯問》: 越人迎流而進. 順流而退. 見利而進. 見不利則其退速. 越人因此若執. 亟敗楚人. **公輸子.**

▷ 공수자(公輸盤=魯班)가 노나라 남부로부터 초나라로 유세를 갔는데, 이 때에 처음으로 수상용 戰船 기계를 만들었다.

▶ 制, 巖邑也, 虢叔死焉.4)
▷ 제라는 땅은 요해처입니다. 괵숙도 여기서 죽었습니다.

앞 예문에서 "焉"은 "於是", "이때에(在這時)"로 번역되고, 뒤 예문에서 "焉"은 "於此", "여기서(在這里)"로 번역된다.

셋. "盍[합 hé]"

"盍"은 의문대명사 "何"와 부사 "不"의 合音 및 兼義이다. "盍"은 어떤 때는 "蓋"로도 쓰인다. "盍"은 의문구에 사용되어 부사어가 된다.

▶ 子曰: "盍各言爾志?"5)
▷ 공자께서 말씀하시기를 "어찌 각자 너희들의 뜻을 말하지 않는가?" 하셨다.

▶ 蓋亦反其本矣?6)
▷ 어찌하여 그 근본으로 돌아가지 않으십니까?

넷. "叵[파 pǒ]"

"叵"는 부사 "不[bù]"와 조동사 "可[kě]"의 合音 및 兼義이다. "叵"는 문장 중간에 사용되어 부사어가 된다.

▶ 布目備曰: "大耳兒最叵信!"7)
▷ 포목비가 말하기를 "큰 귀를 가진 자는 가장 믿을 수 없다."

自魯南游楚. 焉始爲舟戰之器.
4)《左傳 隱公元年》: 亟請於武公, 公弗許. 及莊公卽位, 爲之請制. 公曰, "**制, 巖邑也, 虢叔死焉.** 佗邑唯命." 請京, 使居之, 謂之京城大叔.
5)《論語 公冶長》: 顏淵 季路侍. **子曰 盍各言爾志?** 子路曰 願車馬 衣輕裘, 與朋友共. 敝之而無憾. 顏淵曰 願無伐善, 無施勞. 子路曰 願聞子之志 子曰 老者安之, 朋友信之, 少者懷之.
6)《孟子 梁惠王上》: 王曰 若是其甚與? 曰 殆有甚焉. 緣木求魚, 雖不得魚, 無後災. 以若所爲, 求若所欲, 盡心力而爲之, 後必有災. 曰 可得聞與? 曰 鄒人與楚人戰, 則王以爲孰勝? 曰 楚人勝. 曰 然則小固不可以敵大, 寡固不可以敵衆, 弱固不可以敵彊. 海內之地方千里者九, 齊集有其一. 以一服八, 何以異於鄒敵楚哉? **蓋亦反其本矣.**
7)《後漢書 呂布傳》

다섯. "旃[전 zhān]"

"旃"는 "之(zhī)"와 "焉(yān)"의 합음 및 겸의이다. "之"는 대명사이다. "焉"은 겸사로 "於是"와 같거니와 간혹 어기사 구실도 한다. "旃"은 句末에 사용되어 목적어가 된다.

▶ 初, 虞叔有玉, 虞公求旃, 弗獻.[8]
▷ 처음에 우숙이 벽옥을 가지고 있었는데, 우공이 이를 갖고자 원했으나 바치지 않았다.

▶ 人之爲言, 苟亦無信, 舍旃舍旃, 苟亦無然, 人之爲言, 胡得焉?[9]
▷ 남이 하는 말, 진실로 또한 믿지 말지어다. 버려두고 버려두어, 또한 옳게 여기지 않는다면, 참소하는 사람의 말, 어찌 먹혀들 수 있겠는가?

앞 예문의 "求旃"는 "그에게 벽옥을 달라고 요구하다(向他索取這塊宝玉)"라는 의미이고, 뒤 예문의 "舍旃舍旃"은 "그것을 버려라 그것을 버려라(抛棄它吧, 抛棄它吧)"라는 의미이다.

여섯. "耳[이 ěr]"

"耳"는 어기사 "而已"의 合音이다. 접속사 "而[ér]"와 동사 "已[yǐ]"가 결합되어 虛化된 複音語氣詞이다. 뜻은 즉 "而已(~일 뿐이다)"인데, 현대 중국어의 "罷了(단지 …일 따름이다)"와 같고, 句末에 사용하여, 制限의 진술어기를 나타낸다.

▶ 口耳之間, 則四寸耳.[10]
▷ 입과 귀 사이는 불과 네 치 일 뿐이다.

한문 겸사의 이러한 兼義나 合音 兼義의 특징은 고대 工具書 및 古注에 많은 설명이 나온다. 예컨대 《爾雅》에서는 "합은 하불이다(盍, 何不也)." 徐灝(청나라 주석가)의 《說文解字注箋》에서는 "파는 불가의 합성이다(叵, 不可之合聲).", 顧炎武(1613~1682)의 《日知錄》에서는 "지어는 저이고, 지호는 저이다(之於爲諸, 之乎爲諸).", 또 이르기를, "이이는 이이다(而已爲耳).", 《詩經 唐風 采苓》에서는, "舍旃舍旃"이라고 했는데, 鄭箋(鄭玄의 주석)에 이르기를, "전은 언

---

[8] 《左傳 桓公十年》: 初, **虞叔有玉, 虞公求旃, 弗獻**. 旣而悔之, 曰, "周諺有之, '匹夫無罪, 懷璧其罪.' 吾焉用此, 其以賈害也?" 乃獻之. 又求其寶劍. 叔曰, "是無厭也. 無厭, 將及我." 遂伐虞公. 故虞公出奔共池.

[9] 《詩經 唐風 采苓》: 采苓采苓, 首陽之巓. **人之爲言, 苟亦無信**. 舍旃舍旃, 苟亦無然. 人之爲言, 胡得焉.

[10] 《荀子 勸學》: 小人之學也, 入乎耳, 出乎口, **口耳之間則四寸耳**, 曷足以美七尺之軀哉.

을 말하니, 사지언, 사지언(과 같다)이다(旃之言'焉'也. 舍之焉, 舍之焉)."라 했
다.《呂氏春秋 季春記》에서는 "天子焉始乘舟"이라고 했는데, 高誘(東漢시대 주
석가)가 주해하기를, "언은 어차와 같다. 겨울에서 이때에 이르러 이에 비로소
배에 오른다(焉, 猶於此, 自冬至此, 於是始乘舟)."고 하였다.

　한문에서 合音兼詞의 출현은 詞彙발전의 규율에 부합된다. 單音詞를 위주
로 하여, 두개의 단음사가 잇달아 사용되고 빨리 읽혀, 語流 音變이 발생하여
겸사를 형성하게 되었다. 이것에 대하여 고인들도 명백하게 논술한바가 있다.
예컨대 洪邁(1123~1202, 南宋人)는《容齋三筆》에서 "세인들이 음을 말할 때 절
각을 가지고 말하는 것이 있는데 또한 간혹 자・서・사 속에서 볼 수 있다(世人
語音, 有以切脚而稱者, 亦間見之子書史中)." (그리고) 그 예로 "叵爲不可"와 "諸
爲之乎" 등을 들었다. 劉淇(청나라 주석가)는《助字辨略》[11]에서 "합은 하불을
이르는 것인데, 말을 빨리 한 것이다. 천천히 말하면 하불이 된다(盍云何不者,
辭之急者也, 緩言之則爲何不耳)"라 했고 또 이르기를 "파는 불가를 이르는 것
인데, 말을 빨리 해서 두 자가 연이어져 소리가 된 것이다(叵云不可者, 語之急,
兩字連作聲也)"라고 했다.

　합음 겸사의 출현과 운용은 또한 詞彙修辭 속에서 變形되고 創新하는 特點
에 부합된다. 이러한 합음의 音變과 語形의 變換이 결과적으로 새로운 詞를
창조하고 詞彙를 풍부하게 만들었다. 뿐만 아니라, 구체적인 운용에 있어서도
語音의 和諧(harmony)와 音節의 勻稱(balance), 行文의 簡省(economization)
등에 대해서도 일정한 修辭作用을 할 수 있다.

---

11)《助字辨略》은 고대 전적에서 虛詞를 연구한 수준 높은 책. 淸代 학자 劉淇가 지었다. 초판은 淸
　　康熙 五十年(1711) 간행되었다.

50. 판단사 '是'의 용법과 의미는?

한문에서 "是"는 일반적으로 판단사가 아니라 지시대명사로, "此"와 의미가 같다.

▶ 故謀用是作, 而兵由此起.1)-예문①
▷ 그러므로 꾀함에 이것을 써서 일어나고, 전쟁함에 이것으로 말미암아 일어난다.

▶ 是心足以王矣.2)-예문②
▷ 이 마음이 족히 왕노릇하실 수 있습니다.

▶ 此心之所以合於王者, 何也?3)-예문③
▷ 이 마음이 왕도에 부합되는 까닭은 무엇입니까?

예①의 "是"와 "此"는 互文對擧4)이고, 예②와 예③의 "是心"과 "此心"은 뜻과 문장성분이 같아서, "是"와 "此"를 서로 바꿀 수 있다. 한문에서 "是"와 "此"는 뜻이 같기 때문이다.

판단구에 자주 "是"가 나온다. 어떤 때는 "是"가 마치 판단사처럼 보이지만, 사실상 그것은 지시대명사로 판단구의 주어가 된다.

▶ 至攘人犬豕鷄豚者, 其不義又甚入人園圃竊桃李. 是何故也? …… 至入人欄廐取人馬牛者, 其不義又甚攘人犬豕鷄豚. 此何故也?5)-예문④
▷ 남의 개나 닭이나 돼지를 훔친 자는 그 불의가 남의 과수원에 들어가 복숭아나 자두를 훔친 것 보다 더욱 심하다. 그것은 무슨 까닭인가? ……남의 마구간에 들어가 남의 말이나 소를 훔친 자는 그 불의가 남의 개나 닭이나 돼지를 훔친 것 보다 더욱 심하다. 이것은 무슨 까닭인가?

---

1) 《禮記 禮運》
2) 《孟子 梁惠王上》
3) 《孟子 梁惠王上》
4) 互文對擧 : '互文'은 앞뒤의 문구에서 각기 교차 생략하고, 상호 보충하는 修辭 방식. "文省而意存"이 그 특징이다. 예컨대, '秦時明月漢時關(진한 대의 밝은 달과 진한 대의 관문)' 등. '對擧'는 짝으로 들어서 말하는 수사방식.
5) 《墨子 非攻上》

▶ 日月星辰瑞歷, 是禹桀之所同也. …… 繁啓蕃長于春夏, 蓄積收臧于秋冬, 是又禹桀之所同也.6)-예문⑤
▷ 해와 달과 별들의 운행은 우왕 때나 걸왕 때나 같다. …… 봄 여름에 초목이 번성해서 잘 자라고, 가을 겨울에 거둬들여 축적한 것은 우왕 때나 걸왕 때나 같다.

▶ 吾不能早用子, 今急而求子, 是寡人之過也.7)-예문⑥
▷ 내가 일찍이 그대를 등용하지 않고, 이제 위급할 때 그대를 찾으니 과인의 잘못이다.

예④의 "是"와 "此"는 互文對擧로, 모두 주어가 된다. 예⑤에서는 "是"는 부사 "又" 앞에 놓여, "又是"로 사용되지 않았다. 이는 "是"가 판단사가 아니라 지시대명사로 주어가 된다는 사실을 잘 알게 해준다. 예⑥에서 "是"는 위 문장 "吾不能早用子, 今急而求子"를 대신 가리키는 지시대명사로서 주어가 된다. 先秦 시대 고전적에서 판단사로 쓰인 "是"는 몇 개에 불과할 정도로 매우 적다.

▶ 此是何種也?8)
▷ 이것은 무엇입니까?

▶ 蔡人不知其是陳君也.9)
▷ 채인은 그가 진나라 군주임을 알지 못했다.

두 예문에서 "是" 앞에 구분해서 대명사 "此"와 "其"를 두어서 주어로 만들고 있다. 분명 "是"는 대명사로써 대명사 主語를 複指할 수 없다. 그러므로 "是"는 판단사이다. 漢代 이후가 되면, "是"가 판단사로 사용되는 사례가 점점 더 많아졌다.

▶ 此必是豫讓也.10)
▷ 이 사람은 반드시 예양11)이라.

▶ 余是所嫁婦人之父也.12)

---

6) 《荀子 天論》
7) 《左傳 僖公三十年》
8) 《韓非子 外儲說左上》
9) 《穀梁傳 桓公六年》
10) 《史記 刺客列傳》
11) 豫讓: 전국시대 晉나라사람 智伯을 섬겼으나 지백이 趙襄子 몸에 옻칠을 하여 문둥병 환자처럼 행장을 꾸미고 양자를 죽이려 하였으나 마침내 뜻을 이루지 못하고 도리어 잡히어 죽었다.

▷ 나는 시집간 여자의 아비다.

▶ 汝是大家子, 仕宦于台閣.13)
▷ 너는 대가집의 아들로 태각14)에서 벼슬을 하였다.

▶ 萍水相逢, 盡是他鄕之客.15)
▷ 물위에 부평초처럼 서로 만나니 모두가 타향의 나그네이다.

　　漢代 이후에 "是"가 점차 판단사로 사용되는 경우가 많아졌지만, 정규 한문에서는 여전히 판단구에 "是"를 사용하지 않고, 옛날 전통적인 판단구 형식을 사용했다. 先秦 고문에 판단사가 있었는지 여부에 관해서는 학술계에서 아직도 논쟁이 계속되고 있다. 어떤 학자들은 "爲"와 "維(惟)"를 판단사로 간주한다.

▶ 夫執輿者爲誰?16)
▷ 저기 수레를 잡고 있는 자는 누구인가?

▶ 余爲伯儵, 余而祖也.17)
▷ 나는 백주로 너의 조상이다.

▶ 我馬維騏.18)
▷ 나의 말이 얼룩말이다.

▶ 厥土惟白壤.19)
▷ 그곳의 흙은 희고도 부드럽다.

　　우리는 이런 문장에서 보듯이, "爲"는 확실히 판단사 "是"로 해석할 수 있다. 그리고 "維(惟)" 역시 판단구의 주어 술어 사이에 놓여 판단사 "是"의 기능을 한다고 볼 수 있다. 그러나 여러 언어현상에서 나타난 어법규율에서 보자면, 선진시대 판단구의 보편 형식은 "~(者), ~(也)"이다. 주어+술어 형식을 이용하

---

12) 《論衡 死僞》
13) 《孔雀東南飛》
14) 태각: 한나라를 다스리는 최고의 관부. 內閣(내각) 臺閣(대각).
15) 王勃 《滕王閣序》
16) 《論語 微子》
17) 《左傳 宣公三年》)
18) 《詩經 小雅 皇皇者華》
19) 《尙書 禹貢》

여 직접 판단관계를 표시하고, 종종 어기사 "也"를 통해 판단 語氣(어감)가 들도록 돕기 때문에, 판단사를 따로 사용할 필요가 없었다. 한문에서 "爲"는 함의가 대단히 넓은 동사이다. 앞의 두 예문에서 "爲"는 호칭을 표시하는 의문대명사나 인명 앞에 사용되었는데, "爲"가 지닌 판단의미는 "~(명사)하다"는 뜻에서 파생되고 虛化되어 나온 것이다. 선진시대에는 이런 판단 의미를 지닌 문장형식은 많이 나타나지 않는다. 예컨대, 두 번 째 예문 "余而祖也(나는 너의 조상이다)"를 "余爲而祖"로 하지 않았다. 선진시대에 상용되는 "維(惟)"는 판단구에서 사용될 뿐만 아니라, 묘사구나 서술구의 주어와 술어 사이에서도 사용되었는데, 모두 술어를 끌어내고 어기를 강화하는 기능만 한다. 그러므로 "維(惟)"는 구문에서 語氣詞이지 판단사는 아니다.

51. 판단구란 무엇이며 그 용법은 어떠한가?

판단구는 술어가 주어에 대해 판단하는 문장이다. 판단구의 주요 기능은 사물에 대해 해석하거나 분류해서, 어떤 사물이 무엇인지 혹은 무엇이 아닌지, 어떤 사물이 어떠한 종류에 속하는지 혹은 어떤 종류에 속하지 않는지를 분명하게 나타내는 것이다. 그래서 전형적인 긍정 판단구문에서 주어와 술어 사이에는 同一 혹은 隸屬 관계가 생겨나게 된다.

▶ 梁父卽楚將項燕.[1]
▷ 항량의 부친은 초나라의 장군 항연이다.

▶ 宋, 小國也.[2]
▷ 송나라는 소국이다.

그런데 어떤 판단구는 단지 판단구의 형식만 지니고 있을 뿐, 논리적으로 말하자면, 'A는 B이다'라거나 아니면 'A는 B가 아니다'와 같은 판단을 표시하지 않으며, 주어와 술어 사이에도 동일 관계나 예속 관계가 없다. 이런 경우의 예를 들어 보면 아래와 같다.

하나. 판단구 형식을 이용하여 비유를 표시한다.

▶ 韓, 天下之咽喉.[3]
▷ 한나라는 천하의 인후(목구멍)이다.

▶ 君者, 舟也; 庶人者, 水也.[4]
▷ 임금은 배요; 서민은 물이다.

이런 판단구는 文意에 부합하도록 융통성 있게 주의해야 번역해야 한다. 주어는 主體이고, 술어는 喩體이다. 술어는 暗喩 방식을 이용하여 주어가 표시

---

1) 《史記 項羽本紀》
2) 《孟子 滕文公下》
3) 《戰國策 秦策》
4) 《荀子 王制》

하는 사람이나 사물의 어떠한 특성을 形象的으로 설명한다. 이런 판단구는 暗喩의 격식에 따라서 'A는 B이다'로 새길 수도 있고, 또 明喩 방식을 이용하여 'A는 B와 같다'로도 새길 수 있다. 예를 들면, 앞에 든 두 예문을 '한국은 천하의 목구멍과 같다(韓國, 如同天下的咽喉)'거나와 '임금은 배와 같고 백성은 물과 같다(君王像船, 百姓像水)'로 새길 수 있다.

둘. 판단구의 형식을 이용하여 꽤 복잡한 내용을 표현한다.

▶ (千金, 重幣也) 百乘, 顯使也.5)
▷ (천금은 대단한 선물입니다) 수레 백승이라고 하면 훌륭한 사신입니다.

▶ 朱紱皆大夫, 紫綬悉將軍.6)
▷ 붉은 색 끈은 모두 대부이고, 자주 색 끈은 모두 장군이다.

이런 판단구는 꽤 복잡한 내용을 표현한다. 주어와 술어 사이에서 동일 관계나 예속 관계가 성립하지 않고, 또한 비유 관계도 성립하지 않는다. 그러나 어떠한 특징성과 標志性 관계를 지니고 있고, 借代의 성질을 가지고 있으니, 주어가 바로 술어의 특징이나 標志이다. 이런 판단구는 文意에 부합하도록 융통성 있게 주의해야 번역해야 한다. 앞의 두 예문을 거칠게 번역해서 '수레 백 대는 훌륭한 사신이다(百輛車馬是顯赫的使者)', '붉은 색 끈은 모두 대부이고, 자주 색 띠는 모두 장군이다(紅色絲帶都是大夫, 紫色絲帶都是將軍)'라고 하면, 분명 잘 된 표현이라 볼 수 없다. 마땅히 '천금은 매우 대단한 선물입니다(一千斤黃金是極重的聘禮)', '백 대의 수레를 대동한 사자는 훌륭한 사신입니다(帶一百輛車馬的使者是顯赫的使者)', '홍색 띠를 찬 사람은 모두 대부이고 자색 띠를 한 사람은 모두 장군이다(佩帶紅色絲帶的都是大夫, 佩帶紫色絲帶的都是將軍)'라고 융통성 있게 번역해야 한다.

셋. 판단구 형식을 이용해 구실이나 원인을 설명한다.

▶ 夫戰, 勇氣也.7)

---

5)《戰國策 齊策》
6) 白居易《輕肥》
7)《左傳 莊公十年》

▷ 무릇 전쟁은 용기에 있습니다.
▶ 勇怯, 勢也; 强弱, 形也.8)
▷ 용기와 비겁은 정세에 달려 있는 것이고, 강한 것과 약한 것은 당시의 형세에 달린 것입니다.

이런 판단구는 주어와 술어 사이에 의지 관계가 성립한다. 즉 술어는 주어가 표시하는 바의 사정이나 정황의 기반과 근거이다. 앞의 두 예문을 '전쟁에서 의지할 것은 바로 용기입니다(打仗, 靠的是勇氣)', '용기 비겁 강함 약함은 모두 형세에 따라 결정되는 것입니다(勇怯强弱都是由形勢所決定的)'와 같이 융통성 있게 번역할 수 있다. 이런 판단구는 복구 중에 사용되고 뒷면의 分句가 되어 앞면에서 기술한 일의 기반이나 원인을 나타낸다.

▶ 桓公九合諸侯, 不以兵車, 管仲之力也.9)
▷ 환공이 제후들을 규합(糾合=九合)하였으나 전쟁으로써 하지 않은 것은 관중의 힘이다.
▶ 孟嘗君爲相數十年, 無纖介之禍者, 馮諼之計也.10)
▷ 맹상군이 재상이 된 지 수십 년이 되어도 작은 재앙도 없는 것은 풍훤의 계책 때문이다.

'管仲之力也', '馮諼之計也'는 모두 주어를 생략한 판단문인데, 복문에 나타나 사용되었다. 이 두 예문은 마땅히 '(제 환공은 여러 차례 제후들의 회맹을 소집하였는데, 전쟁에 의거하지 않고, 관중의 역량에 의거하였다(齊桓公多次集合諸侯會盟, 不靠兵車, 而是靠管仲的力量)', '맹상군이 재상 노릇한 지 몇 십 년 동안 작은 재앙도 없었으니, 풍훤의 계책 때문이었다(孟嘗君做相幾十年, 沒有細微的災禍, 是因憑諼的計謀)'라고 번역해야 한다.

---

8) 司馬遷《報任安書》
9) 《論語 憲問》
10) 《戰國策 齊策》

52. 무엇을 의미상의 피동이라고 하는가?

한문에서 타동사를 사용해 피동의미를 표시하는 문장을 '의미상의 피동'이라고 부른다. 이런 피동의미를 표시하는 구문형식은 일반 主動구문과는 어떤 구별도 없다.

▶ 蓋文王拘而演周易, 仲尼厄而作春秋.1)
▷ 주나라 문왕은 구금되어 (羑里 獄에 7년 동안 있으면서)《周易》(經文)을 연역했고, 공자는 (列國을 周遊하다 陳·蔡 두 나라 사이에서) 곤액을 당해서《春秋》(經文)를 지었다.

▶ 公傷股, 門官殲焉.2)
▷ 양공 자신은 허벅지에 상처 입고 좌우 경비병은 모두 전사하였다.

▶ 則天地官而萬事役矣.3)
▷ 천지가 잘 다스려지고, 만물이 제대로 움직이게 될 것이다.

▶ 夫離法者罪, 而諸先生以文學取; 犯禁者誅, 而群俠以私劍養.4)
▷ 법을 위반한 자는 죄를 받아야 하는 데도 여러 유학자들은 문학을 잘한다는 이유로 등용하고, 나라의 금령을 범한 자는 처벌 되어야 하는데도 뭇 협사들은 자객의 명목으로 길러진다.

▶ 昔者龍逢斬, 比干剖, 萇弘胣, 子胥靡.5)
▷ 옛날 (夏나라의 현명한 신하) 용봉은 (桀王에게) 목이 베이고(죽임을 당했고, (商나라의 현명한 신하고 桀王의 숙부인) 비간은 가슴을 도려내는 형을 당했으며, (周나라 靈王의 현명한 신하) 장홍은 창자가 찢기는 벌을 당했고, (吳나라의 현명한 신하) 자서는 죽임을 당해 시신이 강물에 던져졌다.

▶ 魯酒薄而邯鄲圍, 聖人生而大盜起.6)

---

1) 司馬遷《報任安書》
2) 《左傳 僖公二十二年》
3) 《荀子 天論》
4) 《韓非子 五蠹》
5) 《莊子 胠篋》
6) 《莊子 胠篋》

▷ 노나라 술이 맛이 없어 조나라의 한단이 포위를 당하고, 성인이 탄생하자 큰 도적이 일어났다(아무런 잘못도 없이 뜻밖의 화를 입는 것을 비유한 말).

▶ 兵挫地削, 亡其六郡.7)
▷ 병사들은 사기가 꺾기고 땅은 빼앗기고 六郡을 잃어버렸다.

　이상의 문장에서 "拘", "厄", "殲", "役", "罪", "取", "誅", "斬", "剖", "脆", "靡", "圍", "挫", "削" 등은 모두 타동사나 목적어를 갖지 않으며, 의미상에서는 마땅히 "被拘", "被厄"(遭厄) "被殲", "被役", "被罪", "被取", "被誅", "被斬", "被剖", "被脆"(被破肚割腸), "被靡"(被漚爛尸體), "被圍", "被挫", "被削"로 이해해야 한다. 이런 문장의 주동자는 일반적으로 나타나지 않는다. 문장에서 동사는 주어(受事者)에 대한 서술이 아니라 주어에 대한 설명과 묘사이다. 그래서 술어나 목적어의 도치로 이해할 수 없다.

　한문에서 타동사가 앞에 "可", "足", "難", "易" 등의 낱말을 더하면 또한 피동의미가 생긴다.

▶ 天變不足畏, 祖宗不足法, 人言不足恤.8)
▷ 천변도 두려워하기에 부족하고, 조종은 본받기에 부족하고, 사람의 말은 긍휼히 여기기에 부족하다.

▶ 舟中之指可掬也.9)
배안에 잘린 손가락이 두 손으로 움켜쥘 만큼 되었다.

▶ 晉國亦未可以貳.10)
▷ 진나라를 또한 두마음으로 섬기지 못할 것이요.

▶ 衆怒難犯, 專欲難成.11)
▷ 여러 사람의 노여움은 거슬릴 수가 없고, 개인의 욕망은 이뤄지기 어렵습니다.

▶ 人固未易知, 知人亦未易也.12)

---

7)《史記 屈原賈生列傳》
8)《宋史 王安石傳》
9)《左傳 宣公十二年》
10)《左傳 昭公十六年》
11)《左傳 襄公十年》
12)《史記 范雎蔡澤列傳》

▷ 남이 본디 (나를) 알기가 쉽지 않거니와, 내가 남을 아는 것도 쉬운 일은 아닙니다.

53. 구조적으로 특징이 있는 피동문에는 어떤 유형이 있는가?

한문의 피동구 가운데 구조적으로 특징이 있는 피동문에는 다음과 같은 유형이 있다.

하나. 전치사 "於"는 타동사 뒤에 붙어 행위의 주동자를 끌어 들여 피동을 표시하는데, 즉 "主語+動詞+於+名詞"의 구조이다.

▶ 以天下之大困於一縣至衆, 甚爲執政者羞至.[1][困於]
▷ 천하를 가지고서 한 현의 백성을 괴롭히는 것은 심히 집권자로서 부끄러운 일이다.

▶ 君子役物, 小人役於物.[2][役於]
▷ 군자는 남을 부리고, 소인은 남에게 부림을 당한다.

▶ 其傷於縛者, 則幸留, 病數月乃瘳, 或竟成痼疾.[3][傷於]
▷ 그 곳이 묶여 상처가 났는데 다행히 그쳐 몇 달을 조심해 병이 나았고 어떤 사람은 마침내 고질병이 되었다.

▶ 通者常制人, 窮者常制於人.[4][制於]
▷ 통달한자는 항상 남을 제압하고 궁한 자는 항상 남에게 제압을 당한다.

▶ 隱公慈而殺於弟.[5][殺於]
▷ 은공은 자애로우나 동생에게 죽임을 당했다.

▶ 故內惑於鄭袖, 外欺於張儀.[6][惑於, 欺於]
▷ 고로 안으로는 정수에게 미혹되고 밖으로는 장의에게 속임을 당했다.

---

1) 賈誼 《治安策》
2) 《荀子 修身》
3) 方苞 《獄中雜記》
4) 《荀子 榮辱》
5) 《漢書 諸葛豊傳》
6) 《史記 屈平賈生列傳》

둘. 전치사 "爲"는 동작행위의 주동자를 끌어 들여 타동사 앞에 놓인다. 즉 "主語+爲+名詞+動詞"의 구조이다.

▶ 然則今有美堯舜禹鯀湯武之道於當今之世者, 必爲新聖笑矣.7)
▷ 그런 즉 지금 堯, 舜, 鯀, 禹, 湯, 武의 도가 지금의 세상에서도 적합하다고 칭찬하는 사람이 있다면 반드시 새로 나온 성인에게 비웃음을 받을 것이다.

▶ 適爲虞人8)逐.9)
▷ 마침 (이리가) 우인(사냥꾼)에게 쫓김을 당하고 있었다.

▶ 吾子, 白帝子也, ······今爲赤帝子斬之, 故哭.10)
▷ 내 아들은 백제의 아들이나 ······ 지금 적제의 아들에게 죽임을 당했으니 이에 곡한다.

▶ 身客死於秦, 爲天下笑.11)
▷ 몸이 진나라에서 객사하자 천하에 웃음거리가 되었다.

셋. 전치사 "爲"는 동작행위의 주동자를 끌어 들여 주어 뒤에 두고, 또한 타동사 앞에 "所"자를 덧붙여 "爲"가 끌어 들인 동작행위의 주동자를 複指한다. 즉 "主語+爲+名詞+所+動詞"의 구조이다.

▶ 高祖擊布時, 爲流矢所中.12)
▷ 한 고조(유방)가 경포(黥布=英布)를 공격할 때 날아오는 화살에 관통 당했다.

넷. 동사 앞에 "見"자를 더해 피동을 표시한다. 즉 "主語+見+動詞"의 구조이다.

▶ 自度無罪, 欲謁上, 恐見禽.13)
▷ 스스로 헤아리니 죄가 없어 임금을 알현하고자 했으나 사로잡힐까봐 두려워했다.

다섯. 동사 앞에 "見"자를 더해 피동을 표시한다. 동사 뒤에 "於"자를 더해 동작행위의 주동자를 끌어 들인다. 즉 "主語+見+動詞+於+名詞"의 구조이다.

---

7) 《韓非子 五蠹》
8) 사냥꾼(산림소택이라는 벼슬)
9) 馬中錫《中山狼傳》
10) 《史記 高祖本紀》
11) 《史記 屈平賈生列傳》
12) 《史記 高祖本紀》
13) 《史記 淮陰侯列傳》

▶ 樂毅信功於燕昭, 而見疑於惠王.14)
▷ 악의가 연나라 소왕에게 믿을 만한 공을 세웠으나, 혜왕에게는 의심을 받게 되었다.

여섯. 동사 앞에 "爲"를 더해 피동을 표시한다. 즉 "主語+爲+動詞"의 구조이다.

▶ 父母宗族, 皆爲戮沒.15)
▷ 부모종족이 모두 죽임을 당하였다.

일곱. 동사 앞에 "爲"를 더해 피동을 표시하고 동사 뒤에 "於"자를 더해 동작행위의 주동자를 끌어 들인다. 즉 "主語+爲+動詞+於+名詞"의 구조이다.

▶ 胥之父兄爲戮於楚.16)
▷ 오자서의 부모형제가 초나라에서 죽임을 당하였다.

여덟. 동사 앞에 "被"자를 더해 피동을 표시한다. 즉 "主語+被+動詞"의 구조이다.

▶ 國一日被攻, 雖欲事秦, 不可得也.17)
▷ 만일 나라가 하루아침에 공격을 받게 되어, 그때서야 진나라를 섬기겠다고 하더라도 그렇게 되지 않을 것이다.

아홉. 동사 앞에 "受"를 더해 피동을 표시한다. 즉 "主語+受+動詞"의 구조이다.

▶ 晁錯受戮.18)
▷ 조착이 죽임을 당하다.

열. 동사 앞에 "受"를 더해 피동을 표시한다. 동사 뒤에 "於"자를 더해 행위동작의 주동자를 끌어 들인다. 즉 "主語+受+動詞+於+名詞"의 구조이다.

▶ 吾不能擧全吳之地, 十萬之衆, 受制於人.19)
▷ (손권이 발끈하여 말하기를:) "내가 모든 오나라 땅과 십만의 군사를 들어서 남(조조)에게 제압받지는 않겠다."

---

14)《鹽鐵論 非鞅》
15)《史記 刺客列傳》
16)《史記 吳世家》
17)《戰國策 齊策》
18) 李陵《答蘇武書》
19)《資治通鑑 卷六十五》

열하나. 동사 앞에 "爲所"를 붙여 피동 의미를 표시한다. 즉 "主語+爲所+動詞"의 구조이다. 이런 피동구는 "主語+爲+名詞(施動者)+所+動詞" 구조의 생략으로 볼 수 있다. 그것은 "爲所" 앞에 일반적으로 모두 부사(어)가 있다.

▶ 若屬皆且爲所虜.20)
▷ 너희들은 모두 포로가 될 것이다.

▶ 官軍加討, 屢爲所敗.21)
▷ 관군이 토벌을 가하니 여러 번 패하게 되었다.

이상 11가지 피동문은 모두 주어로 대표되는 사람이나 사물이 받은 불행이나 손해를 중점적으로 설명한다. 한문에서 피동문은 일반적으로 손실을 입거나 혹은 나타나기를 바라지 않는 상황을 표시한다.

---

20)《史記 項羽本紀》
21)《舊唐書 黃巢傳》

54. 목적어가 어떠한 경우에 전치하는가?

목적어 前置는 목적어가 동사나 전치사 앞에 놓이는 句法現象을 주로 가리킨다. 이런 현상은 통상적으로 한문산문에서 이루어진다. 그런데 詩歌에서도 平仄(tone pattern)이나 叶韻(協韻, to rhyme) 때문에 목적어가 동사나 전치사 앞으로 나오는 일이 많다. 시가에서는 詞語의 배열순서가 매우 자유롭고 句法의 제한을 크게 받지 않기 때문에 술+목 구조와 전+목 구조 이외에 주+술, 수식 구조는 모두 자리를 바꾸는 일종의 '換位'現象을 발생한다. 이는 현대 시가에서도 종종 볼 수 있다. 한문에서 목적어 위치는 현대 중국어에서와 같다. 기본적으로 동사나 전치사 뒤에 위치한다. 다만 아래 몇 가지 경우에는 자리바꿈 현상이 일어난다.

하나. 부정문에서 대명사가 목적어일 경우. 만약 이 두 조건을 모두 갖추게 되면, 목적어는 일반적으로 전치된다.

▶ 我無爾詐, 爾無我虞.[1]
▷ 우리(초)가 당신들(송)을 속이지 않을 것이니 당신들도 우리를 걱정 말라.

"無"는 否定을 표시하고, 목적어 "爾"와 "我"가 대명사이므로 각기 동사 "詐"와 "虞" 앞에 놓였다.

▶ 聞道百, 以爲莫己若者, 我之謂也.[2]
▷ (세간의 속담에) 조금 도를 얻어 듣고서, "세상에 나만한 사람이 없다."고 (우쭐댄다고) 하는데, 바로 나 같은 사람을 두고 한 말입니다.

"莫"은 否定을 표시한다. 목적어 "己"가 대명사이기에 동사 "若" 앞에 놓였다.

▶ 以吾一日長乎爾, 毋吾以也.[3]
▷ 내 나이가 다소 너희보다 많다하여 나를 그렇게 생각하지 말라.

---

1) 《左傳 宣公十五年》
2) 《莊子 秋水》
3) 《論語 先進》

"毋"는 否定을 표시한다. 목적어 "吾"가 대명사이기에 전치사 "以" 앞에 놓였다. 만약 한 가지 조건만 만족시켰다면, 여전히 목적어는 일반적인 어순에 따라 놓인다.

▶ 莫用衆人之議也.4)
▷ 세상 사람들의 의견을 쓰지 말라.

"莫"은 부정을 표시한다. 그러나 목적어 "議"가 명사이다. 그러므로 전치될 수 없다.

▶ 吾何畏彼哉?5)
▷ 내 어찌 저(성인)를 두려워하리오!

목적어 "彼"는 대명사이나 부정문이 아니므로 전치할 수 없다. 그렇지만 여기에도 예외가 있다. 목적어가 전치의 조건을 구비했어도 전치되지 않는 경우가 있다.

▶ 狐曰: "子無敢食我也."6)
▷ 여우가 말하길 "너는 나를 감히 먹지 못한다."

"無"는 否定을 표시하고 목적어 "我"는 대명사다. 그러나 결코 전치되지 않는다.

▶ 雖與之俱學, 弗若之矣.7)
▷ 비록 그와 함께 배워도 그만 못할 것이다.

"弗"는 否定을 표시하고 목적어 "之"는 대명사다. 그러나 결코 전치되지 않는다. 또한 반대로 목적어가 전치조건을 만족하지 못했어도 전치되는 경우가 있다.

▶ 臣死且不避, 卮酒安足辭?8)
▷ 신은 죽음도 또한 피하지 않거늘 한잔 술을 어찌 사양하겠습니까?

---

4) 《資治通鑑 赤壁之戰》
5) 《孟子 滕文公下》
6) 《戰國策 齊策》
7) 《孟子 告子上》
8) 《史記 項羽本紀》

上半句의 반구에서 "不"는 否定을 표시한다. 그러나 목적어 "死"는 대명사가 아니지만 동사 "避" 앞에 두었다. 下半句는 부정구가 아니고 목적어 "酒" 또한 대명사가 아니다. 그러나 동사 "辭"의 앞에 두었다. 이는 모두 강조하기 위한 것이다.

둘. 목적어가 의문대명사라면 일반적으로 전치한다.

▶ 吾誰欺, 欺天乎?[9]
▷ 내 누구를 속이겠는가? 하늘을 속이겠는가?

목적어 "誰"는 의문대명사로 동사 "欺"의 앞에 놓인다.

▶ 沛公安在?[10]
▷ 沛公은 어디에 있는가?

목적어 "安"은 의문대명사로 동사 "在"의 앞에 놓인다.

▶ 問何以戰?[11]
▷ 묻기를 무엇으로써 싸우시겠습니까?

목적어 "何"는 의문대명사로 전치사 "以"의 앞에 놓인다. 의문대명사가 목적어로 쓰일 때도 예외로 전치되지 않는 것이 있다.

▶ 諸將云何?[12]
▷ 여러 장수들은 뭐라고 말했습니까?

목적어 "何"는 의문대명사이나 동사 "云"의 뒤에 놓였다.

셋. "之", "是", "斯", "焉" 등 指代하는 의미가 있는 詞를 쓸 때 목적어는 일반적으로 전치된다.

▶ 君子居之, 何陋之有?[13]

---

9) 《論語 子罕》
10) 《史記 項羽本紀》
11) 《左傳 莊公十年》
12) 《漢書 陳平傳》
13) 《論語 子罕》

▷ 군자가 그곳에 거주한다면 어찌 누추함이 있으리오.

　　목적어 "何陋"는 "之"를 이용하여 동사 "有" 앞으로 전치되었다.

▶ 我周之東遷, 晋鄭焉依.14)
▷ 주나라(平王)가 동쪽으로 (도읍을) 옮겼을 때, 진나라(晉文侯)와 정나라(鄭武公)에 의지하였다.

　　목적어 "晋鄭"은 "焉"을 이용하여 동사 "依" 앞으로 전치되었다.

▶ 我楚國之爲, 豈爲一人行也.15)
▷ 우리는 초나라를 위함이지 어찌 한사람(초왕)을 위해 행하겠습니까?

　　목적어 "楚國"은 "之"를 이용하여 전치사 "爲" 앞으로 전치되었다.

▶ 豈不穀是爲? 先君之好是繼.16)
▷ 어찌 나(不穀: 군주가 자신을 선하지 못한 존재라고 보는 謙稱)를 위해서이겠습니까? 선왕의 우호를 계승하려는 것입니다.

　　목적어 "不穀"과 "先君之好"는 "是"를 이용하여 각각 전치사 "爲"와 동사 "繼" 앞으로 전치되었다.

▶ 唯余馬首是瞻.17)
▷ 오직 나의 말머리가 향하고 있는 곳을 보라.

　　목적어 "余馬首"는 "是"를 이용하여 동사 "瞻" 앞으로 전치되었다. 이 문장 "唯~是~"는 고정된 문장형식으로 오늘날까지도 즐겨 쓰이고 있다. 그 예로 "唯利是圖(이익만 도모한다)"를 들 수 있다.

　　넷. 전치사 "以"의 목적어는 자주 전치된다.

▶ 吾道一以貫之.18)
▷ 내 도는 하나로써 꿰뚫고 있다.

---

14) 《左傳 隱公六年》
15) 《左傳 襄公二十八年》
16) 《左傳 僖公四年》
17) 《左傳 襄公十四年》
18) 《論語 里仁》

목적어 "一"이 전치사 "以" 앞에 놓였다.

▶ 楚戰士無不一以當十.19)
▷ 초나라 전사는 한 사람이 열사람을 당한다.

목적어 "一"이 전치사 "以" 앞에 놓였다.

이런 句式 또한 현대 중국어에 남아 있는데 예를 들면 "夜以繼日(밤으로 낮을 잇다; 밤낮으로 쉬지 않고 부지런히 힘쓰다)"과 같은 것이 그러하다.

---

19) 《史記 項羽本紀》

55. 목적어가 '지(之)', '시(是)'를 사용하여 복지(複指)하는 이유는?

목적어를 강조하거나 구조와 節律(rhythm)상 균형을 맞추기 위해 목적어를 동사 앞으로 끌어낸 다음 대명사 "之", "是"를 써서 複指하는 경우가 많다. 이때 "之", "是"는 목적어를 앞으로 끌어내는 標誌나 구조조사로 볼 수 있다.

▶ 寡君其罪之恐, 敢與知魯國之難?[1]
▷ 우리 임금께서는 (귀 군주를 본국으로 들여보내지 못하는) 허물을 지게 될까를 두려워하였는데, (이제 귀 군주를 들여보내려 하여도 스스로 들어가지 않으려 하시니) 또 다시 노나라의 복잡한 문제에 관여하시지는 않을 것입니다.

"其罪之恐"은 "恐其罪"이다. 목적어 "其罪"를 강조하기 위해, 이를 목적어 "恐" 앞으로 끌어오고 아울러 "之"를 써서 複指했다.

▶ 君亡之不恤, 而群臣是憂, 惠之至也.[2]
▷ 임금님께서는 (국외로) 망명해 계신 것을 근심하지 아니하고, 오히려 여러 신하들의 일을 근심하시니 이는 은혜가 지극함이다.

"亡之不恤"은 순서대로 하면 "不恤亡"이고, "群臣是憂"는 순서대로 하면 "憂群臣"이다. 목적어 "亡"과 "群臣"을 강조하기 위해 목적어를 동사 "恤"과 "憂" 앞으로 끌어낸 다음 "之"와 "是"를 써서 複指했다. 목적어를 앞으로 끌어내어 강조하는 방식은 의문문에서 더욱 두드러지게 나타난다.

▶ 宋何罪之有?[3]
▷ 송나라에 무슨 죄가 있습니까?

▶ 前世不同敎, 何古之法? 帝王不相復, 何禮之循?[4]
▷ 전대의 政敎가 서로 같지 않은데, 어느 고대를 본받아야 됩니까? 과거 제왕들은

---

1) 《左傳 昭公三十一年》
2) 《左傳 僖公十五年》
3) 《墨子 公輸》
4) 《商君 更法》

서로 답습하지 않았는데, 누구의 禮制를 따라야 합니까?

　목적어를 앞으로 끌어내는 구문에서 사용되는 "之"와 "是"는 여러 가지의 관용적 격식을 가지고 있다.

　하나. "謂"가 동사 술어를 충당하는 문장에서, 목적어를 "謂" 앞으로 끌어 온 다음 "之"로 복지하여 "~之謂"의 격식을 구성한다. 이는 "謂~也"와 같은 동+목 격식의 도치로써 판단을 나타낸다.

▶ 《詩》曰:"禮義之不愆兮, 何恤人之言兮", 此之謂也.5)[愆: 過失, 恤: 顧慮]
▷ 시경에 말하기를 : "예의를 지켜 어긋나지 아니하면 남의 말을 어찌 근심하리." 하였으니 이것이 군자를 말한 것이다.

▶ 《詩》曰:"自詒伊戚", 其子臧之謂矣.6)[詒: 遺: 留, 伊: 他, 戚: 憂患. 子臧은 鄭國人으로 鄭伯이 보낸 强盜에게 살해 당함]
▷ 시경에 말하기를 : "스스로 근심을 만든다."고 했는데 아마도 자장을 이른 것일 것이다.

　둘. "술어+近목적어(是)+遠목적어"의 구조에서, 근목적어 "是"를 동사 "謂" 앞으로 끌어 온 다음, "之"로 복지하여, "是之謂~"의 격식을 형성한다.

▶ 不見其事而見其功, 夫是之謂神.7)[事: 工作. 神: 玄妙]
▷ 그 일은 보이지 않아도 그 공은 보이니, 이것을 일러 신통하다 한다.

▶ 生乎由是, 死乎由是, 夫是之謂德操.8)
▷ 살아도 이것(배운 것)으로 말미암고(따르고) 죽더라도 이것으로 말미암으니, 이것을 일러 '덕망으로 (절개를) 지킨다'고 하는 것이다.

　앞으로 당긴 근목적어가 前文을 復指하는 대명사 "是"를 사용치 않고, 직접 명사성 성분을 사용하여 "之謂~"의 격식을 형성한다.

▶ 凡失其所欲之路而妄行者之謂迷.9)
▷ 무릇 자기가 가고자 하는 길을 잃고 아무렇게나 (마구/함부로) 걸어가는 것을 迷

---

5)《荀子 正名》:《詩》曰:"長夜漫兮, 永思騫兮, 大古之不慢兮, 禮儀之不愆兮, 何恤人之言兮." 此之謂也.
6)《左傳 僖公二十四年》
7)《荀子 天論》
8)《荀子 勸學》
9)《韓非子 解老》

(심취하다. 빠지다)라 한다.

▶ 窮於道之謂窮.[10]
▷ 도에 막혀 있는 것을 일러 곤궁하다고 하는 것이다.

"窮於道之謂窮"을 순서대로 하면 "謂窮於道窮"이다. 근목적어 "窮於道"를 뒤에서 앞으로 당겨 놓고 "之"를 사용하여 복지했다.

셋. 목적어를 앞으로 당기고 "之"를 사용하여 복지하는 구조에서 "之"는 또한 "之爲"가 되어 "~之爲~"의 격식을 형성한다.

▶ 故人苟生之爲見, 若者必死: 苟利之爲見, 若者必害.[11][若者: 이러하다면, 이와 같다면, 이렇게 말한다면]
▷ 그러므로 사람이 구차히 생을 찾는다면 이런 자는 반드시 죽게 될 것이고, 구차하게 이익만을 생각한다면 이런 사람은 반드시 손해를 볼 것이다.

넷. 목적어를 앞으로 당기고 "之" "是"로 복지하는 구조는 또한 앞당긴 목적어 앞에 범위를 표시하는 부사 "唯"를 더하여 "唯~是~", "唯~之~", "唯~之爲~" 격식을 형성한다.

▶ 率師以來, 唯敵是求.[12]
▷ 군사를 거느리고 와, 오직 적을 찾아 공격할 따름이다.

▶ 二三子其佐我明揚仄陋, 唯才是擧.[13][仄陋: 협착하고 비루함. 곧 사회적 지위가 낮은 사람]
▷ 그대들은 나를 도와 지위가 아래인 사람을 들어 밝힐지니, 오직 재주로서 천거한다.

▶ 悴悴然, 唯利之見.[14][悴悴: 모모. 탐욕스러운 모양]
▷ 탐함이 오로지 이로운 것만 보는 것은 (개, 돼지의 용기이다.)

▶ 唯仁之爲守, 唯義之爲行[15].

---

10) 《莊子 讓王》
11) 《荀子 禮論》
12) 《左傳 宣公十二年》
13) 曹操 《求賢令》
14) 《荀子 榮辱》
15) 《荀子 不苟》: 君子養心莫善於誠, 致誠則無它事矣, 唯仁之爲守, 唯義之爲行.

▷ 오로지 인을 지켜, 의를 행하는 길 뿐이다.

   이러한 구조에서 "唯"는 동작행위 대상(목적어)의 단일성과 배타성을 나타낸다.

56. 어떤 상황에서 위어가 주어 앞에 놓이는가?

고금 중국어의 어순은 기본적으로 일치한다. 술어의 위치는 통상 주어 뒤이다. 한문에서 술어를 두드러지게 하거나 문장의 어기 표현을 강하게 하기 위해, 句式을 변환하여 술어를 주어 앞에 놓는다. 이를 술어 前置 혹은 主述 도치라 한다. 이런 경우는 감탄구나 의문구에 주로 나타나거니와 간혹 祈使句 [qǐshǐjù](요구하거나 바랄 때 쓰는 명령문)에서도 보인다.

하나. 감탄의 중심을 부각시키고, 감탄의 어기를 강화하기 위해, 감탄구문에서 술어를 앞으로 도치시킨다.

▶ 君哉, 舜也![1)
▷ 거룩한 임금이로다. 순이여!

▶ 甚矣, 汝之不惠![2)
▷ 심하구나. 너의 은혜롭지 못함이여!

▶ 美哉乎, 山河之固![3)
▷ 훌륭하다. 산하의 견고함이여!

▶ 有是哉, 子之迂也![4)
▷ 이와 같습니다. 선생님의 우활하심이여!

둘. 의문 대상을 부각시키거나 의문 어기를 강화하기 위해, 의문구문에서 술어를 앞으로 도치시킨다.

▶ 子邪, 言伐莒者?[5)
▷ 그대인가? 거나라를 치라 한 자가?

---

1) 《孟子 滕文公上》
2) 《列子 湯問》
3) 《史記 孫子吳起列傳》
4) 《論語 子路》
5) 《呂氏春秋 重言》

▶ 誰與, 哭者?6)
▷ 누구인가? 우는 자가?

▶ 何哉, 爾所謂達者?7)
▷ 무엇인가? 그대가 말하는 達이라는 것은?

셋. 명령 내용을 부각시키고, 명령 어기를 강화하기 위하여, 명령구문에서 술어를 앞으로 도치시킨다.

▶ 格, 汝舜!8)
▷ (가까이) 오라. 그대 순이여!

▶ 勖哉, 夫子!9)
▷ 힘쓸지어다, 그대여!

이밖에 고전 詩詞에서 평측, 압운 등 격률(metrical pattern of poetry)을 맞추기 위한 문장성분의 도치현상은 산문에 비해 더 보편적으로 이루어진다. 주어 술어 도치의 예를 들면 다음과 같다.

▶ 竹喧歸浣女, 蓮動下漁舟.10)
▷ 대나무 숲 버석 이니 빨래터 아낙네 돌아오고 연잎 흔들리더니 고깃배 지나는구나.

▶ 蕩胸生層雲, 決眦入歸鳥.11)
▷ 마음을 열고 보니 층층이 구름이 일고, 눈을 크게 뜨니 돌아오는 새들이 눈에 들어온다.

한문에서 술어를 주어 앞으로 당기는 일은 문장성분 도치의 범위에 속한다. 그런데 修辭 목적을 위해 주어 술어의 순서를 바꾸기도 하는데, 이것은 특수 어순, 즉 목적어를 앞으로 당기는 것과는 성격이 다르다. 목적어를 앞으로 당기는 것은 일정한 어법 조건하에 형성되는 특수 어순이나 한문의 정상 현상이며 통상 법칙이다. 그러나 술어를 앞으로 당기는 것과 같은 도치는 順裝(正置)句의 變式으로 특수 현상이며 修辭 수법이다.

---

6) 《禮記 檀弓上》
7) 《論語 顔淵》
8) 《尙書 堯典》
9) 《史記 周本紀》
10) 王維 《山居秋暝》
11) 杜甫 《望岳》

57. 쌍목적어란 무엇인가?

　이른바 쌍목적어는 하나의 동사 술어가 2개의 목적어를 갖는 것이다. 첫 번째 목적어는 간접목적어, 또는 近(술어로부터 가까이 있는)목적어라 하고, 두 번째 목적어는 직접목적어, 또는 遠(술어에서 멀리 떨어진)목적어라고도 한다. 직접목적어는 동작행위의 지배대상을 표시하는데, 일반적으로 사물을 가리키며, 간접목적어는 동작행위의 관련대상을 표시하는데, 일반적으로 사람을 가리킨다.

　예를 들어,《論語 陽貨》에 "歸孔子豚[1]"에서 동사 '歸'는 2개의 목적어를 가지고 있다. '孔子'는 간접목적어(근목적어)요 '豚'은 직접목적어(원목적어)이다. 쌍목적어는 고금 중국어가 공유하는 句式이다. 현대 중국어에는 수여의 뜻, 혹은 교시의 뜻을 표시하는 동사만이 쌍목적어를 가진다. 그러나 한문에서는 일반 타동사도 쌍목적어를 가질 수 있다. 아래에서 동사 詞義의 다름에 의거한 쌍목적어 유형을 알아보자.

　하나. 授與의 뜻을 가진 동사의 쌍목적어.

▶ **公賜之食**.[2]

---

[1] 陽貨欲見孔子, 孔子不見, **歸孔子豚**. 孔子時其亡也, 而往拜之, 遇諸塗.

[2] 《左傳 隱公元年》: 夏四月, 費伯帥師城郞. 不書, 非公命也. 初, 鄭武公娶于申, 曰武姜. 生莊公及共叔段. 莊公寤生, 驚姜氏, 故名曰寤生, 遂惡之. 愛共叔段, 欲立之. 亟請於武公, 公弗許. 及莊公卽位, 爲之請制. 公曰, "制, 巖邑也, 虢叔死焉. 佗邑唯命." 請京, 使居之, **謂之京城大叔**. 祭仲曰, "都, 城過百雉, 國之害也. 先王之制, 大都, 不過參國之一; 中, 五之一; 小, 九之一. 今京不度, 非制也, 君將不堪." 公曰, "姜氏欲之, 焉辟害?" 對曰, "姜氏何厭之有? 不如早爲之所, 無使滋蔓! 蔓, 難圖也. 蔓草猶不可除, 況君之寵弟乎?" 公曰, "多行不義, 必自斃, 子姑待之." 旣而大叔命西鄙, 北鄙貳於己. 公子呂曰, "國不堪貳, 君將若之何? 欲與大叔, 臣請事之; 若弗與, 則請除之, **無生民心**." 公曰, "無庸, 將自及." 大叔又收貳以爲己邑, 至於廩延. 子封曰, "可矣, 厚將得衆." 公曰, "不義, 不暱, 厚將崩." 大叔完, 聚, 繕甲兵, 具卒, 乘, 將襲鄭, 夫人將啓之. 公聞其期, 曰, "可矣." 命子封帥車二百乘以伐京. 京叛大叔段. 段入於鄢. 公伐諸鄢. 五月辛丑, 大叔出奔共. 書曰, "鄭伯克段于鄢." 段不弟, 故不言弟; 如二君, 故曰克; 稱鄭伯, 譏失敎也; 謂之鄭志. 不言出奔, 難之也. 遂寘姜氏于城潁, 而誓之曰, "不及黃泉, 無相見也!" 旣而悔之. 潁考叔爲潁谷封人, 聞之, 有獻於公. **公賜之食**. 食舍肉. 公問之. 對曰, "小人有母, 皆嘗小人之食矣; 未嘗君之羹, 請以遺之." 公曰, "爾有母遺, 繄我獨無!" 潁考叔曰, "敢問何謂也?" **公語之故**, 且告之悔. 對曰, "君何患焉? 若闕地及泉, 隧而相見, 其誰曰不然?" 公從之. 公入而賦, "大隧之中, 其樂也融融." 姜出而賦, "大隧之外, 其樂也洩洩." 遂爲母子如初. 君子曰, "潁考叔, 純孝也, 愛其母, 施及莊公.

▷ 장공은 (답례로 영고숙에게) 음식을 하사했다.

▶ 多予之重器.3)
▷ (趙나라 太后께서) 그(長安君)에게 귀중한 보물을 많이 주었다.

▶ 授之柄而處其下.4)
▷ 권력을 주고 그곳에 처하게 하다.(신하로 삼다.)

▶ 此所謂 "藉寇兵而賚盜粮"者也.5)
▷ 이는 이른바 적에게 병기를 빌려주고 도적에게 양식을 갖다 준다는 것입니다.

　　수여의 뜻을 가진 동사는 "賜", "予", "授", "藉", "賚", "歸", "遺", "貽", "償", "與" 등이 있다. 수여의 뜻을 가진 동사의 쌍목적어 중, 간접목적어는 동작행위의 관계대상이다. 이런 쌍목적어는 현대 중국어의 쌍목적어 혹은 "전치사(~을 가지고, ~로써)+직접목적어+動詞+간접목적어"로 번역 할 수 있다. 예를 들어 "賜之食"은 "賜給他食物(그에게 먹을 것을 주다)", 또는 "把食物賜給他(먹을 것을 그에게 주다)"로 새긴다.

　둘. 敎示의 뜻을 가진 동사의 쌍목적어.

▶ 公語之故, 且告之悔.6)
▷ 장공은 그런 이유를 말하고 또한 후회하고 있는 중이라고 말했다.

▶ 后稷敎民稼穡, 樹藝五穀.7)
▷ 후직이 백성들에게 농사를 가르쳐서 오곡을 심고 가꾸게 하였다.

▶ 天子數問騫大夏之屬.8)

　　詩曰, '孝子不匱, 永錫爾類.' 其是之謂乎!'
3)《戰國策 趙策》: 今媼尊長安君之位, 而封之以膏腴之地, **多予之重器**, 而不及今令有功於國, 一旦山陵崩, 長安君何以自託于趙? 老臣以媼爲長安君計短也, 故以爲其愛不若燕后°" 太后曰: "諾° 恣君之所使之°"
4) 韓愈《張中丞傳后叙》
5) 李斯《諫逐客書》: 今乃棄黔首以資敵國, 郤賓客以業諸侯, 使天下之士, 退而不敢西向, 裹足不入秦, **此所謂藉寇兵而齎盜糧者也**. 夫物不產於秦, 可寶者多, 士不產於秦, 願忠者衆, 今逐客以資敵國, 損民以益讎, 內自虛而外樹怨於諸侯, 求國無危, 不可得也.
6)《左傳 隱公元年》
7)《孟子 滕文公上》: **后稷敎民稼穡, 樹藝五穀**, 五穀熟而民人育. 人之有道也, 飽食 煖衣 逸居而無敎, 則近於禽獸. 聖人有憂之, 使契爲司徒, 敎以人倫 父子有親, 君臣有義, 夫婦有別, 長幼有序, 朋友有信. 放勳曰 勞之來之, 匡之直之, 輔之翼之, 使自得之, 又從而振德之. 聖人之憂民如此, 而暇耕乎?

▷ 천자는 장건(張騫)에게 여러 차례 대하와 같은 지역들에 대해 물었다.

▶ 謂之京城大叔.9)
▷ 그를 경성의 대숙이라고 불렀다.

교시의 뜻을 지닌 동사에는 "語", "告", "敎", "問", "謂" 등이 있다. 교시의 뜻을 지닌 동사의 쌍목적어 중 간접목적어는 동작행위의 교제대상이며 이런 쌍목적어는 통상 현대 중국어의 쌍목적어로 번역한다. 예를 들어, "語之故"는 "告訴他原因(그에게 원인을 알려주다)"라고 새긴다.

셋. 기타의 뜻을 지닌 동사의 쌍목적어.

동사의 간접목적어에 대한 어법기능의 차이에 근거하여, 이런 쌍목적어는 또한 세 가지로 나누어 볼 수 있다.

1) 使動用法동사의 쌍목적어.

▶ 晉侯飲趙盾酒, 伏甲將攻之.10)
▷ 진후가 조순으로 하여금 술을 마시게 하고 갑사들을 매복케 하여 그를 공격하려고 하였다.

▶ 無生民心.11)
▷ 백성들의 마음을 혼란케 하지 마십시오.

▶ 均之二策, 寧許以負秦曲.12)
▷ 두 가지 계책을 비교해 볼 때, 차라리 그들의 말을 들어주어 잘못을 진나라가 지도록 하는 것이 좋을 것입니다.

▶ 今毆民而歸之農.13)
▷ 지금 백성을 이끌어 농업에 종사하게 하다.

---

8) 《漢書 張騫傳》
9) 《左傳 隱公元年》
10) 《左傳 宣公三年》: 秋九月, **晉侯飲趙盾酒, 伏甲, 將攻之**. 其右提彌明知之, 趨登, 曰, "臣侍君宴, 過三爵, 非禮也." 遂扶以下. 公嗾夫獒焉, 明搏而殺之.
11) 《左傳 隱公元年》
12) 《史記 廉頗藺相如列傳》: 趙予璧而秦不予趙城, 曲在秦. **均之二策, 寧許以負秦曲**. 王曰 誰可使者? 相如曰 王必無人, 臣願奉璧往使. 城入趙而璧留秦 城不入, 臣請完璧歸趙. 趙王於是遂遣相如奉璧西入秦.
13) 賈誼 《論積貯疏》

사동용법동사의 쌍목적어 중 간접목적어는 동사의 사동대상이며, 이런 쌍목적어는 마땅히 "使+간접목적어+動詞+직접목적어"로 번역해야 한다. 예를 들어 "飮趙盾酒"는 "使趙盾飮酒(조순으로 하여금 술을 마시게 하다)"로 새긴다.

  2) 爲動용법동사의 쌍목적어.

▶ 天生民而立之君.14)
▷ 하늘은 백성을 낳고 그들을 위해 임금을 세워주다.

▶ 一夫不耕, 或受之饑: 一女不織, 或受之寒.15)
▷ 남자는 밭을 갈지 않아 혹은 그 때문에 굶주리게 되고, 여자는 직물을 짜지 않아 혹은 그 때문에 추위에 떤다.

▶ 君子疾夫舍曰 "欲之"而必爲之辭.16)
▷ 군자는 하고자 한다고 말하지 않고 굳이 변명하는 것을 미워한다.

▶ 故予與同社諸君子, 哀斯墓之徒有其石也而爲之記.17)
▷ 나와 결사를 조직한 여러 사람이 이 묘가 다만 그 돌만 있음을 애처롭게 여겨 이에 이 글을 짓는다.

위동용법 동사의 쌍목적어 중 간접목적어는 동작행위의 복무 대상이나 원인이다. 이런 쌍목적어는 "전치사(~위하여, ~대하여, ~에게, ~때문에)+간접목적어+動詞+직접목적어"로 번역해야 한다. 예를 들어, "立之君"은 "爲他們立君主(그들을 위하여 군주를 세워주다)"라고 새긴다.

  3) 對動용법동사의 쌍목적어.

▶ 欲見賢人而不以其道, 猶欲其入而閉之門也.18)

---

14) 《左傳 襄公十四年》: **天生民而立之君**, 使司牧之, 勿使失性. 有君而爲之貳, 使師保之, 勿使過度. 是故天子有公, 諸侯有卿, 卿置側室, 大夫有貳宗, 士有朋友, 庶人, 工, 商, 皁, 隸, 牧, 圉皆有親暱, 以相輔佐也.

15) 賈誼 《論積貯疏》

16) 《論語 季氏》: 冉有曰 今夫顓臾, 固而近於費. 今不取, 後世必爲子孫憂. 孔子曰 求! **君子疾夫舍曰欲之, 而必爲之辭**. 丘也聞有國有家者, 不患寡而患不均, 不患貧而患不安. 蓋均無貧, 和無寡, 安無傾.

17) 張溥(1602~1641) 《五人墓碑記》: 安能屈豪傑之流, 扼腕墓道, 發其志士之悲哉. **故予與同社諸君子, 哀斯墓之徒有其石也, 而爲之記.** 亦以明死生之大, 匹夫之有重於社稷也. 賢士大夫者, 冏卿因之吳公, 太史文起文公, 孟長姚公也. '五人'은 顔佩韋 楊念如 馬杰 沈揚 周文元으로 모두 蘇州 출신의 평민임.

18) 《孟子 萬章下》: 曰 以皮冠. 庶人以旃, 士以旂, 大夫以旌. 以大夫之招招虞人, 虞人死不敢往. 以士之招招庶人, 庶人豈敢往哉. 況乎以不賢人之招招賢人乎? **欲見賢人而不以其道, 猶欲其入而閉之門也.**

▷ 현인을 만나고자 하면서 그 도로 하지 않는다면 마치 그가 들어가기를 바라면서 그에게 문을 닫는 것과 같다.

▶ 紾兄之臂而奪之食, 則得食: 不紾, 則不得食, 則將紾之乎?19)
▷ 형의 팔을 비틀고, 그에게서 밥을 빼앗아 먹으면 밥을 먹을 수 있고, 형의 팔을 비틀지 않으면 밥을 먹지 못할지라도 장차 팔을 비틀겠는가?

▶ 且君嘗爲晉君賜矣.20)
▷ 또한 임금님이 일찍이 진나라 임금(혜공)에게 은혜를 베풀었다.

▶ 子頹有寵, 蔿國爲之師.21)
▷ 자퇴는 (장왕에게) 총애를 받아 위국이 그의 스승이 되었다.

　대동용법동사의 쌍목적어 중 간접목적어는 동작행위의 일반적인 관련대상이다. 이런 쌍목적어는 "전치사(~대하여, ~향하여, ~에게)+간접목적어+動詞+직접목적어"로 번역한다. 예를 들어, "閉之門"은 "對他關上門(그에 대하여 문을 닫다)"로 새긴다.

　위동용법동사와 대동용법동사의 쌍목적어구 중, 동사는 자주 "爲"로 충당하고 간접목적어는 항상 "之"로 충당하여, 한문의 전형적인 "爲之~"식의 쌍목적어를 형성한다. 이 또한 쌍목적어의 중요특징이다.

夫義, 路也 禮, 門也. 惟君子能由是路, 出入是門也.
19) 《孟子 告子下》: 往應之曰 **紾兄之臂而奪之食, 則得食; 不紾, 則不得食, 則將紾之乎?** 踰東家牆而摟其處子, 則得妻 不摟, 則不得妻, 則將摟之乎?
20) 《左傳 僖公三十年》: 若舍鄭以爲東道主, 行李之往來, 共其乏困, 君亦無所害. **且君嘗爲晉君賜矣**, 許君焦, 瑕, 朝濟而夕設版焉, 君之所知也. 夫晉, 何厭之有? 旣東封鄭, 又欲肆其西封.
21) 《左傳 莊公十九年》: 初, 王姚嬖于莊王, 生子頹. **子頹有寵, 蔿國爲之師**. 及惠王卽位, 取蔿國之圃以爲囿.

58. 동사 '위(爲)'를 따르는 쌍목적어를 식별하는 방법은?

동사 "爲"가 지닌 쌍목적어 가운데 간접목적어는 대부분 대명사 "之"로 충당되는데, 이것이 곧 "爲之~"식의 쌍목적어이다.

▶ 不如早爲之所, 無使滋蔓.1)
▷ 일찍이 도모하는 것만 같지 못합니다. 풀이 뻗어 나가게 해서는 안 됩니다.

▶ 而爲之簞食與肉, 實諸橐以與之.2)
▷ 그의 어머니를 위하여 밥과 고기를 준비하여 소쿠리에 담아 주머니에 넣어 그에게 주었다.

▶ 重爲之禮而歸之.3)
▷ 예로 그를 중히 대접하고 돌려보내다.

▶ 故爲之說, 以俟夫觀人風者得焉.4)
▷ 고로 나는 이에 대한 설을 지어서, 무릇 마을의 풍속을 관찰하는 이가 알기를 기다리는 바이다.

▶ 吾不忍爲之民也.5)
▷ 나는 차마 그것을 백성에게 하지 못하겠다.

▶ 唯赤則非邦也與? 宗廟會同, 非諸侯而何? 赤也爲之小, 孰能爲之大?6)
▷ "적(赤:公西華)이 말한 것은 나라를 다스리는 일이 아닙니까?" "종묘(宗廟)의 일과 회동(會同)하는 일이 제후(諸侯)의 일이 아니고 무엇이겠느냐? 적의 재주로 작은 일을 맡는다면 누가 능히 큰일을 맡겠는가?(적의 일이 작은 것이라면 누구의 일이 큰 것이겠는가?/그가 하는 일을 작다고 하면 어떤 일을 크다고 하겠느냐?)"

▶ 若事之不濟, 此乃天也, 安能復爲之下乎?7)

---

1) 《左傳 隱公元年》
2) 《左傳 宣公二年》
3) 《左傳 成公三年》
4) 柳宗元《捕蛇者說》
5) 《戰國策 趙策》
6) 《論語 先進》
7) 《資治通鑒 卷六十五》

▷ (제갈량이 손권에게 대답하기를:) "만약 일이 잘 풀리지 않더라도, 이는 하늘 뜻이니, 어찌 능히 다시 그(조조)에게 항복하겠는가?"

▶ 吾屬今爲之虜矣!8)
▷ 우리들은 이제 그의 포로가 될 것이다.

　이런 "爲之~"식의 쌍목적어 구조는 한문에서 전치사 "爲"의 부사+동사 구조인 "爲之~" 형식과 근사하고 뜻도 비슷하여 쉽게 혼동된다. 동사 "爲"를 따르는 쌍목적어를 어떻게 식별할 수 있을까? 아래와 같은 몇 가지 방법이 있다.

　1) 句式으로 식별
　동사 "爲"가 쌍목적어를 가지는 "爲之~"는 "爲+之+名詞"인데, 그 중에는 기타동사가 없다. 그래서 "爲"는 앞서 든 예와 같이 동사 술어이다. 그러나 부+동 구조 "爲之~"는 "爲+之+動詞"인데, 자체에 동사 술어가 있다. 그러므로 "爲"는 전치사이다.

▶ 媼之送燕后也, 持其踵爲之泣, 念悲其遠也, 亦哀之矣.9)
▷ 태후께서 연후10)를 보낼 때, 그의 발꿈치를 잡고서 울면서 멀리 시집가는 것을 염려하고 슬퍼하셨으니, 역시 애처롭게 여긴 때문입니다.

▶ 腹背受敵, 雖有伊呂, 不能爲之謀也.11)
▷ 앞뒤로 적의 공격을 받으니, 비록 伊尹과 呂尙(강태공)이 있더라도 그를 위해 도모할 수 없다.

▶ 漢卒十餘萬人皆入睢水, 睢水爲之不流.12)
▷ 한 군사 10여만이 모두 수수에 빠져 수수가 이로 인해서 흐르지 못할 정도였다.

　2) 의미로 식별
　쌍목적어구조 "爲之~"와 부+동 구조 "爲之~"는 비록 의미가 모두 "그에 대해서, 그에게, 그를 위하여, 그 때문에"라고 볼 수 있지만, 낱말의 뜻과 낱말의 대응이 똑 같은 것은 아니다. 부+동 구조 "爲+之+動詞"에서 전치사 "爲"는 동작

---

8) 《史記 項羽本紀》
9) 《戰國策 趙策》
10) 燕后 : 조 태후의 딸로서 燕나라에 시집가서 后가 됨.
11) 方勺《靑溪寇軌 客齋逸史》
12) 《史記 項羽本紀》

행위의 대상 목적 혹은 원인을 끌어내는 데 이용될 뿐이고, 동작행위의 의미는 전적으로 구체적인 동사에 의해 표시된다. 그러나 쌍목적어구조 "爲+之+名詞"에서 동작행위의 의미는 동사 "爲"가 표시한다. 한문의 동사 "爲"의 뜻은 매우 광범위하며, 구체적인 문장에서 상이한 의미를 융통성 있게 나타낼 수 있다. 앞에 예로 든 8가지 쌍목적어구의 "爲"자는 순서에 따라 "안배하다", "준비하다", "설치하다", "쓰다", "만들다", "맡다", "짓다", "감당하다"로 이해할 수 있다.

3) 상하문의 句式의 비교로 식별

옛사람은 문장을 쓸 때 對文을 중시했다. 그래서 상하 문장 구식이 대체로 일치한다. 이에 근거해서 句式과 품사를 식별할 수 있다.

▶ 古之王者, 知命之不長, 是以竝建聖哲, 樹之風聲, 分之采物, 著之話語, 爲之律度, 陳之藝極, 引之表儀, 予之法制, 告之訓典, 敎之防利, 委之常秩, 道之以禮, 則使毋失土宜.13)
▷ 옛날의 왕은 생명이 길지 않음을 알고 이 때문에 어진이를 쓰고, 백성들에게 풍교를 수립하고, 채물(의복 및 기타물건을 신분에 따라)을 구분하고, 문구를 기록하여 육률과 도량형을 정하고, 예의 극을 늘여놓고, 위의를 표현하게 하고, 법도와 제도를 주고, 경전을 가르치고, 이익을 얻게 가르치고, 관리에게 벼슬을 주고, 예로써 인도하고, 토지의 좋음을 잃지 않게 하였다.

▶ 雖然, 每至于族, 吾見其難爲, 怵然爲戒, 視爲止, 行爲遲, 動刀甚微, 謋然已解, 如土委地. 提刀而立, 爲之四顧, 爲之躊躇滿志, 善刀而藏之.14)
▷ 그러나 매양 뼈와 힘줄이 한데 얽힌 곳에 이르면 저도 조심하여 곧 눈길을 멈추고 행동을 천천히 하며 칼을 놀리는 것도 매우 미묘해 집니다. 그러다가 갈라지면 마치 흙이 땅에 떨어지듯 합니다. 칼을 들고 일어서서 사방을 돌아보며 득의양양해 만족해하여 칼을 잘 다듬어 그것을 간직합니다.

앞의 예문은 쌍목적어구를 사용했다. 그래서 "爲之律度" 또한 쌍목적어구이다. 뒤의 예문은 전치사 "爲"가 있는 부+동 구조를 사용하였다. 거기서 "爲戒", "爲止", "爲遲"는 모두 전치사 목적어 "之"를 생략한 부+동 구조이다.

---

13) 《左傳 文公六年》
14) 《莊子 養生主》

59. 어떤 경우에 문장 성분이 생략되는가?

　언어는 인류의 가장 중요한 교제 도구이다. 언어 사용에는 두 가지 기본 원칙이 있다. 하나는 명확성이다. 정보나 생각을 다른 이에게 명백하고 확실하게 전달하고자 한다면 우선 내용이 명확해야 한다. 또 하나는 간결성이다. 확실하고 완전무결하게 생각을 표현하는 것을 방해하지 않는다는 전제 아래 가능한 한 불필요한 내용을 줄여야 한다. 간결의 원칙 때문에 부득이 하게 일부 문장 성분을 생략하게 된다. 이는 고대나 현대나 마찬가지다. 그러나 한문에서 생략이 현대 중국어보다 심각하다. 한문에서 성분 생략은 주로 아래의 세 가지에 집중된다. 주어의 생략, 목적어의 생략, 전치사의 생략이 그것이다. 아래에서 그 구체적인 상황을 알아보기로 한다.
　주어의 생략이다. 한문에서 주어를 생략하는 경우는 매우 많다.

▶ 初, 鄭武公娶于申, 曰武姜.[姜氏]生莊公及共叔段. 莊公寤生, 驚姜氏, 故名曰 '寤生' [姜氏]遂惡之.[1] (꺾어진 괄호 안은 생략된 성분인데, 아래도 같다.)
▷ 원래 정무공은 신나라에서 부인을 맞이하였는데 그를 무강이라고 하였다. (강씨)는 장공과 공숙단을 낳았는데, 장공이 비정상적으로 출산되어[2] 강씨를 놀라게 했다. 그리하여 이름을 '寤生'이라 했다. (강씨는) 그를 미워했다.

▶ 楚狂接輿歌而過孔子.……孔子下, 欲與之言. [接輿]趨而辟之, [孔子]不得與之言.[3]
▷ 초나라 광인인 접여가 공자의 수레 옆을 지나며 노래하기를, …공자가 수레에서 내려 그와 말하고자 하였으나 (접여는) 빨리 달려가 피하였으므로 (공자는) 더불어 말하지 못하였다.

▶ 居五日, 桓侯體痛, 使人索扁鵲. [扁鵲]已逃秦矣.[4]

---

1) 《左傳 隱公元年》
2) 寤生은 학자들에 따라서 3가지로 풀이를 하고 있다. ① 잠자고 있는 중에 모르고 낳는 것, ② 눈을 뜨고 낳는 것, ③ 거꾸로 낳는 것, 이 세 가지는 전부 비정상적인 출산이다.
3) 《論語 微子》: 楚狂接輿歌而過孔子曰. 鳳兮鳳兮, 何德之衰, 往者不可諫, 來者猶可追, 已而已而, 今之從政者殆而. 孔子下, 欲與之言. [接輿]趨而辟之, [孔子]不得與之言.
4) 《韓非子 扁鵲見蔡桓公》

▷ 5일 후 과연 환공은 뼈에 통증을 느끼고 사람을 시켜 편작을 불렀지만 그는 이미 진나라로 도망간 후였다.

▶ 乃取一葫蘆置於地, 以錢覆其口, 徐以杓酌油瀝之, [油]自錢孔入而錢不濕.5)
▷ 이에 조롱박 하나를 취해서 땅에 놓고, 돈으로 그 입구를 덮은 다음. 천천히 국자로 기름을 따라 보냈다. (기름이) 돈구멍으로 들어가는데도 돈은 젖지 않았다.

생략된 주어는 위아래 문장을 통해 드러나게 된다. 독자가 위아래 문장을 통해 생략된 주어를 정확히 이해할 수 있어야 오해가 생기지 않는다. 예를 들어, '已逃秦矣.'의 주어는 당연히 扁鵲이고 다른 사람일 리가 없기 때문에 생략할 수 있다. '生莊公及公叔段'한 자는 당연히 姜氏이다. 이것은 윗 문장을 이어 받아서 분명해진 것이다. 그래서 주어 '姜氏' 역시 생략할 수 있다. 우리들이 읽을 때, 위아래 문장에 근거해서 생략된 주어들이 무엇인지 세심하게 살펴 문장의 의미를 정확히 이해하도록 노력해야 한다.

▶ 楚人爲食, 吳人及之, 奔, 食而從之.6)
▷ 초나라 군인이 식사 준비를 하고 있을 때에, 오나라 군이 육박해 오니 (초나라 사람이) 달아나는 것이었다. 그래서 (오나라 사람이 초나라 사람이) 준비한 식사를 들고서 뒤 쫓아 갔다.

이 단락은 초나라 군사들이 밥을 지을 때, 오나라 추격병이 따라붙자, 초나라 군사들이 황급하게 달아났고, 오나라 군사들이 밥을 먹은 후에 또 다시 초나라 군사를 추격해온 사정을 말하고 있다. 여기서 '奔'과 '食而從之'의 주어는 모두 생략되었다. 그러나 '奔'의 주어는 초나라 군사이고 '食而從之'의 주어는 오나라 사람이니, 반대로 파악해서는 안 된다.

다음은 목적어의 생략이다. 한문에서 목적어의 생략 역시 빈번하게 이루어진다.

▶ 胡騎得廣, 廣時傷病, 置廣兩馬間, 絡而盛臥廣.7)
▷ 흉노의 기병이 이광을 잡았을 때 이광은 부상을 입고 있었다. 그래서 두 필의 말과

---

5) 歐陽修 《賣油翁》
6) 《左傳 定公四年》
7) 《史記 李將軍列傳》

말 사이를 얽어매고 그 위에 이광을 뉘어 놓았다.

여기서 '廣'은 李廣이다. 똑같은 문장이 《資治通鑑》(卷18)에 나오는데, 거기서는 목적어 '廣'을 모두 생략하였다.

▶ 李廣亦爲胡所敗. 胡生得廣, 置[廣]兩馬間, 絡而盛臥[廣], 行十餘里.
▷ 이광 또한 오랑캐에게 패하였다. 오랑캐는 이광을 생포하고 두 필의 말 사이에 두고 얽어매어 그 위에 이광을 뉘어 놓고 10여 리를 갔다.

전치사 '以'와 '爲'자 뒤의 목적어도 자주 생략된다.

▶ 苟行王政, 四海之內, 皆擧首而望之, 欲以[爾]爲君.
▷ 진실로 왕도 정치를 행하면, 사해 안의 모든 사람이 머리를 들고 우러러 보며 당신을 임금으로 삼고자 할 것입니다.

▶ 雖然, 每至于族, 吾見其難爲, 怵然爲[之]戒, 視爲[之]止, 行爲[之]遲.[8]
▷ 비록 그러나 막상 뼈와 힘줄이 얽힌 곳을 만날 때에는 저도 다루기 어려움을 알고 조심하여 곧 눈길을 멈추고, 행동을 천천히 합니다.

'族'은 뼈와 힘줄이 한데 얽히어 있는 곳이다. 세 개의 '爲'자 뒤에 모두 목적어 '之(它)'가 생략되었다.

전치사는 명사, 대명사 등과 더불어 전+목 구를 구성하고, 전목구는 부사어에 충당할 수 있고, 보어에도 충당할 수 있다. 보어로 쓰일 때, 전치사 '於', '于'는 때로 생략할 수 있다.

▶ 斷獄歲歲多[於]前.[9]
▷ 죄인을 다스리는 일이 해마다 전보다 많았다.

▶ 一厝[於]朔東, 一厝[於]雍南.[10]
▷ 한 산은 삭동에 두고, 한 산은 옹남에 둔다.

이상에서 살펴 본 한문의 성분 생략은 어떤 것은 현대 중국어에도 있고, 어떤 것은 없거나 생략할 수 없는 것이 있다. 주어 생략은 현대 중국어에 있지

---

8) 《莊子 養生主》
9) 《漢書 翟方進傳》
10) 《列子 湯問》

만, 그 조건은 한문보다 더 엄격해서, 단지 앞 문장을 이어 받을 때만 비로소 생략할 수 있다.

▶ 他走進屋子, 還視了一下屋內的陳設, 在屋角的沙發上坐了下來.
▷ 그가 방안에 걸어 들어가서, 잠시 방안에 가구를 둘러보더니, 방 모퉁이에 있는 소파에 앉았다.

　뒤의 두 分句의 주어는 모두 '他'지만 앞의 문장을 이어받아서 생략했다. 상술한 《論語 微子》처럼 중간에 주어를 바꾸는 문장과 같은 것은 현대 중국어에선 생략할 수 없다. 반드시, '趨而辟之'의 주어 '楚狂接輿'와 '不得與之言'의 주어 '孔子'를 명백히 드러내야 한다. 목적어 생략도 꽤 엄격한 제한을 받으며, 전치사 생략은 불가하다. 예로 든 《漢書》와 《列子》의 경우, 이를 현대 중국어로 번역할 때 반드시 전치사를 보충해야 한다.

60. 중심사 생략이 주어, 목적어 생략과 다른 점은?

　　중심사(피수식어) 생략은 명사성 수식구문이 문장성분이 될 때, 중심사는 생략하지만, 관형어는 그대로 남겨두는 것을 말한다. 이런 경우 관형어는 전체 수식구문의 의미를 가지고 있으면서 아울러 전체 수식구문을 대신해서 문장성분이 된다. 그러나 주어, 목적어 생략은 명사, 대명사 혹은 명사성 수식구문이 주어 또는 목적어가 될 때의 생략을 말한다. 생략한 다음에 주어 또는 목적어의 위치는 완전히 비워진다. 예를 들어 나누어 설명하면 아래와 같다.

　하나. 주어 생략이 주어 속 중심사 생략과 다른 점.

▶ 蹇叔之子與師, [蹇叔]哭而送之.[1)
▷ 건숙의 아들도 이 원정군에 있었다. (건숙이) 울면서 그를 보냈다.

▶ 中間力拉崩倒之聲, 火爆聲, 呼呼風聲, 百千[之聲]齊作.[2)
▷ 중간에 힘이 꺾여 와르르하고 집이 무너져 내리는 소리, 불이 활활 타는 소리, 호호 바람소리가 나더니, 백 친 기지 (온갖 소리가) 일제히 일어나네.

▶ 初, 鄭武公娶于申, [其名]曰武姜.[3)
▷ 초에, 정무공이 신나라 여자를 처로 맞이했는데, (그 이름을) 무강이라 불렀다.

▶ 今楚地方千里, 持戟[之士]百萬.[4)
▷ 지금 초나라 사방 천리에는 창을 잡은 (군사가) 백만이다.

　　앞 두 예는 앞 문장을 이어받아 생략한 것이고 뒤의 두 예는 상하 문장에 근거하여, 말하지 않아도 의미가 명확히 드러나는 생략이다.

　둘. 목적어생략이 목적어 속 중심사 생략과 다른 점.

---

1) 《左傳 僖公三十二年》
2) 林嗣環(1607~?)《口技》: '구기'는 성대모사, 입 재주를 말하는데, 한 사람이 여러 사람의 목소리나 짐승 소리를 흉내 내어 청중을 즐겁게 하는 기예를 말한다.
3) 《左傳 隱公元年》
4) 《史記 平原君列傳》

▶ 人皆有兄弟, 我獨無[兄弟].5)
▷ 사람들 모두는 형제가 있는데 나 혼자만 (형제가) 없다.

▶ 公曰: 多行不義[之事], 必自斃, 子姑待之.6)
▷ 공이 말하기를 "의롭지 못한 (일을) 많이 행하면 반드시 스스로 멸망할 것이니, 그대는 잠시 기다려라."고 했다.

▶ 衣食所安, 不敢專也, 必以[之]分人.7)
▷ 옷과 음식 가운데 좋은 것을 감히 독점하지 않고 반드시 (그것을) 사람들에게 나눠 주려하네.

▶ 賞必加于有功[之人], 而刑必斷于有罪[之人].8)
▷ 상은 반드시 공이 있는 (사람에게) 더해 주고, 형벌은 반드시 죄가 있는 (사람에게) 집행(단행)한다.

　　예1과 예3은 앞 문장을 이어받아 생략한 경우이고, 예2와 예4는 위아래 문장에 의거하여 말을 안 해도 의미가 분명히 드러나는 경우의 생략이다. 명사성 수식구문은 주어나 목적어가 될 때 중심사를 생략할 수 있거니와 그밖에도 기타 문장성분이 될 때 또한 중심사를 생략하는 현상이 있다. 또한 중심사가 생략되는 상황은 꽤 복잡하다. 어떤 때는 한 문장 속에 많은 문장성분이 생략되어 있기도 하므로 반드시 자세히 문장의 뜻을 파악하고 문장의 어법구조를 진지하게 분석해야만 비로소 문장성분의 생략을 정확하게 이해할 수 있다.

▶ 夏后氏五十[　]而貢, 殷人七十[　]而助, 周人百畝而徹, 其實皆什一也.9)
▷ 하후씨는 50이랑으로써 공법을 쓰고, 은나라 사람은 70이랑으로써 조법을 쓰고, 주나라 사람은 100이랑에 철법을 썼는데, 그 실제는 모두 10분의 1이었다.

　　이 문장이 말하는 것은 고대의 조세제도이다. "夏 왕조는 집집마다 50畝의 땅에 '貢'법를 실행했고, 商 왕조는 집집마다 70畝의 땅에 '助'법을 실행했으며, 周 왕조는 집집마다 1백畝의 땅에 '徹'법을 실행했는데, 그들의 실제 稅率은 모

---

5) 《論語 顏淵》
6) 《左傳 隱公元年》
7) 《左傳 莊公十年》
8) 《史記 范雎蔡澤列傳》
9) 《孟子 滕文公上》

두 10분의 1세였다." 문장에서 수량 구인 "五十畝"와 "七十畝"는 모두 중심사 "畝"가 생략되어, 명사성 수식구문이 부사어가 될 때의 중심사가 생략되는 유형에 속한다. 이 문장은 아래 문장에 의거하여 생략된 것이다.

▶ 左師公曰: "今三世以前, 至于趙之爲趙, 趙王之子孫侯者, 其繼有在者乎?" 曰: "無有." 曰: "微獨趙10), 諸侯[ ], [ ]有在者乎?" 曰: "老婦不聞也."11)

▷ 좌사공이 말하기를 "지금 3세 이전부터 조나라가 건국될 때까지, 조나라 임금의 자손 가운데 侯에 봉해진 자로서 지금까지 대를 이어 그 자리(지위)에 있는 이가 있습니까?" (태후가) 말하기를 "없습니다." 말하기를; "조나라뿐 만 아니라, 다른 제후의 자손들 중에서라도 (그 자리를) 지켜 내려오는 자가 있습니까?" 말하기를 "저는(이 늙은이는) 들어보지 못했습니다."

이 사례의 정황은 꽤 복잡하다. "諸侯有在者乎?"는 "諸侯之子孫侯者, 其繼有在者乎?"의 생략이고, 이것은 본래 하나의 주+술 구문이고, 술어부분 "其繼有在者乎"의 소주어 "其繼"는 앞 문장을 이어받아 생략된 경우이다. 주어부분 "諸侯之子孫侯者?"는 명사성 수식구문이고, 중심어 "侯者" 또한 앞 문장을 이어받아 생략된 경우다. 관형어 "諸侯之子孫" 또한 명사성 수식구문이며, 중심어 "(之)子孫" 또한 앞 문장을 이어받아 생략되었다. 그래서 전체 문장은 "諸侯有在者乎"로 생략된 것이다.

▶ 先王之制, 大都不過參國之一, 中[都][不過]五[國]之一, 小[都][不過]九[國]之一.12)

▷ 선왕의 제도에 지방의 도시는 큰 것이 國城(國都의 성곽)의 삼분의 일을 넘지 못하고, 중간 것은 오분의 일을, 작은 것은 구분의 일을 넘지 못하였다.

---

10) 微獨趙 : 不但趙. 不只趙. "조나라 뿐 아니라"
11) 《戰國策 趙策》
12) 《左傳 隱公元年》

61. 어떠한 유형의 관용 구문이 있는가?

한문에서 서로 다른 詞性의 詞가 連用되거나 배합하여 고정된 격식을 형성해서 고정된 語氣와 의미를 표현할 수 있다. 이런 것을 바로 관용(習慣) 구문 또는 고정구문이라고 한다. 아래에서 한문에서 상용하는 관용구문에 대해 이야기 해보자.

하나. "如何", "若何", "奈何"("何如", "何若")

"如", "若", "奈"는 모두 동사로, "辦", "處置", "對付", "安頓"의 의미를 갖고 있는데, 의문대명사 "何"와 결합하면, 술어가 되어, "어떠한가?", "어떻게 해야 하는가?"와 같이 방법을 묻는다는 정황을 나타낸다.

▶ 與不穀[1]同好, 如何?[2]
▷ 나와 더불어 우호관계를 가짐이 어떻습니까?

▶ 使歸就戮於秦, 以逞寡君[3]之志, 若何?[4]
▷ 만일 진에게 죽임을 당하여 돌아오지 못해서, 우리 임금이 제멋대로 한다면 어찌 하겠습니까?

▶ 先生助之奈何?[5]
▷ 선생은 그를 도우러 가는 것을 어떻게 생각합니까?

▶ 樊噲曰: "今日之事如何?"[6]
▷ 번쾌가 말하기를: "오늘 일이 어떻습니까?"

▶ 美之與惡, 相去何若?[7]

---

[1] 不穀: 좋은 곡식은 백성을 봉양하는 최상의 물건인데 자신이 곡식과 같지 않다는 겸양의 어조이다. 곧 임금이나 제후가 자신을 겸손하게 이르는 말.
[2] 《左傳 僖公四年》
[3] 寡君: 다른 나라에 대해 자기 나라의 임금을 겸손하게 지칭한 표현.
[4] 《左傳 僖公三十三年》
[5] 《戰國策 趙策》
[6] 《史記 項羽本紀》
[7] 《老子 第二十章》

▷ "선과 악은 그 차이가 얼마나 되는가?"

"如何" 등의 격식은 부사어로 사용되어 원인을 묻는 정황을 표시하며 아울러 "어찌(어떻게)~한가?", "무엇 때문에 ~한가?"와 같이 反問 어기도 나타낸다.

▶ 傷未及死, 如何勿重?[8]
▷ 부상하여 아직 죽지 않은 자들도 어찌 중요하지 않습니까?

▶ 非國家之利也, 若何從之?[9]
▷ 국가의 이로움이 아닌데 어찌 그것을 따르겠는가?

▶ 民不畏死, 奈何以死懼之?[10]
▷ 백성이 죽음을 두려워하지 않은데, 어떻게 죽음으로써 그들을 두려워하겠는가?

"何如", "何若"은 관형어로 사용되고, "어떤 것"과 같이 사람 또는 사물의 성질과 형상을 묻는 정황을 표시한다.

▶ 陛下以絳侯周勃爲何如人也?[11]
▷ 폐하, 강후 주발이 어떤 사람입니까?

▶ 此爲何若人?[12]
▷ 이는 어떤 사람입니까?

둘. "如~何", "若~何", "奈~何"("如之何", "若之何", "奈之何")

동사 "如", "若", "奈"와 의문대명사 "何"가 배합되어 사용되는데, 중간에 명사, 대명사 또는 구(句 = 詞組: 단어의 조합)를 삽입하여, "如~何", "若~何", "奈~何"(如之何, 若之何, 奈之何)를 만들어, "~을 어떻게 해야 할까?", "~에 대해 어찌할까?"와 같이 방법을 묻는 정황을 표시한다.

▶ 以君之力, 曾不能損魁父之丘, 如太形王屋何?[13]
▷ 그대의 힘으로는 정녕 괴보(魁父) 같은 언덕조차 무너뜨리지 못할 텐데, 하물며

---

8) 《左傳 僖公二十二年》
9) 《左傳 襄公二十六年》
10) 《老子 第七十四章》
11) 《史記 張釋之馮唐列傳》
12) 《墨子 公輸》
13) 《列子 湯問》

그런 큰산(태형과 왕옥)을 어떻게 할(옮겨낼) 수 있겠습니까?

▶ 置而不遂, 擊而不勝, 其若爲諸侯笑何?14)
▷ (옛날에 임금님께서 公子 重耳를 들여보내지 않고 지금의 晉나라 군주를 들여보내셨는데 그것은 임금님께서 德 있는 公子를 세우지 않고 복종하는 공자를 세우려는 생각에서였습니다). 세우고서 자리를 안정시키지 못하고, 공격하였다가 이기지 못하여, 앞으로 제후들의 비웃음거리가 된다면 어떻게 합니까?

▶ 騅不逝兮可奈何? 虞15)兮! 奈若何!16)
▷ 오추마는 나아가려 하지 않으니 내 어찌 할까? 우여! 어찌한단 말인가?

▶ 年饑, 用不足, 如之何?17)
▷ 해마다 기근이 들어 재화가 부족하니 그것을 어찌해야 한단 말인가?

▶ 國不堪貳, 君18)將若之何?19)
▷ (공자여가 말하기를:) "나라에서 (백성들이) 두 임금을 감당하기 어려우니, 임금께서는 장차 이를 어찌 하시렵니까?"

▶ 巫嫗, 三老不來還 奈之何?20)
▷ (서문표는 이들을 돌아보면서 말하기를:) "무당할미와 삼로들이 모두 돌아오지 않으니, 이를 어찌 한다는 말인가"(라 하고는 다시 아전과 고을 유지에게 한 사람씩 들어가서 재촉하라고 했다),

"如之何", "若之何"가 부사어로 사용되어, 원인을 묻는 정황을 표시하며, 아울러 "어떻게 ~하겠는가?", "무엇 때문에(왜) ~한가?"와 같이 반문어기를 표시하기도 한다.

▶ 我之不賢與, 人將拒我, 如之何其拒人也?21)
▷ 내가 어질지 못하면 사람들이 장차 나를 거절할 것이니, 어찌 내가 사람들을 거절

---

14)《國語 晉語》
15) 項羽의 애첩 虞美人
16)《史記 項羽本紀》
17)《論語 顏淵》
18) 鄭나라 장공
19)《左傳 隱公元年》
20) 褚少孫《史記 滑稽列傳補》
21)《論語 子張》

할 수 있겠는가?

▶ 是吾師也, 若之何毁之?22)
▷ 이는 우리의 스승인데 무엇 때문에 (鄕校를) 폐지하려 하는가?

셋. "何~之有"는 곧 "有何~"의 뜻인데, 대명사 "之"가 목적어 "何~"를 複指하고, 목적어가 앞으로 나간(前置) 것이다. "何~之有"는 "무슨 ~함이 있겠는가?", "어떻게 ~하는가?"와 같이 반문을 표시한다.

▶ 姜氏23)何厭之有?24)
▷ 강씨가 어찌 만족함이 있겠습니까?

넷. "何以~爲", "何~爲"도 반문을 나타내는 관용구문이다. "무엇 때문에 ~한가?", "어찌 ~하리오?"와 같이 번역되는데, 어구의 끝에 오는 "爲(wei)"는 이미 虛化(실제적으로 아무런 의미가 없게 됨)되어 어기사가 되었다.

▶ 是社稷之臣也. 何以伐爲?25)
▷ 이 사람은 사직의 신하이다. 어찌 정벌할 필요가 있겠는가?

▶ 天之亡我, 我何渡爲!26)
▷ 하늘이 나를 버리는데 내 어찌 강을 건너겠느가!

"何以~爲"는 간혹 "奚以~爲", "惡以~爲"(어찌 ~하느냐?)로도 쓰인다.

▶ 奚以之九萬里而南爲?27)
▷ 어째서 구만리나 하늘로 날아가서야 비로소 남쪽으로 가려 하는가?

▶ 惡用是鶂鶂28)者爲哉?29)

---

22) 《左傳 襄公三十一年》 魯襄公三十年(B.C.543) 子産이 鄭나라의 정사를 맡아 보면서 국가의 정치질서를 정돈하였다. 잠시 인민들의 이익에 손해를 주었지만, 조금 시간이 지난 뒤에 인민들이 안정을 누릴 수 있었다. 그로인해 자산은 인민들의 찬양을 받았다. 한 번은 사람들이 향교에 놀러 와서 집정관인 자산의 잘잘못을 따지며 비난하자 주변에 있는 이가 놀이터가 된 향교를 헐어버리자고 건의했다. 그러자 자산은 사람들의 비난을 듣고 그 중 좋은 평은 시행하고 나쁜 평은 개선한다면 이들이 곧 우리의 스승이 될 터이니 굳이 향교를 허물 필요가 없다고 답했다.
23) 鄭나라 무공의 처이며 장공과 공숙단의 어머니
24) 《左傳 隱公元年》
25) 《論語 季氏》
26) 《史記 項羽本紀》
27) 《莊子 逍遙遊》

▷ 어찌 꺼억꺼억 하는 것을 쓰리요.

다섯. "不亦~乎"

"不亦~乎"(또한 ~하지 않겠는가? 정말 ~이 아니겠는가?)는 완곡한 반문을 나타내고, 짐작 추측의 어기를 지니고 있다. "亦"자는 의미가 거의 없어졌기에 굳이 번역할 필요는 없다.

▶ 子曰, "學而時習之, 不亦說乎? 有朋自遠方來, 不亦樂乎? 人不知而不慍, 不亦君子乎?"30)
▷ 공자께서 이르기를; "배우고 그것을 때때로 익히면 기쁘지 아니한가? 벗들이 먼 곳에서 찾아오니, 이 또한 즐겁지 아니한가? 사람들이 알아주지 않더라도 서운해 하지 않는다면 군자가 아니겠는가?"

여섯. "無乃~乎"

"無乃~乎"(아마도, 그럴 리가 없다, ~이 아니겠는가?) 또한 완곡한 반문을 나타내며, 짐작 추측의 어기를 지닌다. "아마도 ~할 것이다", "~가 아닌가?"로 번역한다.

▶ 師勞力竭, 遠主備之, 無乃不可乎?31)
▷ (장거리 행군으로) 군사들이 피로해서 기진맥진해 있고, 원방(鄭國)의 임금이 (또한) 이를 대비할 것이니, 불가하지 않겠습니까?

일곱. "得無~乎"

"得無~乎"(~이 아닐까? ~일 것이다. 설마 ~일 리가 없다) 또한 완곡한 반문을 나타내고, 짐작 추측의 어기를 지닌다.

▶ 日食飲得無衰乎?32)
▷ (趙나라 左師 觸龍이 말하길:) "매일의(날마다) 음식량(식사량)은 줄어들지 않았겠지요?"라고 했다.

여덟. "孰與~"(제62장을 참고하라)

---

28) 鶂鶂者(예예자) : '꺼억꺼억(꽥꽥)'거리는 거위 소리로 거위를 지칭.
29) 《孟子 勝文公下》
30) 《論語 學而》
31) 《左傳 僖公三十二年》
32) 《戰國策 策21 趙四》

62. '孰與'의 의미와 용법은?

"孰與"는 의문대명사 "孰"과 전치사 "與"가 결합되어 이루어진 凝固 구조이다. "~孰與~"는 "與~ 孰~"에서 발전한 것이다. 예를 들어《戰國策 齊策》에 나오는 "吾與徐公孰美"를 또한 "吾孰與徐公美"라고도 한다. "孰與"는 한문의 비교구문에서 술어가 되어 인물의 고하나 사정의 득실을 묻고 비교한다. "孰與"의 용법으로 두 가지가 있다.

하나. 질문하는 자가 순전히 의문이 생겨 물을 경우, "孰與~"는 "~과(와) 비교해서 어떤가?" 혹은 "~와(과) 비교해서 어느 것이(누가)~한가?"로 번역된다.

▶ 公之視廉將軍孰與秦王?[1]
▷ 그대가 보기에 염장군과 진왕은 누가 나은가?

▶ 田侯召大臣而謀曰: "救趙孰與勿救?"[2]
▷ 전후는 대신들을 불러 책략을 세우면서 말하길 "조나라를 구하는 것과 구하지 않는 것은 어느 것이 좋은가?"

"孰與~"의 앞이나 뒤에 비교 내용이 구체적으로 나타날 때가 있다.

▶ 大王自料勇悍仁彊孰與項王?[3]
▷ 대왕이 스스로 헤아리시기에 용맹스럽고, 굳세고, 어질고, 강함이 항우와 비교하면 누가 더 낫습니까?

▶ 沛公曰: "孰與君少長?"[4]
▷ 패공이 말하길 "그대와 비교하여 누가 나이가 많습니까?

▶ 陛下觀臣能孰與蕭何賢[5]

---

1) 《史記 廉頗藺相如列傳》
2) 《戰國策 齊策》
3) 《史記 淮陰侯列傳》
4) 《史記 項羽本紀》
5) 《史記 曹相國世家》

▷ 폐하께서 보시기에, 신과 소하의 재능을 비교하면 누가 더 뛰어납니까?

　둘. 질문하는 자가 뚜렷이 어느 한쪽으로 쏠리는 경향을 가지고 있을 경우, "孰與~"는 "어찌~만 하랴!", "어찌~에 비길 수 있는가!"로 번역한다. 이와 같은 뜻의 "孰與"는 종종 "孰若"으로 쓴다.

▶ 大天而思之, 孰與物畜而制之? 從天而頌之, 孰與制天命而用之? 望時而待之, 孰與應時而使之? 因物而多之, 孰與騁能而化之? 思物而物之, 孰與理物而勿失之也? 愿于物之所以生, 孰與有物之所以成?6)

▷ 하늘을 위대하다고 생각하는 것과 길러진 만물을 (유용한 것으로) 만드는 것은 어느 쪽이 나은가? 하늘을 따르고 예찬하는 것과 천명을 법칙화 하여 쓰는 것은 어느 쪽이 나은가? 때를 바라 그것을 기다리는 것과 때에 대응하여 그것을 부리는 것은 어느 쪽이 나은가? 물체의 본성에 인순하여 충분하다고 여기는 것과 능력을 발전시켜 그것을 변화시키는 것은 어느 쪽이 나은가? 만물에 대하여 사색하고 만물로 있게 하는 것과 만물을 다스려 그것을 잃지 않게 하는 것은 어느 쪽이 나은가? 만물이 생성시키는 까닭을 원하는 것과 만물을 생성시키는 근원을 유지하려는 것은 어느 쪽이 나은가?

▶ 爲兩郎僮, 孰若爲一郎僮7)

▷ 두 아저씨의8) 종이 되는 것보다 한 아저씨의 종이 되는 것이 낫지 않겠습니까?

　이런 의미의 "孰若"은 양자 가운데 하나를 선택한다는 뜻을 지니고 있다. 그러므로 선택접속사 "與其"와 함께 사용되면 선택의 경향성이 더욱 뚜렷해진다.

▶ 與其有譽於前, 孰若無毁於其後. 與其有樂於身, 孰若無憂於其心?9)

---

6) 《荀子 天論》
7) 柳宗元《童區寄傳》: 유종원의 전기문학 작품으로 '인신매매'라는 진실된 이야기에 근거하여 용감하고 기지 넘치며, 강포한 무리를 두려워하지 않으면서도 순박한, 소년의 영웅형상을 그려낸 수작으로 평가된다. "구기(區寄)는 나이가 겨우 11세에 불과하지만, 그를 협박하는 폭도 두 명을 잇달아 용감하고 기지가 넘치게 처단하였다. 작자는 '땔나무를 하고 가축을 방목하는 아이'(牧兒)의 남다른 담력과 식견을 열정적으로 칭송하고, 당시 사회의 어두운 측면을 사정없이 폭로하였다."(이경화의 《중국산문사》) "주인공 區寄는 원래 장족의 양인 목동이었지만 하마터면 잡혀서 노비가 될 뻔했다. 또 유주의 빈민들은 가난에 못 이겨 자식을 저당하고 돈을 빌렸다가 제때에 갚지 못하여, 자식들이 그냥 노비가 되고 마는 나쁜 습속이 있었다. 유종원은 이렇게 노비가 된 빈민자녀들에 대해 깊은 동정을 표하면서, 양인들을 강박하여 노비로 만드는 악습을 폐지하도록 명령을 내렸다."(홍승표의 《중국유학남방전파》)고 한다.
8) 郎 : 당시에 노복의 주인을 '郎'이라 불렀다.

▷ 앞에서 칭찬을 듣는 것이 어찌 뒤에서 비방을 듣지 않는 것만 하겠소? 일신을 즐겁게 하는 것이 어찌 마음에 근심이 없는 것만 하겠소?

▶ 與其坐而待亡, 孰若起而拯之?10)
▷ 앉아서 죽기만 기다리는 것이 어찌 분기해서 구제하는 것만 하겠습니까(차라리 떨치고 일어나 구제해 보는 것이 낫다)?

---

9) 韓愈《送李愿歸盤谷序》
10) 徐珂(1869~1928)《清稗類鈔 馮婉貞胜英人于謝莊》

63. '以~爲~'형의 구문으로 어떠한 것이 있는가?

"以~爲~" 유형 구문은 아래의 3가지가 있다.

하나. "여기다, 생각하다"의 의미를 지닌 동사 '以'와 동사 '爲'가 합쳐져서, 서술의 의미를 내포하는 동+목(動目)구문 "以~爲~"가 된다. 그 중에서 "~爲~"는 주술절이 되어 목적어를 만든다. 사람과 사물에 대한 생각을 나타내어, "~을 ~이라고 생각하다"라고 번역할 수 있다.

▶ 百姓皆以王爲愛也, 臣固知王之不忍也.1)
▷ 백성들은 모두 왕께서 물건에 인색하셔서 그런 것이라고 합니다만 저는 진실로 왕께서 그 정상을 차마 볼 수 없어서 그러신 줄을 알고 있습니다.

▶ 於是焉, 河伯欣然自喜, 以天下之美爲盡在己.2)
▷ 이에 황하의 수신인 하백은 스스로 기뻐하면서 천하의 아름다움이 모두 자기에게 달려 있는 줄 알았다.

둘. "시키다, 임용하다"의 의미를 지닌 동사 '以'와 동사 '爲'가 결합되어 사역의 의미를 가진 兼語3)구문 "以~爲~"를 만든다. 누구에게 일을 시키거나 직책을 부여하는 것을 표시할 때, "~로 하여금 ~하게 하다", "~을 ~로 임용하다"로도 번역할 수 있다.

▶ 於是乃以田忌爲將, 而孫子爲師.4)
▷ 이에 곧 전기5)를 장군으로 삼되, 손빈6)은 軍師로 하였다.

---

1) 《孟子 梁惠王上》
2) 《莊子 秋水》
3) 兼語: 하나의 단어가 여러 개의 문장성분 구실을 하게 되는 것. 즉 앞의 문장에서는 목적어가 되고, 뒤에 문장에서는 주어가 되는 경우. 이런 문장을 겸어식 문장이라 하며, 겸어식 문장은 주로 사역문에 나타난다.
4) 《史記 孫子吳起列傳》
5) 田忌: 전국 시대 齊나라의 장수.
6) 孫臏 : 전국 시대 齊나라의 兵法家. 龐涓과 함께 병법을 鬼谷子에게 배웠는데, 涓이 魏將이 되자 臏이 저보다 나음을 시기하여 꾀어내어 그 발을 잘랐음. 그 뒤 魏나라가 齊나라를 쳐들어 왔을 때 臏의 謀計로써 涓을 괴롭히니 百計가 다하여 자살하였음.

▶ 於是梁王虛上位, 以故相爲上將軍, 遣使者黃金千斤, 車百乘, 往聘孟嘗君.7)
▷ 이에 양나라 혜왕이 재상의 자리를 비워두고 재상으로 있던 사람은 상장군으로 삼은 뒤에 사자에게 황금 천근과 수레 백승으로 파견하여 맹상군을 모셔오도록 보냈다.

셋. "의거하다, 처치하다"는 뜻을 가진 전치사 "以"와 동사 "爲"가 결합되어, 빙자의 의미와 처리의 의미가 있는 부사+동사(狀動)구문을 만들어 사람이나 사물에 대해 빙자나 처리를 나타낸다. "으로써 ~을 하다", "~을 ~으로 만들다"로 번역된다. 이러한 "以~爲~"에서 전치사 '以'의 목적어는 때때로 前置되어 "~以爲~"구문이 될 수 있다.

▶ 以羽爲巢, 而編之以髮, 繫之葦笤(소조).8)
▷ 깃털로 둥지를 만들고 머리털 등으로 엮어서 갈대 잎에 매달아 놓는다.

▶ 君若以力, 楚國方城以爲城, 漢水以爲池.9)
▷ 임금께서 만일 힘에 의존하려 한다면, 초나라는 방성산으로 성을 삼고, 한수로 연못을 만들 것입니다.

이상 세 가지 의미도 다르고 구문도 다른 "以~爲~"에서 '以'의 목적어가 모두 생략되어 "以爲~"로 될 수 있다.

▶ 或以爲死, 或以爲亡.10)
▷ 어떤 사람은 죽었다고 말하고, 어떤 사람은 그가 외지로 도망을 가서 숨었다고도 한다.
☞ "或以爲死, 或以爲亡"은 "어떤 사람은 그가 이미 죽었다고 생각하고, 어떤 사람은 그가 이미 도망갔다고 생각한다."라고 새긴다.

▶ 衛鞅之入秦, 孝公以爲相, 封之於商, 號曰商君.11)
▷ 위앙12)이 진나라에 들어가자 효공13)은 그를 재상으로 삼고, 상 땅을 봉지하고 상

---

7) 《戰國策 齊策》
8) 《荀子 勸學》
9) 《左傳 僖公四年》
10) 《史記 陳涉世家》
11) 《戰國策 秦策》
12) 전국 시대 秦나라의 정치가. 商鞅의 본명
13) 孝公(BC381~338): 전국 시대 秦나라의 임금. 商鞅을 등용하여 富國强兵策을 써서 즉위한 지 10년

군이라 이름 하였다.
☞ "孝公以爲相"은 "효공은 그를 재상에 등용했다"라고 새긴다.

▶ 其娣戴嬀生桓公, 莊姜以爲己子.14)
▷ 그 동생 대규의 몸에서 환공을 낳았는데, 장강이 이 아이를 자기 자식으로 삼았다.
☞ "莊姜以爲己子"는 "장강은 그를 자신의 아들로 삼았다."라고 새긴다.

"以爲~"를 번역할 때는 생략된 목적어 부분을 보충해서 새겨야 한다.

만에 國勢가 크게 떨쳤음.
14) 《左傳 隱公三年》

64. 복문을 나타내는 관련사에는 어떤 것이 있는가?

한문에서 복문관계를 나타내는 관련사의 사용에는 아래와 같은 특징이 있다.

하나. 복문 관계는 意合法으로1) 나타내는데, 關聯詞2) 사용은 현대 중국어보다 적다.

가. 인과복문(因果複文)

▶ (老子曰:) "非以其無私邪, 故能成其私"3)[以~故~]
▷ (노자가 말하기를:)아마도 자기 자신을 버렸기 때문이 아닌가! 그러므로 자기 자신을 만드는 것이다.4)

▶ 晏子使楚, 以晏子短, 楚人爲小門于大門之側而延晏子.5)[以]
▷ 안자가 초나라에 사신으로 나갔다. 안자의 키가 작았기 때문에 (이를 놀리기 위해), 초나라 사람(왕)은 대문 옆에 작은 문을 만들어서 안자를 들어가도록 했다.6)

▶ 彼竭我盈, 故克之.7)[故]
▷ 적은 힘이 빠졌고, 아군은 용기가 충만합니다. 그러므로 이길 것입니다.

▶ 草木暢茂, 禽獸繁殖, 五穀不登, 禽獸偪人.8)

---

1) 意合法 : 연결사를 사용하지 않고, 의미에 따른 어순에 근거해 나열하는 복문형식. 王力은《漢語語法綱要》에서 "복문 안에는 두 개 이상의 문장형식이 있다. 그들 간의 연관성에 대해서 어떤 경우는 심리적으로 이해하는데, 이를 의합법이라 한다."고 했다.
2) 關聯詞 : 두 개나 그 이상 의미상 긴밀한 관계가 있는 구문이 결합된 것을 複句라 부르기도 하고 또한 關聯句라 부르기도 한다. 복구는 통상적으로 여러 關聯詞語를 사용하여 連接한다. 관련사는 轉折관계, 假設관계, 條件관계 등으로 나눈다.
3)《老子 第七》
4) 이는 결국 자기 자신을 버리고 남을 위한 때문이 아니겠는가. 그럼으로써 결과적으로 자기 자신을 영원한 존재로 만드는 것이다.
5)《晏子春秋 內篇雜下》
6)《晏子使楚》는 春秋末期 제나라 大夫 晏子가 초나라에 사신으로 갔을 때, 초나라 왕이 세 차례나 안자를 모욕하여 초나라의 위세를 드러내려고 했지만, 안자가 이를 교묘하게 받아서 자신과 국가의 존엄을 유지했다는 이야기를 담고 있다.
7)《左傳 莊公十年》
8)《孟子 滕文公上》

▷ 초목이 무성하며, 금수가 번식하여, 오곡은 성숙하지 못하고, 금수가 사람을 핍박했습니다.

나. 가설복문(假設複文)

▶ 若是, 則弟子之惑滋甚.9)[若~則~]
▷ (공손추가 말하기를;) 그렇다면(그렇게 말씀하신다면) 저(제자)의 의혹이 더욱 심해져 갑니다.

▶ 若使燭之武見秦君, 師必退.10)[若]
▷ 만약 촉지무11)로 하여금 진나라 임금을 만나게 한다면 적군은 반드시 물러갈 것입니다.

▶ 從許子之道, 則市賈不貳, 國中無僞.12)[則]
▷ 허자의 주장대로 하면 시장에서의 모든 물가가 안정되어 전국적으로 거짓이 없게 됩니다.

▶ 見利思義, 見危授命, 久要不忘平生之言, 亦可以爲成人矣.13)
▷ 이익을 보면 의를 생각하고, 위급함을 보면 생명을 바치며, 오래 전에 한 약속을 잊지 않는다면, 이 또한 성인(된 사람)이라 할 수 있다.

▶ 神龜雖壽, 猶有竟時.14)[雖~ 猶~]
▷ 신령한 거북은 비록 오래 산다하더라도, 또한 목숨을 다하는 때가 있다.

▶ 棄人用犬, 雖猛何爲?15)[雖]
▷ 사람을 버려둔 채 개를 사용하니 비록 사납다 하더라도 무슨 소용이 있겠는가?

▶ 螣蛇無足而飛, 鼫鼠五技而窮.16)[而]

---

9) 《孟子 公孫丑上》
10) 《左傳 僖公三十年》
11) 燭之武 : 姓은 燭, 이름은 武. 春秋時期 鄭國 考城人. 馮夢龍의《東周列國志》第四十三回에 "考城人也, 姓燭名武, 年過七十, 事鄭國爲圉正, 三世不遷官."라고 했다. B.C.630년, 秦나라와 晉나라가 연합하여 鄭나라를 포위하자 燭之武가 秦나라 軍營으로 나아가 秦穆公에게 전쟁의 利害得失에 대해 진술하여 마침내 秦穆公으로 하여금 정나라를 공격을 단념하고 군사를 파견하여 정나라를 보호하도록 함으로써 정나라를 위난 속에서 구원하였다.
12) 《孟子 滕文公上》
13) 《論語 憲問》
14) 曹操《龜雖壽》
15) 《左傳 宣公二年》

▷ 등사는 발이 없어도 날고, 오서는 다섯 가지 재능을 가지고 있으면서도 곤경에 빠진다.
▶ 無農夫之苦, 有阡陌之得.17)
▷ 농부의 수고가 없었다면, 곡식의 무성함이 있었겠는가?

　둘. 어떤 관련사는 같지 않은 복문관계와 의미를 나타내며, 그 기능이 매우 특이하다. 이 특징을 가장 잘 구현한 관련사는 "而"와 "則"인데, 이에 대해서는 이 책 제42장, 제43장에 잘 설명되어 있다. 또한 "以"는 제38장에 잘 나타나 있으며, 그밖에 "因", "卽", "如" 등도 유의할 필요가 있다.

▶ 因愛鼠, 不畜猫犬.18)
▷ 쥐를 사랑하기 때문에, 고양이와 개를 기르지 않는다.
☞ "因"은 원인을 나타내는 것으로, "왜냐하면~때문이다."

▶ 坐須臾, 沛公起如厠, 因招樊噲出.19)
▷ 앉은 지 얼마 되지 않아, 패공이 일어나서 측간을 가면서 번쾌를 불러내었다.
☞ "因"은 순접을 나타낸다. "그래서, 곧"

▶ 壯士不死卽已, 死卽擧大名耳.20)
▷ 장사는 죽지 않을 뿐이니, 죽으려면 즉 세상에 커다란 명성을 남겨야 할 뿐이다.
☞ "卽"은 조건결과 관계를 나타낸다. "즉"과 통한다.

▶ 將軍能聽臣, 臣敢獻計; 卽不能, 願先自剄.21)
▷ 장군이 신의 말을 들어주신다면 신은 감히 계책을 아뢰겠습니다. 들어주시지 않는다면 원컨대, 먼저 스스로 목을 베겠습니다.
☞ "卽"은 가설을 나타낸다. "만약, 가령"

▶ 子如不言, 則小子何述焉?22)
▷ 선생께서 말씀하지 않으면 저희들은 무엇에 의거하여 도를 말하고 또 전하겠습니까?

---

16) 《荀子 勸學》
17) 晁錯 《論貴粟疏》
18) 柳宗元 《三戒》
19) 《史記 項羽本紀》
20) 《史記 陳涉世家》
21) 《史記 季布列傳》
22) 《論語 陽貨》

☞ "如"는 가설을 나타낸다. "만약"

▶ 方六七十, 如五六十, 求也爲之, 比及三年, 可使足民. 如其禮樂, 以俟君子.23)
▷ 사방 60리, 70리 또는 50리, 60리를 제가 맡는다면, 삼년 정도면 백성들을 풍족하게 할 수 있을 것입니다. 그러나 예와 악은 제 힘으로 감당할 수 없으니, 다른 군자를 기다리겠습니다.
☞ "如"는 선택을 나타낸다. "~하거나 혹은", 뒤의 "如"는 순접을 나타낸다.

셋. 한문 관련사는 현대 중국어 관련사와 의미나 품사적 특성까지 다르다.

▶ 雖我之死, 有子存焉.24)[雖]
▷ 비록 내가 죽는다하더라도, 내 아들이 있다.
☞ "雖"는 가설적 양보관계(설령 ~라 하더라도)를 나타낸다.

▶ 滕君則誠賢君也, 雖然, 未聞道也25)[雖然]
▷ 등나라 임금은 확실하게 현군입니다. 그러나 옛 성인의 도는 아직 터득하지 못했습니다.
☞ "雖然"은 양보접속사 "雖"와 지시대명사 "然"이 합쳐져서 굳어진 것으로 양보 分句(복문을 구성하는 단문)가 된다.

▶ 旣來之, 則安之.26)[旣]
▷ 오면 편안하게 해주어야 한다.
☞ "旣"는 시간부사(이미, ~뒤에)이다.

▶ 光武不取財物, 但會兵計策.27)[但]
▷ 광무는 재물을 취하지 않고, 오로지 병사를 모으고 계책을 세웠다.
☞ "但"은 범위부사(단지, 다만)이다.

▶ 夫物之不齊, 物之情也, 或相倍蓰, 或相什百, 或相千萬.28)[或]
▷ 무릇 물의 품질이 같지 않음이 물의 실정이니, 물이란 질에 따라 어떤 것은 혹 값이 배 혹은 다섯 배가 되기도 하고, 또 어떤 것은 10배, 100배 혹은 천만 배나

---

23)《論語 先進》
24)《列子 湯問》
25)《孟子 滕文公上》
26)《論語 季氏》
27)《後漢書 光武傳》
28)《孟子 滕文公上》

서로 차등이 나게 마련이다.
☞ "或"은 무정대명사(어떤 것~)이다.

▶ 鳥之將死, 其鳴也哀, 人之將死, 其言也善.29)[也]
▷ 새가 죽으려 할 때는 울음소리가 애처롭고, 사람이 죽으려 할 때는 그의 말이 선합니다.
☞ "也"는 문장 중간에 쓰여 語氣詞 기능을 담당하며, 잠시 멈춤의 어감을 나타낸다.

현대 중국어에서 "雖[suī]", "雖然[suīrán]"은 모두 양보접속사이다. "旣[jì]"는 접속사가 될 수 있고, "旣~ 就~"는 인과관계를 나타낸다. "但[dàn]"은 전환접속사(그러나), "或[huò]"은 선택접속사(혹은), "也[yě]"는 부사(~도)로 쓰인다. 이들은 주로 접속사 혹은 부사와 관련되어 복문관계를 나타낸다. 예를 들면 "雖然 (~에도 불구하고, 설령 ~일지라도, 설령 ~라 하더라도, ~에도 불구하고, ~할뿐만 아니라, ~도 ~도, 차라리~할지언정) ~也~)" 등이 있다. 그 중 "也~ 也~(~해도 ~하고 ~해도 ~하다)"은 병렬관계를 나타낸다.

---

29) 《論語 泰伯》

역자 약력

이종호

55년 안성 죽산 출생. 성균관대학교 사범대학 한문교육과 졸업. 성균관대학교 대학원에서 한국한문학을 전공. 〈손곡 이달과 삼당시〉로 석사학위, 〈삼연 김창흡의 시론에 관한 연구〉로 문학박사 학위를 취득. 1989년부터 현재까지 국립 안동대학교 인문대학 한문학과 교수. 퇴계학연구소 소장, 대동한문학회 회장 역임. 저서로는 〈유교경전의 이해〉, 〈조선의 문인이 걸어온 길〉, 〈안동선비는 어떻게 살았을까〉, 〈월천 조목의 삶과 생각 그리고 문학〉, 〈퇴계학에세이: 온유돈후〉, 〈현대인과 동양고전〉 등이 있음. 조선 문인 가운데 주어진 현실적 난관을 극복하고 자아실현을 위해 치열한 삶을 살아간 인물을 찾아내어 그들에게 역사적 의미를 부여하는 평전 집필을 구상하고 있음.

한문문법 기본상식 64

2017년 02월 25일 초판 1쇄 발행

역　자 ‖ 이종호
펴낸이 ‖ 엄승진
표지디자인 ‖ 유선주 디자이너
펴낸곳 ‖ 도서출판 지성인
주　소 ‖ 서울 영등포구 여의도동 11-11 한서빌딩 1209호
메　일 ‖ Jsin2011@naver.com
연락주실 곳 ‖ T) 02-761-5925　F) 02-6747-1612
ISBN ‖ 978-89-97631-75-9 93810

정가　21,000원

잘못 만들어진 책은 본사나 구입하신 곳에서 교환하여 드립니다.
이 책은 저작권법에 의해 보호를 받는 도서이오니 일부 또는 전부의 무단 복제를 금합니다.

「이 도서의 국립중앙도서관 출판예정도서목록(CIP)은 서지정보유통지원시스템 홈페이지(http://seoji.nl.go.kr)와 국가자료공동목록시스템(http://www.nl.go.kr/kolisnet)에서 이용하실 수 있습니다.(CIP제어번호: CIP2017004737)」